A Verdade Permanece

Sermões Marcantes de
John MacArthur

M116v MacArthur, John, 1939-
A verdade permanece : sermões marcantes / de John MacArthur. – 1. reimpr. – São José dos Campos, SP : Fiel, 2018.

284 p.
Tradução de: Truth endures.
ISBN 9788581320212

1. Bíblia - Sermões. 2. Sermões. I. Título.

CDD: 252

Catalogação na publicação: Mariana C. de Melo Pedrosa – CRB07/6477

A Verdade Permanece
Traduzido do original em inglês
Truth Endures por John F. MacArthur Jr.
Copyright©2009 John F. MacArthur Jr.

∎

Livro publicado pela equipe do ministério Grace to You em parceria com a Grace Community Church, em comemoração dos 40 anos de ministério pastoral de John MacArthur na Grace Community Church, entre 1969 e 2009.

Publicado em português com permissão de *Grace to You*.

Copyright©2009 Editora FIEL.
1ª Edição em Português: 2012

Todos os direitos em língua portuguesa reservados por Editora Fiel da Missão Evangélica Literária

PROIBIDA A REPRODUÇÃO DESTE LIVRO POR QUAISQUER MEIOS, SEM A PERMISSÃO ESCRITA DOS EDITORES, SALVO EM BREVES CITAÇÕES, COM INDICAÇÃO DA FONTE.

∎

Diretor: Tiago J. Santos Filho
Editor: Tiago J. Santos Filho
Tradução: Francisco Wellington Ferreira
Revisão: Wilson Porte Júnior
Diagramação: Rubner Durais
Capa: Rubner Durais

ISBN: 978-85-8132-021-2

FIEL
Editora

Caixa Postal, 1601
CEP 12230-971
São José dos Campos-SP
PABX.: (12) 3919-9999
www.editorafiel.com.br

A JOHN MACARTHUR, com afeição
e gratidão profundas por quarenta anos de fidelidade.

Do corpo de servidores do ministério GRACE TO YOU,
dos pastores, presbíteros e rebanho da Grace Community Church
e dos milhões de cristãos agradecidos, ao redor do mundo,
que têm sido transformados pela Palavra de Deus,
à medida que você a expôs ao nosso coração
e mente, por meio de seu ensino.

*"Sede firmes, inabaláveis e sempre abundantes na obra do Senhor,
sabendo que, no Senhor, o vosso trabalho não é vão."*
(1 Coríntios 15.58)

SUMÁRIO

Agradecimentos..9

Uma vida de sermões 11

  1. Como brincar de igreja
      (9 de fevereiro de 1969)..17

  2. O evangelho simples
      (26 de dezembro de 1976)..35

  3. Qual é o caminho para o céu?
      (18 de maio de 1980)..57

  4. Uma exposição rápida de Apocalipse
      (5 de dezembro de 1982)..81

  5. Como obter a vida eterna
      (29 de maio de 1983)..111

  6. O propósito das provações
      (8 de junho de 1986)..131

  7. Tornando fáceis decisões difíceis
      (20 de julho de 1986)..145

  8. A morte de Jesus nos mostra como viver:
      As sete afirmações de Jesus na cruz
      (26 de março de 1989)..169

  9. Quinze palavras de esperança
      (23 de abril de 1995)..185

  10. Uma perspectiva bíblica sobre a morte, o terrorismo
       e o Oriente Médio (16 de setembro de 2001)............205

  11. O princípio inicial do discipulado
      (3 de novembro de 2002) 245

  12. A humildade dos crentes: Confrontando o pecado
      (6 de janeiro de 2008)..263

AGRADECIMENTOS

A distribuição dos sermões de John MacArthur não seria possível sem a ajuda de inúmeras pessoas que trabalham semanalmente nos bastidores. Mais de 300 empregados e mais centenas de voluntários têm servido no ministério GRACE TO YOU durante os nossos 40 anos de história. São muitos e não os podemos citá-los individualmente, mas somos gratos a Deus por todos eles. Entre eles estão alguns dos cristãos mais dedicados e altruístas que podemos encontrar em qualquer lugar. É um imenso privilégio trabalhar com eles.

Queremos usar esta oportunidade para expressar gratidão especial a Arline Hampton, que por mais de 25 anos tem transcrito quase todo sermão pregado por John MacArthur – ouvindo as gravações e fazendo transcrições literais. O trabalho de Arline é um dos primeiros passos, e um dos mais vitais, em direção à difusão dos sermões para o resto do mundo. Em quase tudo mais que fazemos – transmitir as mensagens pelo rádio, compilar o material para livros e comentários e criar o material veiculado on-line, dependemos grandemente dessas transcrições. Arline é rápida, incrivelmente exata, confiável e sempre fiel. Trabalhar com ela é uma verdadeira alegria. Em todas essas características, ela resume o espírito de nossa equipe e de nossos voluntários.

Agradecemos a Garry Knussman, cujo trabalho de editar os manuscritos deste livro foi valiosíssimo, e a Gary Hespenheide, que ajudou no estilo e na produção do livro.

Por fim, expressamos nossa gratidão a Iain Murray. O Dr. Murray é um dos autores vivos mais perspicazes de nossa época. Pedimos, recentemente, a John MacArthur que citasse os livros que o influenciaram mais profundamente. E quatro dos livros do Dr. Murray estavam na lista dos dez livros que mais influenciaram John MacArthur: *Evangelicalism Divided* (Evangelicalismo dividido); *Jonathan Edwards: A New Biography* (Jonathan Edwards: Uma Nova Biografia); *The Forgotten Spurgeon* (O Spurgeon que Foi Esquecido) e *David Martyn Lloyd-Jones: The Fight for Faith* 1939-1981 (David Martyn Lloyd-Jones: A Luta pela Fé). Neste ano, MacArthur acrescentou mais um livro do Dr. Murray à sua lista dos sempre favoritos: *Lloyd-Jones Messenger of Grace* (Lloyd-Jones: Mensageiro da Graça). Os presbíteros da Grace Community Church escolheram o Dr. Iain Murray para pregar no culto da gratidão pelo 40º aniversário do GRACE TO YOU.

PHIL JOHNSON e MIKE TAYLOR

UMA VIDA DE SERMÕES

O dia 9 de fevereiro de 2009 marca o quadragésimo aniversário de John MacArthur como pastor e mestre da Grace Community Church, em Sun Valley, no estado da Califórnia. John começou realmente a pregar durante os anos em que ainda estudava na faculdade, uma década antes. Por isso, 2009 marca também seu quinquagésimo aniversário como pregador.

O primeiro sermão que ele pregou como estudante na faculdade não foi gravado. Também não foi pregado em uma igreja, e sim, ao ar livre. John fazia parte de uma equipe de alunos evangélicos que cantavam músicas e evangelizavam. O líder da equipe o deixou em um terminal de ônibus em Spartanburg (Carolina do Sul), dizendo-lhe que sua tarefa consistia em reunir um grupo de pessoas e pregar. Era uma tarefa estranha para a qual John não estava preparado.

"O sermão foi terrível", afirma John, "eu não sabia como pregar corretamente. Entrei lá – com a Bíblia na mão – e caminhei por aquele terminal de ônibus quase vazio. Fiquei olhando ao redor para aquelas pessoas diferentes e comecei a pregar uma mensagem do evangelho. Você podia ver pessoas olhando para mim e dizendo: 'Pobre rapaz! Ele parece inteligente. Isso é tão triste; ele deve ter algum tipo de deficiência'.

"E pensei: *sabe, isso não faz sentido*. Portanto, preguei durante dez minutos, saí e desci a rua até onde estava começando um evento de danças para alunos de ensino médio – sentei-me do lado de fora e dei o evangelho para os jovens enquanto eles entravam e saíam. Foi assim que comecei a pregar. Não foi memorável, de modo algum. Mas, depois disso, fiquei muito desejoso de *aprender* a pregar, porque decidi estar pronto sempre que fosse chamado a pregar. Eu iria a missões de resgate e bases militares para pregar quando pudesse. Com o passar do tempo, aprendi como me conectar com a audiência."

Na verdade, a pregação de John é e sempre tem sido o principal suporte e vigor da Grace Community Church. Sua grande habilidade como comunicador e seu compromisso com as verdades solenes da Escritura são evidentes desde o primeiro sermão que ele pregou. Sendo já em 1969 um excelente pregador e um estudante precoce da Escritura, John tem-se aplicado com diligência incansável nestes últimos 40 anos. Hoje, sua pregação reflete uma maturidade e uma profundidade que poucos naquele terminal de ônibus poderiam ter imaginado. O evangelicalismo americano do final do século XX, mais bem conhecido por técnicas ostentosas e mensagens norteadas por mercado, não produziu nenhum outro expositor cuja amplitude e profundeza se aproxima das de John MacArthur. De fato, fidelidade durante 40 anos e exposição versículo por versículo do Novo Testamento colocam John MacArthur na ilustre companhia de nomes verdadeiramente grandes como João Calvino, Thomas Manton, Stephen Charnock e D. Martyn Lloyd-Jones. O que torna o ministério de John MacArthur ainda mais notável é o fato de que ele tem permanecido no dever – e sua influência continua a ser sentida ao redor do mundo – enquanto a grande maioria de pregadores bem conhecidos nos principais segmentos evangélicos têm seguido as modas populares, tornando-se cada vez mais triviais e superficiais em uma busca insensata por parecerem "relevantes".

A exposição bíblica continuará sendo *verdadeiramente* relevante se o mundo durar outro milênio ou mais. O que parece estar na moda hoje será embaraçador amanhã. Se você não crê nisso, veja o anuário escolar de seu filho pré-adolescente.

Os sermões que selecionamos e publicamos neste livro provam quão permanente a pregação pode ser, quando ela é apenas exposição bíblica clara e sã. Estas mensagens abrangem os 40 anos passados de ministério de John MacArthur na Grace Community Church. Refletem um padrão claro de crescimento espiritual e uma habilidade crescente em apresentar sermões, mas até o primeiro destes sermões é tão poderoso, discernente, convincente e substancial como o foi em 1969. O fato de que as pessoas ainda estão ouvindo esses primeiros sermões é mais uma prova de quão bem as mensagens têm permanecido através do tempo. E ainda as transmitimos regularmente no programa de rádio "Grace to You". Planejamos transmitir mais uma vez, neste ano, a mensagem "Como Brincar de Igreja".

Ao reunirmos esta coleção de mensagens, deparamo-nos com um problema de riquezas. Fizemos uma pesquisa dos sermões favoritos entre os pastores, os servidores da igreja e os que são membros há muitos anos. A lista original que elaboramos incluía dezenas de títulos. Diante do fato de que tínhamos limitação de páginas no livro, sabíamos que teríamos de excluir da lista final alguns de nossos sermões favoritos. Por isso, queremos enfatizar que este livro contém apenas uma pequena seleção das mensagens mais famosas e mais importantes de John MacArthur. Tentamos escolher sermões que, sabemos, têm sido instrumentos para trazer muitas pessoas a Cristo e revolucionar totalmente corações e vidas.

Como o próprio John MacArthur ressaltaria, o poder de um grande sermão não está no pregador nem procede dele. "**A palavra de Deus** *é viva, e eficaz, e mais cortante do que qualquer espada de dois gumes*" (Hb 4.12 – ênfase acrescentada). Toda grande pregação verdadeira começa com esse reconhecimento. Os pregadores que confiam somente em sua habilidade, técnica ou criatividade podem, às vezes, parecer "bem-sucedidos", quando o único critério de avaliação é o aplauso humano. Contudo, se o alvo da pregação é o despertamento de almas espiritualmente mortas, a purificação e a transformação de vidas arruinadas pelo pecado, o que realmente importa é que o pregador seja fiel em proclamar a Palavra de Deus com clareza, exatidão e franqueza. Seu povo tem de ser também praticante da Palavra e não somente ouvinte.

Por meio desse critério, os 40 anos passados da Grace Community Church têm sido uma época verdadeiramente notável. Somos abençoados por fazer parte dessa época. Nossa oração é que ela seja apenas o começo de uma época muito mais longa.

Este livro foi preparado totalmente sem o conhecimento de John MacArthur, como uma surpresa para ele, para honrá-lo em seus 50 anos de ministério e seus 40 anos como pastor da Grace Community Church. Que este livro seja usado pelo Senhor para expandir o alcance destes sermões! Que Deus também nos dê muitos outros anos sob o ministério de John MacArthur e que esta igreja continue a ser um luzeiro fiel, proclamando a Palavra de Deus para muitas gerações por vir.

PHIL JOHNSON
Diretor Executivo Grace to You

1

COMO BRINCAR DE IGREJA

Mateus 7.21-23
9 de fevereiro de 1969

Se você ouvir uma gravação desta mensagem, ouvirá um John MacArthur notoriamente jovem (e de voz mais intensa). Entretanto, o que é mais admirável nesta mensagem é o seu conteúdo. Quase todos os principais temas que têm predominado na pregação e nos escritos de John MacArthur, nos últimos 40 anos, estão nesta mensagem – a importância de entender corretamente o evangelho, o perigo da fé espúria, a plena autoridade das Escrituras e a tolice de elevar a razão humana ou os sentimentos pessoais acima da verdade clara da Escritura. Toda a "controvérsia do senhorio" também está presente, em miniatura, nesta mensagem, e o sermão é apresentado sem temor e com franqueza no estilo distintamente claro e agradável de John.

As temperaturas estavam amenas no Sul da Califórnia no domingo em que John começou seu pastorado na Grace Church. Os jornais locais noticiaram que 85.000 californianos afluíram para as praias naquele dia. Todavia, na maior parte dos Estados Unidos, o clima era terrível. Uma tempestade de neve e recordes de temperaturas baixas atingiram a costa leste, desde Nova York até Washington. Richard Nixon, ainda em seu *primeiro mandato como presidente dos Estados Unidos, estava gozando férias naquele fim de semana em Key Biscane (Flórida). Visto que o clima era agradável na Flórida, o presidente decidiu tardar seu retorno a Washington e frequentou uma igreja em Florida Keys naquele domingo. Aquela foi a única igreja que atraiu a atenção nacional naquela semana. No entanto, 300 pessoas se apertavam no templo da Grace Community Church para ouvir seu novo pastor. Foi um domingo inesquecível para aqueles que estavam lá.*

Tumultos por causa da guerra no Vietnã fermentavam nos Estados Unidos havia, pelo menos, quatro anos. Inquietação estudantil estava se tornando comum, especialmente na Califórnia. O uso de drogas recreativas estava em alta na cultura dos jovens californianos. Em agosto daquele ano, exatamente uma semana antes de começar o Festival de Woodstock, no Estado de Nova York, Charles Manson e um grupo de jovens que ele havia recrutado saíram para uma farra de assassinatos na região dos cânions de Los Angeles, cheia de residências de celebridades, a menos de 16 km ao sul da Grace Church.

Foi nesse tipo de cultura que John MacArthur começou a proclamar a Palavra de Deus. E, como lemos no livro de Atos dos Apóstolos: "Crescia a palavra de Deus, e... se multiplicava o número dos discípulos" (At 6.7).

Quero considerar com vocês o texto de Mateus 7.21-23 e falar sobre "Como Brincar de Igreja" ou como a igreja falsa se incorpora à igreja verdadeira: *"Nem todo o que me diz: Senhor, Senhor! entrará no reino dos céus, mas aquele que faz a vontade de meu Pai, que está nos céus. Muitos, naquele dia, hão de dizer-me: Senhor, Senhor! Porventura, não temos nós profetizado em teu nome, e em teu nome não expelimos*

demônios, e em teu nome não fizemos muitos milagres? Então, lhes direi explicitamente: nunca vos conheci. Apartai-vos de mim, os que praticais a iniquidade".

Mateus 13 nos diz que a era da igreja será estranha. Em Mateus 12.22-31, os fariseus e os seus aliados haviam cometido o pecado imperdoável de atribuir a Satanás as obras de Cristo. Jesus disse que os perdoaria por qualquer coisa, exceto por aquilo. Em outras palavras, era como se Jesus estivesse dizendo: "Se vocês têm visto tudo isso que faço, se têm visto todos os milagres e ouvido tudo que tenho dito, e tudo que concluem é que eu os faço pelo poder de Satanás, vocês estão além da possibilidade de crer. Vocês receberam toda esta revelação e não a aceitam; não há mais nada que possam receber. Seguir-me, ver-me, observar-me, ouvir-me e concluir que tudo isso é satânico deixa vocês excluídos da possibilidade de crer".

A era da igreja é o assunto de Mateus 13. Tendo deixado Israel de lado por causa de sua incredulidade, Cristo começa a introduzir parábolas que descrevem a natureza singular da era da igreja. Ele diz que na era da igreja haverá trigo e joio, que são os verdadeiros e os falsos crentes. Ficará tão difícil distingui-los, que você não será capaz de fazer isso até que Deus mesmo, que é o Juiz final, faça a distinção.

Em seguida, Jesus fala sobre as várias dimensões da igreja. A parábola do grão de mostarda dá-nos a idéia de que a igreja explodirá em grandes números, mas incluirá os crentes autênticos e os espúrios, os verdadeiros e os falsos.

A era da igreja será uma era bastante estranha; e ela é realmente isso agora. Hoje, sob o nome de "igreja" há todo tipo de variedade. Cristo ordenou a João, no livro de Apocalipse, que escrevesse à igreja de Sardes: *"Conheço as tuas obras, que tens nome de que vives e estás morto"* (Ap 3.1). Que comentário verdadeiro sobre muitas igrejas de nossos dias! Elas têm um título, têm um nome, mas estão mortas. Por que estão mortas? Estão mortas, principalmente, porque as pessoas que estão nelas são mortas. Seria seguro dizer que a grande maioria dos membros de igrejas nos Estados Unidos, hoje, não sabem o que é ser um cristão, porque estão espiritualmente mortos. Paulo disse aos cristãos de Éfeso: *"Estando vós mortos nos vossos delitos e pecados"* (Ef 2.1). Consequentemente, pessoas mortas constituirão uma igreja morta. A igreja não está sofrendo nem morrendo hoje por causa dos ataques procedentes do lado de fora; Satanás não precisa desperdiçar tempo com esses ataques – as pessoas estão mortas no lado de dentro.

Mas, por outro lado, uma igreja viva – uma igreja que conhece Jesus Cristo e proclama seu evangelho – sempre estará sob ataque, porque esse tipo de igreja será a consciência da comunidade. Jesus disse: *"Ai de vós, quando todos vos louvarem!"* (Lc 6.26).

A igreja deve sempre estar no lado oposto em relação ao mundo, porque luz e trevas não têm comunhão mútua. *"Que harmonia, entre Cristo e o Maligno?"* (2 Co 6.15) – não há qualquer relacionamento.

É muito importante que entendamos isso. Paulo o esclarece em 2 Coríntios 6.14, onde ele diz que o amor de Cristo é uma questão básica. A prioridade da igreja é ser um vaso pelo qual Deus faz novas criaturas a partir dessas pessoas espiritualmente mortas. Uma igreja viva, genuína e vital comunica o evangelho a pessoas mortas, e o evangelho sozinho pode torná-las vivas. Essa é a missão da igreja. De acordo com as Escrituras, não há qualquer maneira pela qual a igreja pode cortejar o mundo. A igreja tem de ser a consciência do mundo. A igreja tem de ser tão bem determinada em cumprir seu papel, que se torna antagonista do mundo. Para aqueles que estão fora de Jesus Cristo, o banco de igreja deveria ser o assento mais desconfortável no mundo, porque apresentamos um evangelho que divide. Mas, quando a igreja corteja o mundo, ela morre. A igreja de

Sardes, embora fosse viva, estava cortejando o mundo; por isso, ela não era viva, e sim morta (Ap 3.1).

O dever da igreja é não somente ensinar os santos, mas também advertir os homens quanto aos padrões de Deus. Não estamos sendo justos e fiéis à chamada de Deus se tudo o que fazemos é anunciar a vida abundante. Ora, essa é uma grande dimensão da salvação, mas, em algum ponto, temos de proclamar que o homem é um pecador, está separado de um Deus santo e, aos olhos de Deus, é um objeto do juízo de Deus – o homem é um filho da ira, como Paulo disse em Efésios 2.13. Proclamar ousadamente a verdade sobre Jesus Cristo e a verdade sobre o homem em seu pecado causa divisão. Em Mateus 10.34-36, Jesus disse: *"Não penseis que vim trazer paz à terra; não vim trazer paz, mas espada. Pois vim causar divisão entre o homem e seu pai; entre a filha e sua mãe e entre a nora e sua sogra. Assim, os inimigos do homem serão os da sua própria casa".*

A verdadeira igreja de Jesus Cristo não é uma instituição religiosa que recebe todas as pessoas. A igreja é o corpo de Jesus Cristo separado para Deus, comprometida e casada unicamente com Cristo e redimida pela fé. Ninguém que está fora dessa redenção pode fazer parte da igreja. A exigência para a igreja e nosso dever como povo é advertir aqueles que ainda não receberam a Cristo, adverti-los com amor e adverti-los de que estão em perigo do terror do Senhor. Essa é a nossa tarefa.

Nosso texto é uma advertência para aqueles que pensam estar confortavelmente incluídos na igreja, mas na realidade não estão. Não é uma advertência para pessoas que estão fora da igreja. É uma advertência para nós, que estamos envolvidos na igreja, para nos assegurarmos de que somos autênticos. Acho que é justo, ao iniciarmos nosso ministério, parar e considerar esta verdade com um senso de sobriedade e seriedade, para entendermos qual é a nossa condição, como indivíduos, aos olhos de Deus neste momento.

Estou certo de que nesta igreja há pessoas que não conhecem a Jesus Cristo de maneira pessoal e vital. Estou convencido disso por causa do tamanho da congregação nesta manhã. Há algumas pessoas assentadas neste auditório que tem vindo à igreja muitas vezes, mas não conhecem a Jesus Cristo. Talvez elas até tenham sensações religiosas e emoções santas, mas não conhecem a Jesus Cristo. A minha convicção é que, antes de podermos avançar juntos como um corpo, temos de nos tornar uma unidade. A única maneira pela qual podemos ser unidos e tornar-nos um, como Cristo orou que sejamos, é sermos todos cristãos genuínos. Por isso, quero que examinemos cuidadosamente a nossa vida.

Observe a cena descrita em Mateus 7.22 e a expressão "naquele dia". Isso é importante porque é uma referência a um dia específico que ocorrerá quando Cristo vier para julgar. Na Bíblia, a idéia de "naquele dia" está conectada a julgamento. E esta passagem é uma figura daquele dia. Uma referência semelhante a esse "dia" aparece em 1 Coríntios 3.13, em conexão com o tempo de julgamento dos crentes. E aparece em várias passagens da Bíblia em conexão com o julgamento divino dos incrédulos (cf. Is 2.12; Jl 2.1; Ml 4.5; 1 Ts 5.2; 2 Pe 3.10).

Há um dia vindouro em que Deus julgará. Há um dia vindouro em que o grande trono branco será uma realidade. Apocalipse 20.11-12 mostra esse grande quadro do juízo final: *"Vi um grande trono branco e aquele que nele se assenta, de cuja presença fugiram a terra e o céu, e não se achou lugar para eles. Vi também os mortos, os grandes e os pequenos, postos em pé diante do trono. Então, se abriram livros. Ainda outro livro, o Livro da Vida, foi aberto. E os mortos foram julgados segundo as suas obras, conforme o que se achava escrito nos livros"*. Em outras palavras, eles não tinham fé para recomendá-los – tudo sobre o que podiam alicerçar suas vidas eram suas obras. Se você sabe alguma coisa a respeito disso, sabe também que a Bíblia diz: *"Ninguém será justificado diante dele por obras da lei"* (Rm 3.20). *"Deu o mar os mortos que nele estavam. A morte e o além entregaram os mortos que neles havia. E foram julgados, um por um, segundo as suas obras. Então, a morte e o inferno foram lançados para dentro do lago de fogo. Esta é a segunda morte, o lago de fogo. E, se alguém não foi achado inscrito no Livro da Vida, esse foi lançado para dentro do lago de fogo"* (Ap 20.13-15).

Em Mateus 7.21-23, somos levados ao julgamento final. Estamos diante do grande trono branco vendo algumas pessoas que estarão diante de Cristo naquela ocasião. Elas dizem a Cristo: "Senhor, Senhor, aqui estamos nós; somos aquelas pessoas que eram religiosas". Pedro chama esse dia de *"o Dia do Juízo e destruição dos homens ímpios"* (2 Pe 3.7). A expressão "homens ímpios" pode parecer difícil em vista do fato de que essas pessoas eram religiosas. Há um silêncio apavorante neste julgamento.

A CONDIÇÃO PARA A ENTRADA NO REINO

Em seguida, o silêncio é rompido pelas palavras de Jesus Cristo: *"Nem todo o que me diz: Senhor, Senhor! entrará no reino dos céus, mas aquele que faz a vontade de meu Pai, que está nos céus"* (Mt 7.21).

Qual é essa condição? Como os homens entram no reino de Deus? Como você pode ter um relacionamento vital com Deus? Bem, primeiramente, não são aqueles que dizem: "Senhor, Senhor" – são aqueles que fazem a vontade de Deus que entram. Mateus 25.1-13 é uma história bem interessante sobre dez virgens convidadas a uma festa. Cinco delas foram e haviam-se preparado de antemão, levando óleo e tendo-o em suas lâmpadas. As outras cinco eram néscias, tolas e não se prepararam. Em Mateus 25.11, a porta é fechada, e as cinco virgens deixadas do lado de fora disseram: *"Senhor, senhor, abre-nos a porta!"* Mas o Senhor da festa lhes respondeu: *"Em verdade vos digo que não vos conheço"*.

As virgens foram todas convidadas para a festa. Simbolicamente, em um sentido, elas tinham o evangelho. Ouviram a proclamação: "Vinde à festa". Isso é uma ilustração autêntica da chamada de Deus ao mundo. Elas estavam preparadas a ponto de terem suas lâmpadas. Tinham, inclusive, as roupas certas. Até chegaram à casa onde seria a festa. Mas não entraram. O clamor delas é semelhante ao de Mateus 7.21: "Senhor, senhor, abre-nos a porta!" Mas o Senhor disse que não são aqueles que dizem "Senhor, senhor", e sim aqueles que fazem a sua vontade.

Que advertência solene! No final da parábola, Cristo disse: *"Vigiai, pois, porque não sabeis o dia nem a hora"* (Mt 25.13).

O profeta Oséias ilustra isso em seu livro (Os 8.2). O povo da época de Oséias estava quase arruinado historicamente. Israel havia decaído e, no tempo da profecia de Oséias, ele estava repreendendo e falando severamente sobre a falta de conhecimento do povo, dizendo: *"O meu povo está sendo destruído, porque lhe falta o conhecimento"* (Os 4.6). Ele disse que o povo não tinha qualquer realidade em seu interior. Oséias os comparou com o orvalho da manhã que evapora (Os 6.4). Não tinham nenhuma substância. Haviam negligenciado e esquecido a Deus. Nem ao menos se aproximavam da casa de Deus.

Quando você lê Oséias 8.1-2, vê o profeta retratando um abutre (é traduzido "águia", mas, na realidade, isso é uma tradução da palavra hebraica que significa "abutre".) A imagem é a de um abutre voando sobre a casa de Deus. E simboliza o fato de que, mesmo com toda a atividade religiosa de Israel, a verdade autêntica era que o lugar era morto, e essa era a razão por que o abutre pairava sobre ele.

Nada havia ali, senão uma carcaça morta. Israel abandonara o templo de Deus como o símbolo de seu relacionamento com Deus e se tornara uma tragédia – uma figura de um abutre voando testificava o fato de que o julgamento de Deus estava vindo. Oséias continua e profetiza que Israel será punido por negligenciar a Deus.

Israel ainda era um povo religioso. Ainda tinha sentimentos religiosos. As pessoas ainda fingiam alguma espiritualidade, mas estavam mortas. Não havia realidade na religião delas, mas apenas formalidade. O que disseram em resposta a Oséias? "Nosso Deus! Nós, Israel, te conhecemos" (Os 8.2). Isso é semelhante a Mateus 7.21: "Senhor, Senhor, somos nós. O que o Senhor pretende em julgar-nos. Nós te conhecemos. Somos nós. Nosso Deus". Eles clamam: "Somos nós". Que tragédia! Mas Deus não os conhece. Aquela geração específica de pessoas havia deixado de lado seu relacionamento com Deus como resultado de seus próprios desejos.

Você observa que não são aqueles que desejam entrar no reino que entram necessariamente; nem mesmo aqueles que pedem entrada no reino. Não basta pedir. Não basta desejar. Basta ser obediente. Deus estabeleceu certas regras para a entrada no reino. Elas têm de ser obedecidas, pois, do contrário, não há entrada. Seu desejo de querer entrar pode ser tal que você chega a ir à igreja e a envolver-se, mas não fica muito envolvido. A menos que você venha por meio de Jesus Cristo, não pode entrar. Todas as suas atividades religiosas e todos os seus rituais não têm significado. Em Atos 4.12, Pedro diz: "E não há salvação em nenhum outro; porque abaixo do céu não existe nenhum outro nome, dado entre os homens, pelo qual importa que sejamos salvos" (At 4.12).

Havia um cego numa ponte de Londres. Ele lia a sua Bíblia em braile. E, enquanto lia Atos 4.12, seus dedos perderam o lugar. Sendo inconsciente de todos ao redor por causa de sua cegueira, continuou passando os seus dedos sobre a mesma expressão: "Nenhum outro nome... nenhum outro nome... nenhum outro nome". Um grupo de pessoas que se reuniu em torno dele, quando tropeçou nas palavras, começou a zombar e rir dele, enquanto tateava nervosamente sua Bíblia. Havia outro homem na margem da aglomeração; ele não zombava e ouvia. Esse homem foi para casa naquela noite, curvou seus joelhos e convidou Jesus Cristo a entrar em sua vida. Mais tarde, ele testemunhou em uma reunião que fora trazido a Jesus Cristo por um cego que estava numa ponte, tropeçando nas palavras "Nenhum outro nome... nenhum outro nome... nenhum outro nome".

É somente por meio da fé pessoal no Senhor Jesus Cristo que você, ou eu, ou qualquer pessoa entrará no reino de Deus. Não podemos entrar por meio de nossas emoções religiosas ou de nossos sentimentos santificados. É somente por meio do precioso sangue de Jesus Cristo. A confissão de lábios não é suficiente – tem de haver obediência. E, na afirmação: "Senhor, Senhor", você tem uma idéia de que essas pessoas serão surpreendidas – na verdade, ficarão chocadas. Elas dirão: "O Senhor quer dizer que não podemos nem entrar?" Mas lembrem o que Jesus disse em Lucas 6.46: *"Por que me chamais Senhor, Senhor, e não fazeis o que vos mando?"*

O seguinte versículo está gravado numa velha placa na catedral de Lübeck, na Alemanha: "Assim nos fala Cristo, nosso Senhor: vós me chamais Senhor e não me obedeceis. Vós me chamais Luz e não me vedes. Vós me chamais o Caminho e não andais em mim. Vós me chamais Vida e não me desejais. Vós me chamais Sábio e não me seguis. Vós me chamais Formoso e não me amais. Vós me chamais Rico e não me pedis. Vós me chamais Eterno e não me buscais. Vós me chamais Gracioso e não confiais em mim. Vós me chamais Nobre e não me servis. Vós me chamais Poderoso e não me honrais. Vós me chamais Justo e não me temeis. Se eu vos condenar, não me culpeis".

Deus estabeleceu a exigência para a entrada no reino do céu. Não tem nada a ver com um templo. Tem tudo a ver com Jesus Cristo. Chamar a Cristo de "Senhor" ou qualquer outra coisa não é suficiente. Fazer a vontade de Deus é a resposta.

Talvez você diga: "Bem, qual é a vontade de Deus?" Paulo falou a Timóteo que *"Deus, nosso Salvador... deseja que todos os homens sejam salvos"* (1 Tm 2.3, 4). Essa é a vontade de Deus. Jesus diz: *"Eu sou o caminho, e a verdade, e a vida; ninguém vem ao Pai senão por mim"* (Jo 14.6). Essa é a vontade de Deus. Cristo diz: *"A vontade de meu Pai é que todo homem que vir o Filho e nele crer tenha a vida eterna; e eu o ressuscitarei no último dia"* (Jo 6.40). João 1.12 diz: *"Mas, a todos quantos o receberam, deu-lhes o poder de serem feitos filhos de Deus"*. Deus quer que você receba a Cristo. Hebreus 11.6 diz: *"Sem fé é impossível agradar a Deus"*, e isso significa fé em Jesus Cristo. Você não entra no reino por sinceridade, religiosidade, reforma, bondade, serviço à igreja, nem mesmo por simplesmente citar o nome de Cristo. Você entra somente por meio da fé e da confiança pessoal em Cristo.

O CLAMOR DOS QUE NÃO ENTRARAM NO REINO

Observe, agora, o clamor daqueles que não puderam entrar no reino: *"Muitos, naquele dia, hão de dizer-me: Senhor, Senhor! Porventura, não temos nós profetizado em teu nome, e em teu nome não expelimos demônios, e em teu nome não fizemos muitos milagres?"* O clamor das pessoas é uma forte reação emocional. Quando, no julgamento, Cristo diz que nem todo que diz: "Senhor, Senhor" pertence ao reino, há repentinamente uma forte reação emocional – um apelo procedente do coração dessas pessoas. Elas levantam a voz e dizem: "Mas fizemos todas essas coisas". Muitas pessoas estão indo para o inferno eternamente desapontadas, porque pensavam que sua performance religiosa era suficiente para salvá-las.

Milhões de pessoas confiam em sua moralidade, boas obras, batismo, membresia na igreja e até sentimentos religiosos. Haverá muitos obreiros de igreja no inferno, muitos pastores e, embora seja triste dizer, muitos professores de escolas chamadas religiosas. Estou certo de que muitos deles dirão ao Senhor: "Cristo, somos nós. Profetizamos em teu nome". Mas Jesus removerá a pele de ovelha deles e revelará o lobo voraz. É exatamente sobre isso que fala o texto de Mateus 7.15-20, no qual o Senhor Jesus expõe os falsos profetas – aqueles que afirmam ter realidade, mas não a têm.

Lucas 13.25-30 acrescenta grande significado a este assunto: *"Quando o dono da casa se tiver levantado e fechado a porta, e vós, do lado de fora, começardes a bater, dizendo: Senhor, abre-nos a porta, ele vos responderá: Não sei donde sois. Então, direis: Comíamos e bebíamos na tua presença, e ensinavas em nossas ruas. Mas ele vos dirá: Não sei donde vós sois; apartai-vos de mim, vós todos os que praticais iniquidades. Ali haverá choro e ranger de dentes, quando virdes, no reino de Deus, Abraão, Isaque, Jacó e todos os profetas, mas vós, lançados fora. Muitos virão do Oriente e do Ocidente, do Norte e do Sul e tomarão lugares à mesa no reino de Deus. Contudo, há últimos que virão a ser primeiros, e primeiros que serão últimos"*. Que figura daquele mesmo dia – daqueles que são lançados fora porque tudo que tinham era o nome de Cristo, sem a realidade da fé nele! Quão triste é vê-los do lado de fora, clamando por entrada!

Lembro-me das pessoas que viveram nos dias de Noé e devem ter feito a mesma coisa. Batiam na porta da arca, para fazerem Noé saber que eles, por fim, haviam acreditado que a mensagem que ele pregara era verdadeira. Queriam entrar, mas não podiam mais.

Você tem apenas uma forma de espiritualidade? Você conhece o Senhor pessoalmente? Vê a si mesmo diante do grande trono branco com suas frágeis desculpas? Jesus disse a Nicodemos: *"Se alguém não nascer de novo, não pode ver o reino de Deus"* (Jo 3.3). O que significa nascer de novo? Significa simplesmente receber a Jesus Cristo e crê que Deus pode fazer de você uma nova criatura, nascido eternamente na família de Deus.

Quando Nicodemos veio a Cristo, ele tinha muitas coisas a recomendá-lo. Era um homem religioso, era um mestre em Israel. Você pode pensar que, com todos os passos religiosos que Nicodemos já havia dado, Cristo lhe diria: "Nicodemos, você é um grande homem, tem ido tão longe, tem uma vida fantástica, já fez muitas coisas maravilhosas, tudo que você precisa agora é dar mais um passo e entrará no reino". Mas Cristo estava realmente dizendo: "Nicodemos, você tem feito tudo que se deve fazer no aspecto religioso. Agora, esqueça tudo isso, retroceda e seja um bebê – seja nascido totalmente de novo". Ele não precisava dar outro passo no processo; tinha de começar desde o início.

A CONDENAÇÃO PARA AQUELES QUE ESTÃO SEM CRISTO

O clamor de protesto a Deus é uma defesa inútil, não é? A vontade de Deus é que recebamos a Cristo como Senhor e Salvador. E aqueles que não fizeram isso clamam em horror. Em seguida, o Juiz fala novamente, e ouvimos a condenação daqueles que estão sem Cristo: *"Então, lhes direi explicitamente: nunca vos conheci. Apartai-vos de mim, os que praticais a iniquidade"* (Mt 7.23).

"Confessar" é uma palavra interessante. E a palavra grega que ela traduz (*homologia*) significa "proclamar abertamente". Nesta ocasão, Jesus proclama abertamente que não conhece essas pessoas. A mesma palavra é usada em Mateus 10.32, onde Jesus diz: *"Portanto, todo aquele que me confessar diante dos homens, também eu o confessarei diante de meu Pai, que está nos céus".* Se você não proclama a Cristo aberta e espontaneamente neste mundo, ele não o proclamará abertamente no céu. Em vez disso, ele dirá: *"Nunca conheci você".*

Agora chegamos a um dos conceitos mais importantes de toda a Escritura, representado pela palavra "conhecer". De vez em quando, repetirei esse conceito porque ele é crucial. O que significa Deus conhecer alguém e não conhecer outra pessoa? Sabemos que não significa que ele não tem conhecimento das pessoas. Sabemos que ele não está dizendo: "Não sei quem é você". Ele sabe quem é cada pessoa. Ele conta até os cabelos da cabeça de cada pessoa. E sabe até quando um pardal cai (Mt 10.29-30). Deus sabe tudo que há para saber.

O que Cristo quis dizer quando falou: *"Nunca vos conheci".* Temos a resposta em 2 Timóteo 2.19: *"O Senhor conhece os que lhe pertencem".* O que isso significa? O que Paulo estava tentando dizer? A palavra "conhecer" na Escritura implica um relacionamento singular de amor. Em Amós 3.2, o Senhor disse: *"Somente a vós outros* [Israel] *vos escolhi* [literalmente, "conheci"]*".* Israel era a única nação que Deus conhecia? Não, ele conhecia todas as nações. O que Deus estava dizendo? Estava dizendo que tinha um relacionamento íntimo com Israel.

No Antigo Testamento, o conceito de um homem e uma mulher que viviam em um relacionamento que produzia filhos é referido como um homem "conhecendo" a sua mulher. Por exemplo, Gênesis 4.17 diz: "E coabitou [literalmente, "conheceu"] Caim com sua mulher". Não presumimos que ele conheceu sua mulher no sentido puro de apenas conhecê-la – isso é óbvio, pois ele não teria casado com ela se não a conhecesse antes nesse sentido. O significado é mais do que isso. O versículo prossegue dizendo: "Ela concebeu e deu à luz a Enoque". Em outras palavras, "conhecer" se refere ao mais singular relacionamento de amor humano.

Você deve lembrar que José não conheceu Maria (cf. Mt 1.18, 25). E ficou chocado quando descobriu que ela estava grávida. Ele tinha a escolha de apedrejá-la ou de mandá-la embora, porque ela estava grávida, e ele ainda não a tinha conhecido. Num âmbito humano, a palavra "conhecer" implica um relacionamento de amor singular entre duas pessoas. Em termos do relacionamento com Deus, a mesma coisa é verdadeira. Paulo disse em Gálatas 4.9 que os crentes são "conhecidos por Deus". A beleza de nossa intimidade com Deus é que ela é comparada com um homem conhecendo sua mulher. Essa é a razão por que vemos na Escritura que Deus se refere a Israel como sua esposa (cf. Os 1-3) e a igreja é vista como a mulher, sendo Cristo o marido (Ef 5.25-32).

Temos um relacionamento de amor íntimo com Deus. Isso é ilustrado magnificamente para nós nas palavras de Cristo: *"Eu sou o bom pastor; conheço as minhas ovelhas"* (Jo 10.14). Quando leio essa passagem, substituo a palavra "conheço" por "amo". *"Eu sou o bom pastor; amo as minhas ovelhas, e elas me amam a mim, assim como o Pai me ama a mim, e eu amo o Pai; e dou a minha vida pelas ovelhas... As minhas ovelhas ouvem a minha voz; eu as amo, e elas me seguem. Eu lhes dou a vida eterna; jamais perecerão, e ninguém as arrebatará da minha mão. Aquilo que meu Pai me deu é maior do que tudo; e da mão do Pai ninguém pode arrebatar. Eu e o Pai somos um"* (vv. 14-15, 27-30).

Você percebe a beleza e a intimidade do relacionamento de amor que temos com Jesus Cristo? Em Romanos 11.2, o apóstolo Paulo diz: *"Deus não rejeitou o seu povo, a quem de antemão conheceu"*. Deus predeterminou um relacionamento de amor com você, se você é um cristão. No conselho de Deus, pelo soberano ato de sua vontade, ele preordenou que você seja um filho de Deus (Ef 1.4). Você tem um relacionamento de amor predeterminado com Deus, assim como Israel teve e ainda tem. A intimidade desse relacionamento de amor é tão belo, que Deus fala sobre ele nos termos humanos mais magníficos: a consumação do amor entre um homem e uma mulher. Quando ele diz: *"Conheço as minhas ovelhas"*, e quando Cristo diz: "Conheço vocês", isso significa que você e eu temos um relacionamento de amor íntimo com eles. Que pensamento glorioso!

No entanto, para aqueles que não têm esse relacionamento de amor, ele dirá: *"Nunca vos conheci"*. Eles não tinham esse relacionamento de amor predeterminado. Não tinham esse relacionamento como uma ovelha e um pastor ou como uma mulher e um marido. Estar fora desse relacionamento especial de amor significar sofrer o julgamento de Cristo: *"Apartai-vos de mim"*. Que tragédia! Cristo repetirá essas palavras severas na ocasião do julgamento referido em Mateus 25.41: *"Apartai-vos de mim, malditos, para o fogo eterno, preparado para o diabo e seus anjos"*.

Quão triste é o fato de que esse quadro final do julgamento é um quadro trágico de infelicidade. Os incrédulos de todas as épocas são trazidos diante de Deus. Jesus Cristo proclama a condição para o ingresso no reino: fazer a vontade de Deus; e aqueles que foram separados clamam: "Mas, fizemos todas essas coisas em teu nome". Entretanto, por fim, o Juiz diz: "Você estão condenados porque nunca tivemos um relacionamento de amor".

O cristianismo não é uma formalidade. Não é uma religião – é um relacionamento pessoal de amor com Jesus Cristo. Você tem esse relacionamento de amor? Você conhece esse mesmo Cristo?

Termino com esta ilustração. Certa vez, havia um ator em um jantar social. Pediu-se ao ator que recitasse algo para os presentes.

Ele se levantou e, sendo gracioso para com os presentes, disse: "Recitarei o que vocês desejarem que eu recite". A princípio, ninguém sugeriu nada, mas um velho pregador que estava ali, sentado no fundo do salão, levantou-se e disse: "Gostaria de ouvir você recitar o Salmo 23".

O ator ficou um pouco chocado com aquilo, mas, como se fizera disponível a recitar qualquer coisa que fosse pedida, fez o que o homem lhe pediu. Ele conhecia o salmo e, por isso, disse que o recitaria. Ele repetiu o Salmo 23 com eloquência total – foi uma interpretação primorosa. Sua dicção foi bela. Quando ele terminou, todas as pessoas irromperam em aplausos espontâneos.

O ator, imaginando que havia se vingado do velho cavalheiro por sugerir-lhe que recitasse algo da Bíblia, disse: "Agora, senhor, gostaria de ouvi-lo recitar o salmo". O velho cavalheiro não esperava por aquilo. Mas, por causa de seu amor por Cristo, se levantou e repetiu o Salmo 23. Sua voz desafinava, falhava e não era tão bela. A interpretação não foi realmente tão excelente. Quando o homem terminou, não houve aplausos, mas não havia olhos sem lágrimas no salão.

O ator, sentindo sua própria emoção, se levantou e disse: "Senhoras e senhores, eu atingi seus olhos e ouvidos, mas ele atingiu seu coração. A diferença é esta: eu conheço o salmo, ele conhece o Pastor".

2
O EVANGELHO SIMPLES

João 8.21-30
26 de dezembro de 1976

Esta é uma mensagem evangelística que tem permanecido como favorita por mais de 30 anos. Pregada no dia depois do Natal, esta mensagem pertence a uma época em que os principais cultos da Grace Church eram realizados no ginásio. Os planos para o novo prédio de adoração estavam nos primeiros estágios.

Mao Tsé-Tung morrera na China três meses antes. O primeiro computador Apple (de fato, apenas uma placa-mãe exagerada) estava disponível desde abril (a Apple se tornaria oficialmente uma sociedade anônima na semana seguinte à pregação desta mensagem). Mas, naquele tempo, o radioamadorismo era a última moda tecnológica.

Fitas cassetes haviam se tornado populares recentemente, e dezenas de milhares de cassetes contendo esta mensagem seriam distribuídas pelo mundo antes do próximo Natal.

É maravilhoso quando pessoas vêm a Cristo – elas não estão mais sob a tirania do pecado e da culpa ou da lascívia e do desejo, bem como não estão mais sob a escravidão de uma existência sem sentido e sem propósito. Cristo não somente dá sentido à vida, mas também restaura a harmonia de nossa vida espiritual por perdoar completamente nosso pecado.

No entanto, o que acontece quando alguém não quer estabelecer um relacionamento com o Deus vivo por meio de Jesus Cristo? O que acontece quando uma pessoa mantém o disfarce do Natal, honrando um evento, mas não tolerando a pessoa em quem esse evento acha seu significado? Se receber a Jesus Cristo resulta em uma vida abundante e eterna, *não* receber a Jesus Cristo resulta em receber a maldição de Deus.

Achamos nesta passagem de João 8 algumas afirmações alarmantes feitas por Jesus. Tenho de admitir que essas afirmações tornam a passagem algo difícil para eu discutir e entender. Às vezes, desejo clamar como Richard Baxter: "Oh! que o inferno fique vazio e o céu se encha!" Não é meu desejo, nem o de Jesus, que alguém vá para o inferno, porque Deus não quer "que nenhum pereça, senão que todos cheguem ao arrependimento" (2Pe 3.9). Não é condenação, e sim, advertência, que Jesus fala nestes versículos.

Deve chamar nossa atenção o fato de que pessoas que professam o cristianismo e, ao mesmo tempo, rejeitam a Cristo estão engajadas no mais insensato tipo de divertimento. Isso é comparável a pessoas que celebram uma festa no navio Lusitania, enquanto prosseguem ignorando a ameaça alemã. Se as pessoas soubessem mesmo que seu destino eterno era determinado por Cristo, que elas rejeitavam na realidade, duvido que haveria muito para elas celebrarem.

A Bíblia deixa claro que não há neutralidade neste assunto. Jesus expressou isso de modo simples e breve quando disse: *"Quem não é por mim é contra mim"* (Mt 12.30). Em todo o primeiro conjunto de escritos que a Bíblia nos apresenta, o Pentateuco, Moisés estabeleceu esse padrão que continua até o livro de Apocalipse: *"Os céus e a terra tomo, hoje, por testemunhas contra ti, que te propus a vida e a morte, a bênção e a maldição; escolhe, pois, a vida, para que vivas, tu e a tua descendência"* (Dt 30.19). Aqui estão as duas coisas que vemos em toda a Escritura: vida e morte, bênção e maldição.

Josué 24.15 diz: *"Escolhei, hoje, a quem sirvais: se aos deuses a quem serviram vossos pais que estavam dalém do Eufrates ou aos deuses dos amorreus em cuja terra habitais. Eu e a minha casa serviremos ao Senhor"*. Duas opções são oferecidas: servir o Deus verdadeiro, servir os falsos deuses.

João 3.18 diz: *"Quem nele crê não é julgado; o que não crê já está julgado"*. Você tem apenas duas escolhas: ou você é condenado ao inferno, ou não condenado. E o ponto mais importante desta questão é se você crê. A razão para ser condenado é dada no final do versículo: *"Porquanto não crê no nome do unigênito Filho de Deus"*.

O livro de Apocalipse termina com um convite: *"O Espírito e a noiva dizem: Vem! Aquele que ouve, diga: Vem! Aquele que tem sede venha, e quem quiser receba de graça a água da vida"* (Ap 22.17). Aqui há novamente a opção de escolher um de dois caminhos.

Outro dia, um de meus filhos perguntou-me: "Papai, é verdade que existe somente dois lugares aonde podemos ir quando morremos: céu e inferno?" Eu respondi: "sim, é verdade; somente dois lugares: céu ou inferno. Não há um lugar neutro, não há purgatório, nem um lugar de espera. O inferno pode ter diferentes designações quanto à sua forma e identidade final, mas há somente dois lugares: o céu, onde Deus está, e o inferno, onde Deus não está".

Talvez você já ouviu este antigo verso: "Ele não tinha ninguém sobre quem lançar a culpa, exceto a si mesmo". Isso é realmente bíblico. Pode haver uma grande argumentação teológica a respeito de quem é responsável quando uma pessoa é salva – se o responsável é Deus, ou se é o homem – mas, na Bíblia, não há dúvida sobre quem é responsável quando uma pessoa vai para o inferno, porque a Bíblia diz que os homens escolhem.

Jesus confirmou a realidade da escolha do homem em relação ao inferno quando confrontou alguns dos judeus, dizendo-lhes: *"Examinais as Escrituras, porque julgais ter nelas a vida eterna, e são elas mesmas que testificam de mim. Contudo, não quereis vir a mim para terdes vida"* (Jo 5.39-40). A responsabilidade por não escolher a Cristo é nossa. Em Romanos 1.20, Paulo diz que os homens são indesculpáveis.

João 16.8-9 diz: *"Quando ele vier, convencerá o mundo do pecado... porque não creem em mim"*. Não crer em Cristo é o maior de todos os pecados.

O Senhor condenou Jezabel, que estava enganando as pessoas na igreja de Tiatira, dizendo: *"Dei-lhe tempo para que se arrependesse; ela, todavia, não quer arrepender-se da sua prostituição"* (Ap 2.21). Em outras palavras, Deus faz o chamado ao arrependimento, e, quando as pessoas não se arrependem e se convertem a ele com fé, a culpa é delas mesmas – elas são responsáveis por essa decisão.

Agora, voltando a João 8, notamos no versículo 21 uma poderosa afirmação da parte de Jesus, dirigida aos líderes judeus: *"De outra feita, lhes falou, dizendo: Vou retirar-me, e vós me procurareis, mas perecereis no vosso pecado; para onde eu vou vós não podeis ir"*. Com estas palavras, Jesus fez uma declaração muito forte sobre o fato de que ele iria para o céu, e eles não iriam.

Pelo tempo decorrido até o relato do capítulo 8, Jesus podia fazer essa advertência porque eles já haviam recebido bastante informação para terem feito uma decisão a respeito de Cristo. Em oito capítulos, João estivera narrando a manifestação pessoal de Deus em Cristo, por registrar as muitas maravilhas que Jesus fizera na Galiléia e em Jerusalém. Além disso, Jesus falara muitas coisas admiráveis: suas afirmações quanto à deidade são claras – ninguém precisa se enganar quanto a elas. De fato, posteriormente, Jesus exortou esses judeus que avaliavam seu ministério a que cressem nele por causa das palavras e das obras que ele havia falado e realizado (Jo 10.37-38; 14.10-11).

Nestes capítulos, vemos as obras de Cristo e ouvimos muitas vezes as suas palavras. No capítulo 1, ele é apresentado por João como Deus Encarnado, que *"se fez carne e habitou entre nós... o unigênito do Pai"* (v. 14). Em João 2, lemos que ele realizou seu primeiro milagre em Caná, quando transformou água em vinho. Em João 4, nós o vemos revelando a vida pessoal de uma mulher, sem a ter conhecido antes, e falando sobre o fato de que ele era a água viva. Em João 5, ouvimos o diálogo de Jesus com os fariseus, quando afirmou ser Deus e haver sido designado por seu Pai para fazer o julgamento final. Em João 6, nós o vemos realizando diversos milagres durante todo o dia, incluindo a alimentação de seis mil pessoas nas encostas da Galiléia. Em João 7, ele vai a Jerusalém, e as coisas que ele diz ali continuam a confirmar que ele é Deus. Em João 8, Jesus perdoa o pecado e afirma que ele é a luz do mundo. Todas essas palavras e obras, sinais e maravilhas devem ter sido suficiente para despertar fé e confiança genuínas em quem ele era. E, na mente de Jesus, aqueles que estivessem vendo, ouvindo e experimentando essas coisas e não cressem, esses levavam sozinhos a culpa de seu próprio pecado – não tinham desculpas.

Embora Jesus tivesse satisfeito as necessidades físicas de muitas pessoas, elas o rejeitaram, não querendo ter de encarar a necessidade espiritual de arrependimento e fé nele. Na Galiléia, grandes multidões o seguiram, a princípio, porque ele as alimentara e curara. Mas, quando ele começou a estabelecer princípios de vida e a interferir no pecado deles, pararam de querer coroá-lo rei. Quando ele veio para Jerusalém, a mesma coisa aconteceu: grandes multidões o seguiam por toda parte. Mas, quando ele começou a mudar das coisas físicas para as espirituais e a lidar com o pecado no coração das pessoas, as multidões começaram a se dissolver, e a única multidão que restou foi um grupo de fariseus que tentava descobrir como matá-lo. Essa rejeição trágica foi resumida nas palavras de João: *"Veio para o que era seu, e os seus não o receberam"* (Jo 1.11). Os judeus eram responsáveis por sua conclusão a respeito de Cristo, como você, eu e qualquer outra pessoa.

Embora alguns tenham crido, João 7.40-41 nos diz que houve outros que não creram: *"Então, os que dentre o povo tinham ouvido estas palavras diziam: Este é verdadeiramente o profeta; outros diziam: Ele é o Cristo; outros, porém, perguntavam: Porventura, o Cristo virá da Galiléia?"* Para alguns que o rejeitaram, Jesus disse: *"Não quereis vir a mim para terdes vida"* (Jo 5.40). Mas a culpa não era de ninguém, exceto deles mesmos, como acontece com todos os que têm plena revelação e se afastam da verdade (cf. Hb 6 e Hb 10).

Embora a incredulidade dos escribas e fariseus tenha se evidenciado em seu desejo de matar Jesus, o versículo 20 nos diz que *"ninguém o prendeu, porque não era ainda chegada a sua hora"*. Impedidos por Deus de serem capazes de tirar a vida de Jesus nessa ocasião, foram confrontados por Jesus em seguida: *"Vou retirar-me, e vós me procurareis, mas perecereis no vosso pecado; para onde eu vou vós não podeis ir"* (Jo 8.21).

Essa confrontação revela o resultado trágico de alguém rejeitar a Jesus Cristo: morrer em seu próprio pecado. Jesus havia sugerido isso no capítulo anterior, quando disse: *"Ainda por um pouco de tempo estou convosco e depois irei para junto daquele que me enviou. Haveis de procurar-me e não me achareis; também aonde eu vou, vós não podeis ir. Disseram, pois, os judeus uns aos outros: Para onde irá este que não o possamos achar? Irá, porventura, para a Dispersão entre os gregos, com o fim de os ensinar?"* (Jo 7.33-35). Embora estivessem sinceramente confusos quanto ao que Jesus quis dizer com essas palavras, no capítulo 8 vemos os judeus tornando-se cínicos quando Jesus repetiu essencialmente a mesma advertência: *"Então, diziam os judeus: Terá ele, acaso, a intenção de suicidar-se?"* (Jo 8.22). Mas o cinismo deles serve apenas para revelar sua falta de entendimento. Jesus estava dizendo somente que iria para o Pai, no céu, e que eles seriam incapazes de ir lá, porque estariam no inferno, porque o haviam rejeitado. Se o procurassem tarde demais, sua procura seria inútil.

Há um limite para a graça que Deus outorga àqueles que o rejeitam. Amós 8.11-12 diz: *"Eis que vêm dias, diz o SENHOR Deus, em que enviarei fome sobre a terra, não de pão, nem sede de água, mas de ouvir as palavras do SENHOR. Andarão de mar a mar e do Norte até ao Oriente; correrão por toda parte, procurando a palavra do SENHOR, e não a acharão"*. A mesma coisa é verdadeira no que diz respeito ao evangelho de Deus a respeito de Cristo.

Em Provérbios 1.24-31, a sabedoria divina é personificada como que se afastando daqueles que a rejeitam: *"Porque clamei, e vós recusastes; porque estendi a mão, e não houve quem atendesse; antes, rejeitastes todo o meu conselho e não quisestes a minha repreensão; também eu me rirei na vossa desventura, e, em vindo o vosso terror, eu zombarei, em vindo o vosso terror como a tempestade, em vindo a vossa perdição como o redemoinho, quando vos chegar o aperto e a angústia. Então, me invocarão, mas eu não responderei; procurar-me-ão, porém não me hão de achar. Porquanto aborreceram o conhecimento e não preferiram o temor do SENHOR; não quiseram o meu conselho e desprezaram toda a minha repreensão. Portanto, comerão do fruto do seu procedimento e dos seus próprios conselhos se fartarão"*. Em outras palavras, quando o dia da graça houver terminado, aqueles que tiverem rejeitado a sabedoria de Deus serão responsáveis e sofrerão as consequências que eles mesmos mereceraem. É como um prisioneiro que foi instruído pelo rei a fazer uma corrente. Cada dia, ele acrescenta um novo elo, até que, por fim, eles o pegam e o prendem com sua própria corrente. Isso é o que acontece com pessoas que rejeitam a Cristo: elas estão produzindo em sua vida seu próprio desastre final.

A morte de Jesus o levou para o Pai, mas a morte daqueles que o rejeitaram não os leva a Deus por causa do pecado. Ora, que pecado Jesus tinha em mente quando disse aos fariseus que eles morreriam em seu pecado? O pecado de rejeitar a Cristo. João 16.8-9 diz que o Espírito Santo convencerá os homens de pecado, porque não creem em Cristo. Se você quiser racionalizar e dizer: "Bem, eu não cometo pecados; sou uma pessoa boa e tento fazer o que posso", isso não servirá para nada, porque, se você nunca recebeu a Jesus Cristo, esse é o pecado fundamental. Por isso, Jesus diz que aqueles que o buscam tarde demais morrerão com pecado não perdoado. Esse é o desastre supremo, porque essa pessoa está destinada ao inferno.

Os líderes judeus buscavam realmente o céu durante toda a sua vida. Mas buscavam-no no lugar errado. Em vez de buscá-lo aos pés de Jesus, eles o buscavam em sua própria justiça. Romanos 10.17 diz que a fé vem pelo ouvir a mensagem sobre Cristo. Mas, em vez de buscarem-na nessa mensagem, os líderes judeus buscavam-na em seus próprios livros, leis e rituais.

Eles não somente a buscavam no lugar errado, mas também a buscavam da maneira errada. Em Romanos 10.2, Paulo diz sobre os judeus: *"Porque lhes dou testemunho de que eles têm zelo por Deus, porém não com entendimento"*. Estavam buscando a Deus de acordo com o sistema deles mesmos, e isso estava longe de ser uma busca de todo o coração. Jeremias 29.13 diz: *"Buscar-me-eis e me achareis quando me buscardes de todo o vosso coração"*. Os escribas e fariseus não dedicaram todo o seu coração a buscar a Deus, porque tinham dedicado todo o seu coração a orgulhosa propagação de sua própria justiça.

Portanto, muitos dos judeus buscavam no lugar errado, da maneira errada e, infelizmente, se veriam buscando no tempo errado. Estou certo de que tem existido inúmeras pessoas que começaram a buscar o céu tarde demais, depois que a sentença já havia sido passada sobre elas, por causa de sua rejeição contínua.

Jesus tentou transmitir o horror do inferno por meio de algumas de suas parábolas. Por exemplo, ele disse: *"Assim como o joio é colhido e lançado ao fogo, assim será na consumação do século. Mandará o Filho do Homem os seus anjos, que ajuntarão do seu reino todos os que causam escândalos e os que praticam a iniquidade e os lançarão na fornalha acesa; ali haverá choro e ranger de dentes. Então, os justos resplandecerão como o sol, no reino de seu Pai. Quem tem ouvidos [para ouvir], ouça"* (Mt 13.40-43). Há somente dois lugares onde alguém passará a eternidade: o inferno, onde há choro e ranger de dentes, ou o céu, onde você resplandece como o sol. E Jesus disse que, se você tem ouvidos, é melhor ouvir. Essa é uma advertência terrível.

Quando Jesus advertiu os judeus nesta passagem, ele não estava sendo bruto para com eles por selar soberanamente a escolha deles ou por findar toda possibilidade de salvação para eles. Estava apenas advertindo-os dasconsequências de sua escolha presente. Quando você ouve pessoas criticarem a Deus, por falarem negativamente desta maneira, dizendo que Deus não é amoroso, não creia nisso. Deus é tão amoroso e misericordioso que nos adverte.

Ninguém já foi para o inferno sem escolher ir para lá. Deus não se imporá, eternamente, sobre alguém que não o quer.

Vejo em João 8.21-30 quatro elementos que mostram como uma pessoa pode morrer em seu pecado.

SEJA CHEIO DE JUSTIÇA PRÓPRIA

A primeira maneira de garantir que você morrerá em seu pecado e não irá para a casa do Pai, no céu, com Jesus, é manter-se constantemente convencido de que você não precisa ser salvo, de que tudo está bem em sua vida espiritual. Aqueles que negam a sua necessidade de um Salvador são os mais difíceis de alcançarmos. Pessoas que afirmam ser justas sem Cristo, por dizerem: "Pertenço a um grupo especial"; ou: "Sou um dos 144.000"; ou: "Já recebi a confirmação de que sou uma pessoa justa" estão apenas enganando a si mesmas. Pessoas que têm justiça própria, que desenvolveram um sistema que elas acham lhes dá o direito de entrar na presença de Deus são as mais difíceis de convencer de que necessitam de um Salvador, porque sentem que tudo está bem com elas. Satanás é esperto. Quando ele une um falso sistema baseado em realização humana com justiça de obras, ele o faz de uma maneira tão complexa e supostamente bíblica, que isso se torna sobremodo enganador. Pessoas ficam cativas em seitas e supõem, falsamente, que podem obter justiça pelo que fazem. Mas ninguém jamais vem a Cristo sem ver a si mesmo como um pecador em necessidade de que seu pecado seja tirado e a Cristo como um Salvador que tira o pecado.

Os judeus que Jesus confrontou eram, evidentemente, cheios de justiça própria, como o percebemos em sua reação. Jesus lhes dera uma advertência amorosa, e a reação deles foi um comentário zombeteiro: *"Então, diziam os judeus: Terá ele, acaso, a intenção de suicidar-se? Porque diz: Para onde eu vou vós não podeis ir"* (v. 22). Estavam querendo dizer que Jesus cometeria suicídio.

Os judeus acreditavam que o suicídio era o pior pecado, para o qual as mais sombrias partes do Hades estavam reservadas. As pessoas que haviam matado a si mesmas não tinham qualquer possibilidade de entrar no "seio de Abraão" (Lc 16.22). Portanto, os judeus concluíram que, se Jesus se matasse, ele iria para o Hades, ao lugar oposto para o qual eles imaginavam que iriam. Não entenderam o que Jesus estava realmente dizendo. Eram tão cheios de justiça própria, havendo sistematizado tão cuidadosamente sua religião, que acreditavam seriam eles os que habitariam o céu. No entanto, Jesus os advertiu graciosamente com um anúncio da condenação iminente. Como eles podiam ser tão surdos? Se você ler todo o Novo Testamento, terá dificuldade em achar a história de conversão de um fariseu. Há algumas, mas não muitas, porque eles eram pessoas muito difíceis de serem alcançadas com a verdade bíblica.

Os judeus estavam corretos em concluir que Jesus iria morrer. Contudo, estavam completamente errados em pensar que a morte de Jesus seria por suicídio. Pelo contrário, seria uma morte auto-sacrificial, um oferecimento voluntário do próprio Jesus para ser crucificado. Atos 2.23 diz: *"Sendo este entregue pelo determinado desígnio e presciência de Deus, vós o matastes, crucificando-o por mãos de iníquos"*. Foi assassinato, e não suicídio. Mas Jesus foi uma vítima disposta, para realizar a redenção.

A justiça própria é a grande mentira de Satanás. A verdade é que você é salvo por Cristo; a mentira é que você é salvo por alguma outra coisa que não seja Cristo. A mentira pode vir em vários tipos de disfarces: você pode ser salvo por seguir certas regras, cumprir certa rotina, pertencer a um sistema específico, ser suficientemente bom para exceder em mérito os seus erros. Há milhares de sistemas possíveis para opor-se à única verdade. E todos esses sistemas fazem parte da grande mentira de Satanás. Se ele consegue introduzir pessoas em um sistema que lhes diz que são justas, é muito difícil retirá-las dali. Uma das razões é que a justiça própria é muito orgulhosa. Lembro-me do que Jó disse aos que o julgavam: *"Na verdade, vós sois o povo, e convosco morrerá a sabedoria"* (Jó 12.2). Provérbios 12.15 diz: *"O caminho do insensato aos seus próprios olhos parece reto".* Lucas 16.15 diz: *"Aquilo que é elevado entre homens é abominação diante de Deus".* Quando os homens acreditam na mentira de Satanás e desenvolvem um sistema que é altamente estimado aos olhos deles mesmos, isso é abominação para Deus. A salvação nunca pode ser merecida por boas obras e por cumprir rituais religiosos.

Portanto, a primeira maneira de morrer em seu pecado é ser cheio de justiça própria e desprezar alguém que lhe fala sobre o pecado e o inferno. O mundo faz isso em todo o tempo. Ele zomba de Jesus, menosprezando suas advertências sobre o inferno. O mundo mostra tanta seriedade em relação ao inferno como mostra em relação a vestir seus filhos com roupas de Diabo por ocasião do Halloween. O mundo se recusa a admitir seu pecado e sua necessidade do perdão de Cristo, pois confia em boas obras ou em religião pessoal para a salvação. Uma pessoa que está presa no sistema de justiça própria que o mundo oferece, quer seja uma instituição religiosa, como o mormonismo ou as Testemunhas de Jeová, quer seja um sistema criado pela própria pessoa, pode se tornar muito beligerante quando está comprometida com seu sistema.

Por exemplo, li um artigo que foi enviado a um jornal de Melbourne por uma pessoa que ouviu a pregação de Billy Graham. Ela disse: "Depois de ouvir o Dr. Billy Graham, pelo rádio, vê-lo na televisão, ler relatos e cartas a respeito de sua missão, fico profundamente desanimado com o tipo de religião que insiste no fato de que minha alma e a de todas as pessoas precisam ser salvas, seja o que for que isso signifique. Nunca senti que eu era perdido, assim como não sinto diariamente que estou atolado no lamaçal do pecado, embora a pregação repetitiva insista em que eu esteja. Deem-me uma religião prática que ensine tolerância e cortesia, que não reconheça barreiras de cor e credo, que se lembre dos idosos e ensine bondade e não pecado às crianças. Se, para salvar a minha alma, tenho de aceitar essa filosofia que tenho ouvido dos pregadores, prefiro permanecer condenado para sempre".

Ora, essa é uma situação perigosa para alguém. Evidentemente, esse homem desenvolveu um sistema em que crê que atingiu justiça própria diante de Deus e, por isso, zomba ousadamente da verdade.

A carta desse homem reflete a atitude dos fariseus e escribas. Desejando apresentar uma análise correta da situação, Jesus respondeu à zombaria deles: *"Vós sois cá de baixo, eu sou lá de cima"* (Jo 8.23). Jesus entendeu a intenção deles em dizer, zombando, que ele mataria a si mesmo e iria para o Hades. Mas, em certo sentido, Jesus respondeu: "Vocês é que vão para o Hades. Eu sou lá de cima. Você entenderam ao contrário do que eu disse". Com essa resposta pungente, Jesus não quis dizer que eles eram literalmente do Hades. Jesus quis dizer que a incredulidade, a hipocrisia, a religião falsa, a ignorância e a justiça própria intencional deles procediam do inimigo. Jesus fez a distinção clara de que eles seguiam a Satanás, enquanto ele seguia a Deus. Eles eram, como todas as pessoas incrédulas neste mundo, cá de baixo, no sentido de que eram parte de um sistema maligno. Em João 8.44, Jesus lhes disse: *"Vós sois do diabo, que é vosso pai"*. Pessoas como essas operam suas vidas *"segundo o príncipe da potestade do ar"* (Ef 2.2).

Enquanto o incrédulo é guiado inconscientemente por Satanás, segundo os parâmetros de baixo, o crente é guiado do alto, porque a sua pátria está no céu (Fp 3.20) e reside posicionalmente nos "lugares celestiais" (Ef 1.6; 2.13). Estamos conectados com o céu ou com o inferno, enquanto vivemos, por virtude daquele com quem estamos identificados. Por isso, Jesus, advertindo os fariseus, colocou as coisas na perspectiva certa, dizendo, em certo sentido: "As raízes de vocês vão até o Hades, porque o estilo de vida de vocês deixa isso evidente. É melhor reconhecerem a origem do seu sistema religioso". Se você quer morrer em seu pecado, apenas siga a atitude dos fariseus: creia que você não precisa de Cristo como seu Salvador, admita que tudo está bem, que já resolveu todos os seus problemas e que já atingiu a justiça. Convença a si mesmo disso e você morrerá em seu pecado.

Há uma segunda maneira de morrer em seu pecado.

SEJA DA TERRA

Jesus disse: *"Vós sois cá de baixo, eu sou lá de cima; vós sois deste mundo, eu deste mundo não sou"* (Jo 8.23). Ele delineou outro contraste. Disse aos fariseus que eles eram parte do sistema mundano do qual ele não fazia parte. A palavra "mundo" refere-se simplesmente à esfera espiritual e invisível do mal. Usamos essa palavra para identificar um sistema específico, como o mundo dos políticos, o mundo dos esportes e assim por diante. O sistema que Jesus tinha em mente nestas palavras era o sistema do mal que se opõe a Deus e a Cristo. Se você quer garantir que morrerá em seu pecado, apenas seja parte do sistema do mundo e aceite tudo que ele oferece. Assim, você pode ser classificado como "filho do mundo" (Lc 16.8), preso neste "mundo perverso", do qual Jesus procurar livrar os homens (Gl 1.4). Oposto à verdade de Deus, o mundo propaga seus sistemas de justiça própria.

Você poderia caracterizar o sistema desta maneira: é materialista e humanista, crê que o homem resolverá seus problemas por si mesmo e governa seu próprio destino, está perdido em preocupação com sexo, está infestado de ambição carnal, orgulho, cobiça, ciúme, inveja, autossatisfação, desejos egoístas, assassinatos e coisas semelhantes. Suas opiniões são erradas, seus alvos são egoístas, seus prazeres são pecaminosos, suas influências são desmoralizantes, suas políticas são corruptas, suas honras são vazias, seus sorrisos são falsos, e seu amor é instável. Além disso, está em processo de dissolução. De acordo com 1 João 2.17: "O mundo passa". Ele se autodestruirá.

Jesus identificou aqueles que zombavam dele como parte do sistema do mundo. Eram almas pecadoras, egoístas e presas a terra, pessoas controladas pelos ditames do sistema mau operado por Satanás. Haviam-se separado de Jesus Cristo com um abismo intransponível entre eles. Embora fossem religiosos e, talvez, até de coração generoso, eram parte do sistema mau de Satanás, oposto a Deus. Jesus estava apenas lhes dizendo: "Você morrerão em seu pecado por duas razões: primeira, são cheios de justiça própria; segunda, estão completamente mergulhados no sistema – compram tudo que o mundo vende".

Há uma terceira maneira de morrer em seus pecados.

SEJA INCRÉDULO

Jesus disse: "Por isso, eu vos disse que morrereis nos vossos pecados; porque, se não crerdes que Eu Sou, morrereis nos vossos pecados" (Jo 8.24). A terceira maneira de garantir que você morrerá em seus pecados é ser incrédulo em relação ao evangelho. Você não tem de matar alguém e ser mau para ser condenado ao inferno, porque o inferno não é apenas para criminosos, é para todos que rejeitam a Cristo. Se você rejeitar a Cristo nesta vida, Deus não o forçará a viver com ele na eternidade, para sempre.

Você diz: "Em que eu deveria crer?" Lembro uma canção que era popular, chamada "Eu creio", que repetia, diversas vezes, as palavras "Eu creio". Creio em quê? Outra canção é "Creio na música". Se isso é tudo em que você crê, você está em problemas. Você acha o mesmo tipo de fé vaga ou mal orientada quando pergunta às pessoas: "Você crê em Cristo?" E elas respondem: "Sim, eu creio em Cristo, ele viveu, etc., etc."

Mas Jesus tinha algo mais definido em mente. Observe o que ele disse: *"Se não crerdes que EU SOU"*. Não basta crer que Jesus é o que você pensa que ele é. Você tem de crer que ele é aquilo que afirmou ser. Ele afirmou ser Deus, em declarações como: *"Eu sou o pão da vida; o que vem a mim jamais terá fome; e o que crê em mim jamais terá sede"* (Jo 6.35); *"Eu sou a luz do mundo"* (8.12); *"Eu sou o bom pastor"* (10.11); *"Eu sou a porta"* (10.9); *"Eu sou a ressurreição e a vida"* (11.25); *"Eu sou o caminho, e a verdade, e a vida"* (Jo 14.6).

Pelo fato de que Jesus se identificou com Deus, a fé salvadora não somente se torna uma questão de abandonar o pecado, mas também de confiar no Filho. É uma questão de crer que Jesus é o que ele afirmou ser. Você pergunta: "Morrerei em meu pecado, se eu não crer que Jesus é tudo que afirmou ser?". Sim, com certeza. Você tem de procurar saber o que ele afirmou ser, pois Romanos 10.17 nos diz que a fé vem por ouvir a mensagem sobre Cristo. Você jamais poderá ter fé verdadeira se não ouvir a verdade sobre Cristo. A fé verdadeira é o resultado de ouvir e de crer, de todo o coração, que Jesus é o que ele afirmou ser e que Deus confirmou isso por ressuscitá-lo dentre os mortos (Rm 10.9).

Jesus promete a seus oponentes que eles morrerão em seu pecado não perdoado, se não crerem que ele é o que afirma ser – Deus em carne humana. Não crer e rejeitar destrói a esperança e deixa somente o presságio da infelicidade no inferno.

Em certa ocasião, quando eu estava em um avião, um homem me perguntou: "Como alguém se torna um cristão?", depois de descobrir que eu era um ensinador da Bíblia. Compartilhei o evangelho com ele, dizendo-lhe que ele tinha de crer que Jesus é o que ele afirma ser: Deus em carne humana, o Salvador que morreu por nossos pecados, e ressuscitou. Uma pessoa pode ir para o inferno e permanecer eternamente ali apenas por não crer nessas poucas coisas. A fé em Cristo vem por ouvir a mensagem sobre ele. E, se você ainda não ouviu o suficiente, deve ler mais ou achar alguém que possa falar-lhe sobre ele. Não há sentido em ir para o inferno por algo que você deixou de fazer, pois não crer é o mesmo que rejeitar: *"Quem não é por mim é contra mim"* (Mt 12.30). Não seja como os fariseus que deviam saber, mas continuaram a zombar.

Por fim, chegamos à quarta maneira de morrer em seus pecados.

SEJA PROPOSITADAMENTE IGNORANTE

Quando alguém ouve uma mensagem sobre Cristo, mas não permite que a mensagem penetre em sua consciência, essa pessoa é propositadamente ignorante. Os líderes judeus tinham bastante evidência a respeito de Cristo, mas recusaram-se a crer e, em sua ignorância resoluta, até zombaram de Cristo.

Eles ignoravam propositadamente a identidade de Cristo. Por isso, *"lhe perguntaram: Quem és tu?"* (Jo 8.25). Em vez de ser uma pergunta honesta, isso poderia ser parafraseado: "Quem você pensa que é, camarada? Você está dizendo algumas coisas bem ridículas, afirmando que morreremos em nosso pecado. Você sabe com quem está falando? Somos a elite espiritual. Quem você pensa que é? Você é um ninguém de Nazaré, que veio aqui para dizer aos líderes de Jerusalém como as coisas são. O que lhe dá o direito de assumir o papel de igualdade com Deus?"

Essa ignorância proposital é manifestada em várias passagens da Escritura. João 8.19 diz: *"Então, eles lhe perguntaram: Onde está teu Pai? Respondeu Jesus: Não me conheceis a mim nem a meu Pai"*. Jesus estava dizendo: "Você são desesperadamente ignorantes. Pensam que conhecem a Deus, mas realmente não o conhecem. Acham que sou um impostor. Vocês também não me conhecem. Não podem reconhecer a verdade porque são dominados pelo pecado".

Você lembra o homem cego curado em João 9 e todos os líderes judeus admirando-se de como ele era capaz de ver, admitindo sua incredulidade em relação ao poder de Jesus? O versículo 30 diz: *"Respondeu-lhes o homem: Nisto é de estranhar que vós não saibais donde ele é, e, contudo, me abriu os olhos"*. O cego tinha mais senso do que esses líderes judeus. Por quê? Esses líderes judeus quiseram ignorar a verdade. O inferno será cheio de pessoas que estarão lá simplesmente porque quiseram ser ignorantes, não quiseram que Jesus fizesse reivindicações na vida delas. Não quiseram conhecer a verdade; ficaram satisfeitas com aquilo em que acreditavam.

Aos judeus que tinham a mente fechada e questionaram a autoridade de Jesus, ele disse: *"Se alguém quiser fazer a vontade dele, conhecerá a respeito da doutrina, se ela é de Deus ou se eu falo por mim mesmo"* (Jo 7.17). Em outras palavras, a verdade está acessível ao coração disposto. Mas eles não estavam dispostos.

Você diz: "Como as pessoas podem ser assim?" A resposta é afirmada com simplicidade em João 3.19. Os homens são assim porque amam o seu pecado: *"Os homens amaram mais as trevas do que a luz; porque as suas obras eram más"*. Por causa do seu pecado, os fariseus não quiseram expor-se. Eram tão convencidos de sua justiça própria e confirmados em sua ignorância resoluta, que viraram as costas para a verdade. Isso é trágico, porque os colocou naquela categoria de pessoas que ouviram bastante informação para crer na verdade, mas rejeitaram-na e receberão uma punição mais severa do que a de outros: *"De quanto mais severo castigo julgais vós será considerado digno aquele que calcou aos pés o Filho de Deus, e profanou o sangue da aliança com o qual foi santificado, e ultrajou o Espírito da graça?"* (Hb 10.29). Em outras palavras, a maior punição no inferno está reservada para as pessoas que conheceram a verdade, mas rejeitaram-na.

Esses judeus eram também propositadamente ignorantes da autoridade de Cristo. *"Respondeu-lhes Jesus: Que é que desde o princípio vos tenho dito? Muitas coisas tenho para dizer a vosso respeito e vos julgar; porém aquele que me enviou é verdadeiro, de modo que as coisas que dele tenho ouvido, essas digo ao mundo. Eles, porém, não atinaram que lhes falava do Pai"* (Jo 8.25-27).

Visto que os judeus se recusaram a aceitar o que Jesus dissera, ele não lhes daria mais nenhuma revelação. Mas ele diz que tem palavras de juízo a falar sobre eles, juízo que vinha do Pai, que *"ao Filho confiou todo julgamento"* (Jo 5.22). A ignorância proposital traz julgamento, como o traz a incredulidade, às atitudes de pessoas presas à terra e a justiça própria; e os fariseus eram caracterizados por todas essas coisas. Em sua cegueira espiritual, eles não reconheceram quem Jesus era e não entenderam que lhes falava sobre Deus, o Pai. Pensaram que ele falava sobre algum julgamento da parte dele mesmo. O julgamento é um resultado terrível para aqueles que se recusam continuamente a ouvir a verdade. Foi por isso que Jesus advertiu: *"Quem tem ouvidos [para ouvir], ouça"* (Mt 13.9).

Os judeus também deram evidência de sua ignorância proposital quanto à imortalidade de Cristo. *"Disse-lhes, pois, Jesus: Quando levantardes o Filho do Homem, então, sabereis que Eu Sou e que nada faço por mim mesmo; mas falo como o Pai me ensinou"* (Jo 8.28).

"Como os judeus saberiam disso?", você pergunta. O que o Pai fez na morte de Cristo para confirmar as afirmações que ele havia feito? O Pai o ressuscitou dos mortos. A Bíblia ensina isso repetidas vezes. Em certo sentido, Jesus disse: "Quando a minha ressurreição acontecer, você terão de considerar com honestidade minhas afirmações". E muitos judeus fizeram isso. Quando se tornou conhecido que Jesus ressuscitara dos mortos, a igreja nasceu, e, literalmente, milhares de pessoas na cidade de Jerusalém viram a verdade e creram (At 2-3). Houve uma grande resposta. Talvez dentre aquela multidão que estava diante de Jesus houve alguns que, mais tarde, se tornaram parte da igreja primitiva.

Por fim, a afirmação do versículo 29 mostra que muitos dos judeus eram propositadamente ignorantes quanto à unidade de Cristo: *"E aquele que me enviou está comigo, não me deixou só, porque eu faço sempre o que lhe agrada"*. Os fariseus não puderam compreender a unidade de Cristo com o Pai. Por isso, Jesus disse: "Vocês saberão que o Pai está comigo e me enviou e que todas as afirmações que fiz são verdadeiras no dia em que eu for levantado para ser crucificado, porque o resultado da morte será a ressurreição". Mas, nesse momento, eles não sabiam. Muitos deles nunca souberam e, consequentemente, morreram em seus pecados e ficaram eternamente separados de Deus.

Desejo que pudéssemos nos transportar de volta em uma cápsula do tempo e encontrar essas pessoas, para que entendêssemos a tragédia de rejeitar a Cristo. Teríamos uma pequena idéia da intensidade e do pavor envolvido nesta advertência de Cristo. Esses judeus cheios de justiça própria, presos a este mundo, incrédulos e propositadamente ignorantes não precisavam morrer em seus pecados. Havia outra opção: *"Ditas estas coisas, muitos creram nele"* (v. 30). Você não se alegra com isso?

Não podemos pregar sempre mensagens positivas. Às vezes, temos de pregar mensagens negativas, porque estas são necessárias para trazer alguém a Cristo. Se você nunca se entregou a Cristo, está separado dele por um abismo que você nunca poderá transpor por si mesmo. Nem todas as suas boas obras, sua justiça própria e sua religião poderão fazer isso. A única maneira de transpor esse abismo é você reconhecer seu pecado e receber o Senhor Jesus Cristo. Se você deseja em seu coração fazer isso hoje, apenas ore, em seu coração, algo assim: "Ó Deus, eu quero Jesus Cristo como meu Senhor e Salvador. Recebo-o agora. Não quero morrer em meu pecado. Quero ir para onde tu estás". E, se você fizer isso com sinceridade, ele ouvirá essa oração, e sua vida será transportada *"do império das trevas... para o reino do Filho do seu amor"* (Cl 1.13). Se a sua fé é fraca, peça a Deus que o ajude a crer. Se você necessita de mais informação sobre como você pode fazer esta decisão e quer realmente conhecer a Jesus, peça a Deus que lhe ensine a verdade sobre ele.

3

QUAL É O CAMINHO PARA O CÉU?

Mateus 7.13-14
18 de maio de 1980

Julgando pelo retorno dos ouvintes, este é o sermão evangelístico mais eficaz no catálogo do ministério Grace to You. Foi parte de uma seção culminante de uma série extensa sobre o Sermão do Monte. Poucas semanas depois de pregar este sermão, John MacArthur tirou seu primeiro período de férias extensas, desde a sua vinda para a Grace Church – todo um verão em férias, com sua família. Este sermão ainda retinia no coração das pessoas quando ele retornou no meio de setembro. A mensagem foi um instrumento para motivar várias pessoas que, por muito tempo, frequentavam a igreja ocasionalmente a examinarem-se a si mesmas e a responderem a Cristo pela primeira vez com fé genuína e não superficial. Também foi um instrumento, através dos anos, para trazer dezenas, talvez centenas, de pessoas a Cristo.

O monte Santa Helena explodiu em uma imensa erupção no Estado de Washington naquele dia, no momento em que começava o primeiro culto matinal na Grace Church. Testemunhas oculares da *erupção disseram sobre a área devastada ao redor do vulcão: "Parecia o fim do mundo".*

INTRODUÇÃO

Em Mateus 7, o Sermão do Monte que Jesus havia começado no capítulo 5 chega a um grande crescendo. O clímax está nos versículos 13 e 14, o resto do sermão é apenas uma expansão destes dois versículos: *"Entrai pela porta estreita (larga é a porta, e espaçoso, o caminho que conduz para a perdição, e são muitos os que entram por ela), porque estreita é a porta, e apertado, o caminho que conduz para a vida, e são poucos os que acertam com ela".*

Essa é uma afirmação provocadora feita por nosso Senhor. É o ponto para o qual ele estivera apontando na primeira parte deste sermão extraordinário. Ele traz todo o sermão ao clímax de uma decisão. Duas portas trazem o indivíduo a dois caminhos que levam a destinos habitados por duas multidões diferentes. O Senhor enfatiza a decisão inevitável que ele exige de seus ouvintes. Alguém já disse que tudo da vida se concentra em um homem nas encruzilhadas. Isso é verdade. Desde o tempo em que já temos idade suficiente para fazer uma decisão independente, a vida se torna uma questão de tomar decisões constantemente. Todos os dias de nossa vida, tomamos decisões sobre todos os tipos de coisas. Decidimos que hora acordaremos, o que comeremos, onde iremos e o que faremos. Escolhemos caminhos durante toda a vida. Por fim, há inevitavelmente uma escolha única e central – uma escolha que determina o tempo, uma escolha que determina também a eternidade. Essa é a escolha crucial sobre a qual nosso Senhor fala em Mateus 7.13-14.

Deus sempre traz os homens ao ponto de fazerem essa decisão crucial – isso é o que mais interessa a Deus. Há sempre uma opção, há sempre uma escolha. Por exemplo, Deus confrontou os filhos de Israel por meio de Moises, dizendo: *"Os céus e a terra tomo, hoje, por testemunhas contra ti, que te propus a vida e a morte, a bênção e a maldição; escolhe, pois, a vida, para que vivas, tu e a tua descendência"* (Dt 30.19). Deus ofereceu ao povo de Israel a escolha crucial: a vida ou a morte, o bem ou o mal.

Josué substituiu Moisés como líder do povo de Israel. Quando entraram na Terra Prometida, os israelitas foram colocados diante de uma escolha: *"Escolhei, hoje, a quem sirvais: se aos deuses a quem serviram vossos pais... Eu e a minha casa serviremos ao Senhor"* (Js 24.15). Deus falou a Jeremias: *"A este povo dirás: Assim diz o Senhor: Eis que ponho diante de vós o caminho da vida e o caminho da morte"* (Jr 21.8). Quando Elias esteve no monte Carmelo, ele exigiu que os israelitas tomassem uma decisão: *"Até quando coxeareis entre dois pensamentos? Se o Senhor é Deus, segui-o; se é Baal, segui-o"* (1 Rs 18.21). Em João 6, lemos que muitas pessoas seguiam a Jesus e se declaravam seus discípulos (como sugerem os versículos 60-61). Mas o versículo 66 nos diz que muitos deles voltaram atrás e "não andavam" mais com ele. Jesus disse: *"Porventura, quereis também vós outros retirar-vos? Respondeu-lhe Simão Pedro: Senhor, para quem iremos? Tu tens as palavras da vida eterna"* (v. 67-68).

Algumas pessoas afastaram-se de Jesus, e outras permaneceram com ele. Simeão disse sobre Jesus: *"Eis que este menino está destinado tanto para ruína como para levantamento de muitos em Israel"* (Lc 2.34). Jesus é o fator determinante do destino de todo homem. A escolha é feita nas encruzilhadas de Cristo: escolha a vida ou escolha a morte. Em essência, isso é o que Jesus está dizendo em Mateus 7.13-14.

John Oxenham, um poeta inglês, escreveu: "Para todo homem se abre um Caminho, e Caminhos, e um Caminho; e a Alma Nobre sobe o Caminho Elevado, e Alma Inferior tateia o Caminho Inferior, e no meio, nas planícies nebulosas, o restante vaga para lá e para cá. Mas para cada homem se abre um Caminho Elevado e um Caminho Inferior, e cada homem decide o Caminho que sua alma seguirá". Portanto, nesta passagem nosso Senhor confronta os homens com uma decisão – uma escolha tem de ser feita. Um escritor disse: "É tempo de decisão na montanha".

Há duas coisas que você não pode fazer com o Sermão do Monte. Uma delas é admirá-lo. Jesus não quer aclamação para a sua ética ou admiração para as virtudes das afirmações éticas do Sermão do Monte. Ele quer uma decisão sobre o seu destino. A segunda coisa que você não pode fazer é empurrar o Sermão do Monte para o amanhã poético do reino futuro. Jesus não está sugerindo que estas verdades são para uma época futura. Ele está exigindo uma decisão presente.

Jesus exigiu uma escolha, um ato, uma decisão crucial a ser feita naquele tempo e naquele momento com base no que ele acabara de dizer. Uma escolha deliberada tem de ser feita. Cristo veio introduzir um reino. Ele era um Rei. Ele era *o* Rei. Era o *Rei* dos reis. E veio com um reino que era singular, especial, separado e diferente de todos os reinos do mundo. Os homens não poderiam entender o reino de Cristo, a menos que ele expressasse seus princípios, o que ele faz neste sermão extraordinário.

Agora, ele nos dá a escolha de entrar ou de permanecer fora do reino – essa é a escolha que Cristo deseja que toda pessoa considere. Ele exige uma resposta. Você sabe agora quais são as condições do reino; sabe quais são os padrões do Rei. Qual é a sua resposta? Qual é a sua reação? Esse é o assunto.

Jesus exige uma atitude. Os versículos 13 e 14 são o ápice – o clímax daquilo a respeito do que Jesus vinha falando em todo o sermão, para trazer as pessoas a este ponto, trazer-nos ao ponto em que respondemos. As escolhas são claras e somente duas: o caminho estreito e o caminho largo. Não há outras alternativas. John Stott diz: "Jesus se opõe ao nosso sincretismo indolente" (*Christian Counterculture*, Downers Grove, Ill.: InterVarsity, 1978. p. 193). Tendemos a querer tornar-nos ecléticos em desenvolver sistemas de religião.

Algumas pessoas podem dizer: "Como Jesus podia fazer da religião uma questão tão inequívoca quando há tantas religiões diante do homem?" Bem, não há muitas religiões. Só há a verdadeira e a falsa religião – a certa e a errada. Isso é tão simples como o estou afirmando. De fato, em todo o Sermão do Monte, Jesus está contrastando a verdadeira religião (os padrões dele) com as falsas religiões (a religião da época, a religião do homem). O contraste é entre a justiça divina e suas exigências e a justiça do homem e suas exigências. O contraste é entre Cristo e os escribas e fariseus.

Permita-me acrescentar esta observação: o contraste não é entre a religião e o paganismo. Muitas pessoas interpretam Mateus 7.13-14 no sentido de que o caminho estreito é o caminho do cristianismo, que leva ao céu, e que o caminho largo é a orgia ébria que leva ao inferno. No entanto, Jesus não está contrastando a piedade e o cristianismo com as multidões irreligiosas, pagãs, abertamente lascivas, cobiçosas e imorais, que seguem alegremente para o inferno. Está contrastando dois tipos de religião, ambos os caminhos identificados como "Este é o caminho para o céu". Satanás não identifica o caminho largo como "Este é o caminho para o inferno". Isso não seria muito enganoso. Não temos aqui um contraste entre religião e paganismo, entre justiça e injustiça evidente; o que temos aqui é um contraste entre justiça divina e justiça humana, entre religião divina e religião humana, entre religião verdadeira e religião falsa. Por exemplo, o problema dos fariseus era que eles *"confiavam em si mesmos, por se considerarem justos"* (Lc 18.9). Essa era a religião deles, mas era errada.

Todo homem faz um escolha. Ou você pensa que é bastante bom em si mesmo, ou faz de seu sistema religioso o caminho para o céu, ou você sabe que não é bom em si mesmo e se lança sobre a misericórdia de Deus por meio de Cristo. Há somente dois sistemas de religião neste mundo.

Talvez você possa identificar milhares de nomes e termos religiosos diferentes, mas há somente duas religiões no mundo. Há a religião da realização divina – Deus fez tudo em Cristo; e há a religião da realização humana – nós fazemos algo. A primeira é a religião da graça; a segunda é a religião das obras. Portanto, há a religião da fé, ou há a religião da carne; há a religião do coração, e há a religião do exterior. Sistemas de religião criados pelo homem baseiam-se na ideia de que não precisamos realmente de um Salvador – temos a capacidade e a habilidade de desenvolver nossa própria justiça. Apenas criem um ambiente religioso, deem-nos algumas regras, algumas rotinas, alguns rituais, e a faremos funcionar por nós mesmos. Isso é a religião da realização humana e surge com inúmeros títulos diferentes, mas tudo é o mesmo sistema, porque é desenvolvido a partir da mesma fonte – o próprio Satanás. Ele o coloca em embalagens diferentes, mas o produto é o mesmo. Por outro lado, a religião da realização divina é o cristianismo e permanece sozinha.

Infelizmente, a maior parte da humanidade está no caminho da realização humana, crendo que pode alcançar o plano mais elevado de destino potencial, por causa de algumas capacidades inatas e habilidades que eles podem atingir por suas próprias boas obras. Mas Jesus está dizendo que há dois caminhos identificados como caminhos que levam ao céu. Um caminho é estreito, isto é, o caminho apertado da justiça divina; o outro caminho é o caminho largo da justiça humana. Os líderes judeus pensavam que uma pessoa podia chegar ao céu por seus próprios esforços. Por isso, foi chocante quando o apóstolo disse: *"Ninguém será justificado diante dele por obras da lei"* (Rm 3.20). No versículo 19, ele disse que a lei veio para *"que se cale toda boca, e todo o mundo seja culpável perante Deus"*. A lei mostra aos homens a sua pecaminosidade. Mas, quando o homem egocêntrico e cheio de justiça própria viu, pelos padrões da lei, que era pecaminoso, ele não quis encarar a sua impiedade. Em vez disso, ele deixou a lei de lado, inventou um novo sistema que acomodava suas falhas e, como resultado deste sistema criado pelo homem, afirmou em sua própria mente que ele era justo. A sua justiça se tornou dependente da realização humana.

O propósito do Senhor em pregar o Sermão do Monte era destruir esse tipo de sistema. Ele mostrou que a realização humana não serve. Para fazer isso, ele começou assim o sermão: bem-aventurados os humildes de espírito, bem-aventurados os que choram, bem-aventurados os mansos, bem-aventurados os que têm fome e sede de justiça. Em outras palavras, ele começou onde desejava terminar – com pessoas que são contritas, têm um espírito de suplicante, lamentam a sua total pecaminosidade, são humildes diante de Deus e têm fome e sede do que eles sabem não possuírem e necessitam desesperadamente: a justiça de Deus. Jesus queria trazer as pessoas de volta ao ponto em que começara o sermão – serem contritas quanto ao pecado.

Os fariseus nunca entenderam a mensagem. Em Lucas 18, lemos sobre um fariseu que ora nestes termos: *"Ó Deus, graças te dou porque não sou como os demais homens... jejuo duas vezes por semana e dou o dízimo de tudo quanto ganho"* (vv. 11-12). Nenhuma vez ele expressou sua necessidade de Deus. Esse fariseu nem achava que tinha alguma necessidade de Deus, por causa do quão bom ele era. Perto dele, estava um homem que batia no peito e dizia: *"Ó Deus, sê propício a mim, pecador!"* (v. 13). Jesus disse que esse homem desceu justificado para casa, e não o fariseu (v. 14).

Jesus quer trazer o homem ao ponto em que reconhece que, em sua carne, ele é totalmente incapaz de agradar a Deus. Ele quer que o homem se sinta desesperado, com um espírito quebrantado, humilde e lamentador, clamando pela justiça de Deus. Os líderes judeus pensavam que eram justos em si mesmos e que iam para o céu, mas Jesus os forçou a reconsiderar e tomar uma decisão bem instruída.

Cada um de nós tem de fazer essa decisão. Quando lemos Mateus 7.13-14, a escolha se torna bem definida. Há duas portas: a larga e a estreita. Há dois caminhos: o espaçoso e o apertado. Há dois destinos: a vida e a perdição. Há dois grupos de caminhantes: os poucos e os muitos. No restante de Mateus 7, há mais contrastes. Nos versículos 16 a 20, há dois tipos de árvores: a boa e a má. Há dois tipos de fruto: o bom e o mau. Os versículos 24 a 27 dizem que há dois tipos de edificadores: o sábio e o insensato. Há dois alicerces: a rocha e a areia. Há também duas casas e dois elementos relacionados à tempestade. Portanto, uma decisão resoluta é a questão no clímax do Sermão do Monte. Jesus não quer que as pessoas adiem a aplicação das exigências. Ele quer uma resposta.

Há quatro contrastes em Mateus 7.13-14. O primeiro é:

AS DUAS PORTAS

Jesus disse: *"Entrai pela porta estreita (larga é a porta... que conduz para a perdição"* (v. 13). Disse também: *"Estreita é a porta... que conduz para a vida"* (v. 14). Há apenas duas portas. Ambos os caminhos afirmam apontar para Deus e a salvação; ambos afirmam apontar para o reino, a gloria, a bênção. Ambos os caminhos afirmam conduzir ao céu, mas só um deles chega lá. Um caminho é o da justiça própria e o outro é o caminho da justiça divina. Antes de você entrar em um ou outro dos caminhos, tem de passar por uma das portas.

A PORTA ESTREITA

O cerne da interpretação de Mateus 7.13-14 está em entendermos a porta estreita. Quando leio o versículo 13, a primeira coisa que vejo a respeito da porta estreita, é:

Você tem de *entrar*

Jesus disse: "Entrai pela porta estreita" (v. 13). Nestas palavras, há um senso de urgência expresso no aoristo imperativo. Isso exige uma ação imediata. "Entre agora", ele disse. "Este é o tempo de entrar – isso é o que Deus está exigindo. Você tem de fazer isso. Não é uma opção; é uma ordem absoluta".

O Senhor Jesus vinha ensinando os seus ouvintes judeus sobre um caminho de vida bem estreito. O caminho de vida deles tolerava o pecado. Eles haviam estabelecido todos os tipos de leis e padrões acima dos padrões e leis de Deus. Tinham inventado um sistema humano. Jesus lhes disse: "Vocês têm de se livrar desse sistema. Este é o caminho". Quando ele proferiu as palavras registradas em Mateus 7.12, já havia apresentado uma abordagem bem restrita quanto a viver para a glória de Deus. Seus ouvintes entenderam que ele falava sobre um caminho estreito prescrito. De acordo com Mateus 7.29, Jesus *"ensinava como quem tem autoridade"*. Ele não somente citou todos os ensinos dos rabinos judeus; ele explicou os detalhes da lei de Deus.

Comparado com o sistema dos judeus, o caminho de Jesus era bem estreito. Ele disse que eles tinham de entrar pela porta estreita, se quisessem estar no seu reino. Exigiu ação imediata. Foi uma ordem absoluta, sem uma alternativa.

Jesus estava dizendo que você não pode entrar no reino, se não vier nos termos que ele descreveu. Você tem de abandonar sua justiça própria. Tem de ver a si mesmo como um pobre de espírito (Mt 5.3), lamentando o seu pecado (v. 5), humilde diante de um Deus santo (v. 5), faminto e sedento por justiça (v. 6). Você tem de entrar segundo os termos de Jesus. O inferno estará cheio de pessoas que admiraram o Sermão do Monte. Você tem de entrar pela porta.

Você tem de entrar pela *porta estreita*

Jesus falou que há uma porta larga, mas não lhe disse que entre por essa porta porque ela conduz à perdição (Mt 7.13). Se você quer estar no reino, tem de passar pela porta estreita.

As pessoas dizem: "O cristianismo não deixa espaço para nenhuma outra opinião sobre a salvação". Isso é totalmente correto. Não proclamamos a salvação porque somos egoístas, orgulhosos ou egocêntricos. Deus proveu somente um caminho para o homem ser salvo. Se Deus houvesse dito que há 48 caminhos para sermos salvos, eu pregaria todos os 48 caminhos! Mas não há 48 caminhos para a salvação.

Atos 4.12 diz: *"Não há salvação em nenhum outro; porque abaixo do céu não existe nenhum outro nome, dado entre os homens, pelo qual importa que sejamos salvos"*. Jesus disse: *"Eu sou o pão da vida"* (Jo 6.35); e: *"Eu sou o caminho, e a verdade, e a vida"* (Jo 14.6). Em João

10, Jesus disse que é *"a porta das ovelhas"* (v. 7), e *"o que não entra pela porta... mas sobe por outra parte, esse é ladrão e salteador"* (v. 1). Em 1 Timóteo 2.5, a Bíblia nos diz: *"Há um só Deus e um só Mediador entre Deus e os homens, Cristo Jesus, homem"*.

Cristo é o único caminho para a salvação. O caminho é estreito; não há alternativas. Você tem de entrar por um ato da vontade, com um ato de fé. Você tem de entrar segundo os termos de Deus, pela porta designada por Deus. Cristo é a porta (Jo 10.9). Ele é o único caminho. Um Deus santo tem o direito de determinar a base da salvação. Ele determinou que ela acontece tão-somente por meio de Cristo.

Você tem de entrar pela porta estreita *sozinho*

A palavra "estreita", no versículo 13, transmite a ideia de que a porta é bem apertada. De fato, alguns comentaristas bíblicos dizem que a melhor expressão contemporânea dessa palavra seria pensarmos em uma catraca. A pessoa tem de passar pela catraca sozinha. A passagem por uma catraca é bem estreita – seus braços de metal não permitem mais do que uma pessoa por vez. Zoológicos, estações de trem e aeroportos têm catracas. Se um grupo de pessoas está apressado para entrar ou sair, elas não podem passar juntas. Têm de passar uma por vez. A porta estreita é assim. As pessoas não vêm ao reino de Cristo em grupos.

Os judeus acreditavam que estavam todos juntos no caminho para o céu por causa de sua herança abraâmica e da circuncisão. Há algumas pessoas que pensam que estão seguras a respeito de ir para o céu porque pensam que toda a sua igreja irá para o céu. Mas não há grupos passando pela catraca para entrar no céu. As pessoas têm de entrar como indivíduos. A salvação é individual. As pessoas nunca foram salvas em pares. Às vezes, as crenças de uma pessoa influenciarão outra pessoa a crer, mas a salvação ainda é exclusiva e pessoal.

Isso pode ser desagradável para nós, porque geralmente passamos nossa vida fazendo coisas em grupos. Mas Cristo disse: "Para entrar em meu reino, você terá de fazer uma decisão por si mesmo". Para um fariseu, isso significava ter de dizer adeus aos seus amigos e deixar o sistema de religião legalista que haviam abraçado. Há um preço a pagar. Para o povo judeu, não bastava afirmar a herança abraâmica ou depender da circuncisão. Não basta a pessoa dizer: "Nasci em uma família cristã e tenho ido à igreja durante toda a minha vida". As pessoas não entram no reino em grupos. Elas entram por um ato individual de fé. Você tem de entrar pela porta estreita e tem de entrar sozinho.

Você tem de entrar pela porta estreita *com dificuldade*

É muito difícil entrar pela porta estreita. Sei que isso choca algumas pessoas, porque sempre ouvimos que é fácil se tornar uma pessoa salva. Alguns dizem que você tem apenas de crer, assinar um cartão, atender ao apelo de vir à frente, levantar a mão ou ir para a sala de oração. O problema é que, se as pessoas pensam que são salvas por fazerem essas coisas, elas não estão no caminho certo porque não entraram pela porta estreita. É muito difícil se tornar uma pessoa salva. Desejo mostrar-lhe por quê.

A última parte de Mateus 7.14 diz isto sobre a porta estreita e o caminho estreito: *"São poucos os que acertam com ela"*. Isso significa que as pessoas não saberiam sobre o caminho estreito se não o procurassem. Deus havia dito por meio de um profeta na época do Antigo Testamento: *"Buscar-me-eis e me achareis quando me buscardes de todo o vosso coração"* (Jr 29.13). Ninguém simplesmente escorregou e caiu no reino de Deus.

A ideia de que ser salvo é algo simples expressa graça barata e um crer fácil. Isto é a abordagem avivalista: levante sua mão, venha para frente, assine o cartão e você se estará no reino de Deus. Mateus 7.14 diz: *"São poucos os que acertam com ela"*. Portanto, você tem de procurar a porta estreita.

Veja Lucas 13.22, e lhe mostrarei algo que realmente o chocará. Lemos que Jesus *"passava por cidades e aldeias, ensinando e caminhando para Jerusalém"*. Uma das pessoas que o acompanhavam perguntou: *"Senhor, são poucos os que são salvos?"* (v. 23). A pessoa que fez essa pergunta observou que não muitas pessoas estavam aceitando os ensinos de Cristo. A resposta de nosso Senhor explica por que poucos são salvos. Ele disse: *"Esforçai-vos por entrar pela porta estreita"* (v. 24).

A palavra "esforçai" é tradução do vocábulo grego *agonizomai*, que significa "agonizar". É usada em 1 Coríntios 9.25 para falar de um atleta que se empenha para obter uma vitória. Esse conceito é referido em Colossenses 4.12, nas palavras "se esforça sobremaneira", e em 1 Timóteo 6.12, na palavra "combate". Em outras palavras, o Senhor disse que entrar pela porta estreita é agonizante. Exige esforço intenso. Ele continuou: *"Muitos procurarão entrar e não poderão"* (Lc 13.24).

Portanto, é difícil ser salvo por duas razões. Primeira, você tem de procurar o caminho estreito; segunda, embora muitos procurem, quando descobrem qual o custo para entrar, não se mostram dispostos a entrar.

Você não se torna um cristão apenas porque veio à frente durante o apelo do pregador; não se torna cristão de maneira fácil e barata. Mateus 11.12 diz: *"O reino dos céus é tomado por esforço, e os que se esforçam se apoderam dele"*. Em Lucas 16.16, o Senhor disse: *"Desde esse tempo, vem sendo anunciado o evangelho do reino de Deus, e todo homem se esforça por entrar nele"*.

Isso não é o que ouvimos hoje, mas é o que Jesus ensinou. O reino é para aqueles que o buscam de todo o coração. É para aqueles que agonizam para entrar nele, aqueles cujo coração é quebrantado quanto à sua pecaminosidade. O reino é para aqueles que choram, em humildade, sentem fome e sede de justiça a anelam que suas vidas sejam mudadas por Deus. O reino não é para pessoas que querem Jesus sem qualquer mudança em seu estilo de vida. Não podemos ficar inertes quanto ao reino; temos de fazer um esforço tremendo e demonstrar vigor incessante. De fato, Jesus disse: *"No mundo, passais por aflições"*. Não é fácil tornar-se um cristão porque Satanás e seus demônios lutam contra você. Satanás tem aliados clandestinos em sua carne, que resistem à mudança. No poder de Deus, temos de vencer Satanás e a carne, para entrarmos no reino.

O comentarista bíblico William Hendricksen escreveu:

"O reino não é para os fracos, vacilantes ou comprometedores... Não é para Balaão, para o jovem rico, Pilatos e Demas... Não é obtido por meio de orações postergadas, promessas não cumpridas, resoluções quebradas e testemunhos hesitantes. O reino é para pessoas fortes e resolutas como José, Natã, Elias, Daniel, Mordecai e Pedro... Estêvão... e Paulo. E não esqueçamos as mulheres corajosas como Rute, Débora, Ester e Lídia" (*Exposition of the Gospel According to Matthew*, Grand Rapids: Baker, 1973, p. 490).

Uma mentira de Satanás bastante difundida em nosso mundo diz que é fácil tornar-se um cristão. Mas não é fácil. Você tem de passar pela porta estreita, por si mesmo, e agonizar a respeito de sua pecaminosidade. Você tem de ser quebrantado em espírito. Alguém pode dizer: "Isso parece religião de realização humana, sobre a qual você falou antes". Não. Quando você vem com um espírito quebrantado e reconhece que não pode entrar no céu com base em seus próprios méritos, Cristo lhe outorga graça sobre graça, para fortalecê-lo a entrar pela porta estreita. Em seu quebrantamento, o poder de Cristo se torna a sua fonte.

Você tem de entrar pela porta estreita *sem bagagem*

Você já observou que não podemos passar por uma catraca com bagagem? É impossível. A porta estreita é a porta da auto-renúncia. Não admite celebridades que querem levar consigo toda a sua bagagem. Você precisa despir-se de sua justiça própria e de seu pecado, pois, do contrário, não pode entrar por ela.

O jovem rico descrito em Mateus 19 veio à porta. Aproximou-se de Jesus e disse: *"Mestre, que farei eu de bom, para alcançar a vida eterna?"* (v. 16). O Senhor foi diretamente ao âmago do problema e respondeu: *"Se queres ser perfeito, vai, vende os teus bens, dá aos pobres"* (v. 21). Jesus lidou exatamente com problema de bagagem do jovem rico! Ele estava tentando entrar pela porta estreita com a bagagem de suas riquezas. Também estava levando a bagagem da justiça própria, porque dissera ao Senhor que guardava todos os mandamentos (vv. 17-20). Mas o jovem rico não podia entrar pela porta estreita com seu dinheiro e sua justiça própria. O versículo 22 nos diz: *"Tendo, porém, o jovem ouvido esta palavra, retirou-se triste, por ser dono de muitas propriedades"*. Ele não estava disposto a negar a si mesmo e agonizar a respeito de seu pecado.

Se você não entrou pela porta estreita da maneira como deveria fazê-lo, então você está no caminho errado. Não importa se o caminho diz que conduz ao céu ou a Jesus. Tem de haver um abandono do eu. O Senhor disse: *"Se não vos converterdes e não vos tornardes como crianças, de modo algum entrareis no reino dos céus"* (Mt 18.3). Que característica tem uma criança? Dependência total. Alguém escreveu: "Nada em minhas mãos eu trago; somente à tua cruz me apego". A fé salvadora não é apenas um ato da mente; envolve o despir-se do eu, em completa nudez. Significa ser como o publicano que batia no peito e dizia: *"Ó Deus, sê propício a mim, pecador!"* (Lc 18.13). Em Mateus 7.13-14, o Senhor estava abordando o perigo do crer fácil. Algumas pessoas dizem: "Venha a Jesus. É tão fácil. Apenas creia e ore". Não há nada errado em crer e orar, mas essas coisas não trazem a verdadeira salvação, quando acontecem em um vácuo. Somos nada e nada temos para recomendar-nos a Deus.

Você tem de entrar pela porta estreita *com arrependimento*

Você não pode entrar pela porta estreita se o seu coração não está arrependido do pecado. Você tem de converter-se do pecado para servir o Deus vivo. Quando João Batista exortava o povo a receber o Messias, muitas pessoas foram a ele para serem batizadas porque desejavam ter seus pecados purificados. O povo judeu sabia que preparar-se para o Messias significava limpar o coração de seu pecado.

Charles Haddon Spurgeon, um grande pregador inglês do século XIX, disse: "Você e seu pecado têm de separar-se, pois, do contrário, você e seu Deus nunca se unirão. Nenhum pecado pode detê-lo; você tem de desistir de todos. Eles têm de ser trazidos para fora da caverna, como os reis cananeus, e enforcados ao sol". Você tem de converter-se do pecado para Deus; tem de haver arrependimento em seu coração.

Você tem de entrar pela porta estreita *com rendição total*

Uma pessoa não pode tornar-se regenerada por acrescentar Jesus às suas atividades carnais. A salvação não é uma adição à sua vida. É uma transformação de sua vida. A mensagem de 1 João é que, se você é verdadeiramente redimido, sua vida manifestará uma transformação. Você confessará seu pecado, a obediência se tornará uma característica de sua vida, e você manifestará amor. A salvação é caracterizada por uma mudança de vida. Jesus disse: *"Posso dizer quem são meus verdadeiros discípulos, porque eles obedecem à minha palavra"* (cf. Jo 8.31). Se você acha que é um cristão, mas não há qualquer sinal de obediência em sua vida, então você está no caminho errado. Ainda que o caminho diga que leva ao céu e a Jesus, sem obediência você não está no caminho certo.

A porta pela qual você tem de entrar é bem estreita. Em contraste, há:

UMA PORTA LARGA

Não preciso falar muito sobre isto. É óbvio por contraste. Todos podem passar juntos pela porta larga. Você não precisa passar sozinho. Não há nada individual no que diz respeito a essa porta. Não há auto-renúncia. Você pode trazer toda a bagagem que quiser: sua imoralidade, falta de arrependimento e falta de compromisso com Cristo. A porta larga é a porta da auto-satisfação. Há muitos que afirmam ser cristãos e vivem totalmente para a satisfação pessoal. Orgulho, justiça própria, auto-satisfação e todos os tipos de pecados são bem-vindos à porta larga. Mas, se você tem essas coisas em sua vida, não está no caminho estreito, porque não pode entrar pela porta estreita com essa bagagem.

Depois das duas portas, há:

OS DOIS CAMINHOS

Quais são os dois caminhos? Mateus 7.13 menciona o caminho espaçoso, e Mateus 7.14 menciona o caminho estreito ou apertado. Salmo 1 nos fala sobre esses caminhos: há um caminho do justo (vv. 1-3) e o caminho dos ímpios (vv. 4-5). O versículo 6 apresenta o resultado de andar no caminho ímpio. As escolhas são as mesmas que sempre existiram: você pode ir ou pelo caminho do justo ou pelo caminho do ímpio.

Consideremos agora:

O CAMINHO ESPAÇOSO

Uma vez que você entra pela porta larga, o viver é fácil. Não há precipícios. Há abundância de espaço para se andar. Não há regras; nenhuma moralidade é especialmente obrigatória. Há espaço para diversas teologias. Há tolerância de todo pecado imaginável, contanto que você "ame" a Jesus e seja "religioso". Não há limites – nem restrições. Todos os desejos do coração caído são satisfeitos nesse caminho. Não há necessidade de uma atitude de bem-aventurança. Não há necessidade de humildade. Não há necessidade de estudo da Palavra de Deus. Não há necessidade de padrões morais internos. Você pode viver com um tipo de religiosidade mecânica que é nada mais do que hipocrisia. O caminho espaçoso não exige que você tenha caráter. Você pode ser como um peixe morto flutuando correnteza abaixo: você apenas deixa a correnteza fazer seu trabalho.

Efésios 2.2 chama esse caminho de *"o curso deste mundo"*. Provérbios resume assim a tragédia do caminho espaçoso: *"Há caminho que ao homem parece direito, mas ao cabo dá em caminhos de morte" (Pv 14.12). O caminho espaçoso não tem padrões, exceto os padrões criados pelos homens para acomodarem-se ao seu sistema agradável. Mas Salmos 1.6 adverte: *"O caminho dos ímpios perecerá".*

Em contraste com o caminho espaçoso, há:

O CAMINHO ESTREITO

O versículo 14 diz que esse caminho é apertado e confinado a uma vereda estreita em um precipício. Essa é a razão por que Paulo disse: *"Vede prudentemente como andais"* (Ef 5.15). Você tem de andar com os olhos abertos; o caminho é estreito e cercado de ambos os lados pela mão disciplinadora de Deus. Se você sair fora, para um dos lados, será disciplinado! As exigências são grandes, restritas e bem definidas. Não há espaço para qualquer desvio delas. O desejo de seu coração deve ser cumprir essas exigências, sabendo que, se falhar, Deus o disciplinará, o perdoará amorosamente e o firmará outra vez.

Você diz: "Se é um caminho difícil, estreito e rigoroso, pode ser algo que eu não queira". No entanto, a coisa maravilhosa sobre andar nesse caminho é que a dificuldade de andar é levada pelo próprio Cristo. Ele disse: *"O meu jugo é suave, e o meu fardo é leve"* (Mt 11.30). Mas, apesar disso, esteja consciente do que você está buscando, se decide andar no caminho estreito.

Lucas 14.25-26 diz: *"Grandes multidões o acompanhavam, e ele, voltando-se, lhes disse: Se alguém vem a mim e não aborrece a seu pai, e mãe, e mulher, e filhos, e irmãos, e irmãs e ainda a sua própria vida, não pode ser meu discípulo".* Diga isso à próxima pessoa com quem você compartilhar o evangelho! Jesus estava dizendo: "Se você quer ser um cristão, aborreça seu pai, mãe, irmão e irmã. Você terá de sair da multidão e dizer adeus a todos que ama ou não pode ser meu discípulo. Terá de tomar uma cruz e viver uma vida crucificada". Tente pregar isso em um avivamento e veja quantas as pessoas se mostram dispostas a aceitar a Cristo! Você sabe quem viria à frente? As pessoas que deveriam vir – as pessoas que desejavam fazer o tipo certo de compromisso.

Jesus continuou sua linha de pensamento com algumas ilustrações. Ele disse: *"Pois qual de vós, pretendendo construir uma torre, não se assenta primeiro para calcular a despesa?"* (v. 28). Em outras palavras, você não deve começar a edificar algo sem analisar o que lhe custará. Jesus acrescentou: *"Ou qual é o rei que, indo para combater outro rei, não se assenta primeiro para calcular se com dez mil homens poderá enfrentar o que vem contra ele com vinte mil?... Assim, pois, todo aquele que dentre vós não renuncia a tudo quanto tem não pode ser meu discípulo"* (vv. 31, 33).

Jesus traçou uma linha árdua. Se você não está disposto a dizer não a tudo e a andar nesse caminho estreito, você não pode ser um discípulo de Cristo. Se você andar no caminho estreito, lembre-se de que é Deus quem o capacitará a fazer isso. Você não poderá andar por si mesmo no caminho estreito, mas Deus lhe dará graça e lhe outorgará poder em sua fraqueza, para que você possa andar no caminho estreito. Se você está disposto a andar no caminho que Deus quer você ande, então, você virá a ele pelo caminho certo. Lembre-se de que será perseguido e enfrentará tribulações. Jesus disse aos seus discípulos: *"Vem a hora em que todo o que vos matar julgará com isso tributar culto a Deus"* (Jo 16.2). Você passará a sua vida fugindo daqueles que desejam persegui-lo.

Não se pode andar no caminho estreito com pés descalços – ele não é uma campina atraente. O caminho é árduo. Jesus nunca apresentou o cristianismo como uma opção agradável para os abatidos. Você declara guerra ao inferno quando passa pela porta estreita – e o inferno luta severamente. Você tem de viver com uma atitude de bem-aventurança: tem de combater constantemente seu orgulho e desejos egoístas. Jesus disse a Pedro: "Siga-me, mas isso lhe custará a vida" (cf. Jo 21.15-19).

Você está vindo a Jesus nessas condições? O caminho estreito é assim. É difícil, apertado, confinado. Se você sair do caminho, Deus o disciplinará. Você diz: "Mas parece tão difícil". Não é, porque Jesus carrega o fardo por você.

Quando você faz sua decisão sobre que caminho deseja seguir, tenha em mente:

OS DOIS DESTINOS

De acordo com Mateus 7, o caminho espaçoso *"conduz para a perdição"* (v. 13), e o caminho estreito *"conduz para a vida"* (v. 14). Moisés, Josué, Jeremias e Elias, todos falaram sobre o caminho da vida e o caminho da morte. Salmo 1 diz que os justos são benditos e que os ímpios perecerão (vv. 1, 6). A palavra "perdição", em Mateus 7.13, se refere ao juízo eterno e final no inferno.

O Senhor disse que todas as pessoas terminam em um de dois lugares. Todas as religiões do mundo (exceto a religião da realização divina em Cristo) terminarão no mesmo lugar: "a perdição". É fácil entrar no caminho que leva à perdição; você pode levar consigo tudo que quiser. Não há padrões. Mas, quando você chega ao fim desse caminho, as coisas ficam terríveis. Não há restrições, e há abundância de pessoas ao longo do caminho, mas ele termina no inferno.

John Bunyan disse: "A entrada para o inferno é à porta do céu". Que choque algumas pessoas terão quando perceberem que estão indo para o inferno! Por outro lado, o caminho estreito se abre para a felicidade eterna. O caminho espaçoso se estreita em um abismo terrível; o caminho estreito se abre na plenitude de uma comunhão eterna de alegria com Deus que não podemos imaginar. A vida eterna não é quantitativa; ela é qualitativa. A escolha é sua. Considere o destino do caminho que você escolhe – você passará a eternidade ali. Como os homens escolherão? A resposta é dada no ponto final:

AS DUAS MULTIDÕES

Mateus 7.13 diz: *"Entrai pela porta estreita (larga é a porta, e espaçoso, o caminho que conduz para a perdição, e são muitos os que entram por ela)"*. O versículo 14 diz: *"Estreita é a porta, e apertado, o caminho que conduz para a vida, e são poucos os que acertam com ela"*. Isso é admirável. A maioria das pessoas está no caminho da realização humana – está no caminho errado.

Pessoas me perguntam: "Que lugar você acha que terá mais pessoas: o céu ou o inferno?". Jesus nos dá a resposta em Mateus 7.13-14. No Antigo Testamento, sempre houve um remanescente de pessoas crentes. Na história redentora de Deus, o tempo que será singular é a Tribulação. De acordo com Apocalipse 7, haverá uma multidão inumerável de gentios redimidos de toda nação, língua e povo (v. 9). Haverá também pessoas redimidas da nação de Israel (vv. 4-8; Rm 11.26). Haverá uma resposta imensa ao evangelho durante a Tribulação. Mas, quanto ao nosso tempo, a resposta a Cristo é pequena porque os homens preferem apegar-se aos seus pecados. Jesus disse que os homens amam as trevas (Jo 3.19).

Em Lucas 12.32, Jesus disse aos seus discípulos: *"Não temais, ó pequenino rebanho"*. A palavra "pequenino" é uma tradução da palavra grega *micron*. Obtemos dela o prefixo *micro*, que significa "algo pequeno". Essa mesma palavra é usada em Mateus 13.32 em referência ao grão de mostarda, que é a menor de todas as sementes.

Sempre tem havido poucas pessoas que procuram de todo o coração o caminho para o céu. Há muito poucas pessoas que agonizam a respeito de sua incapacidade de entrar no céu e estão dispostas a calcular o custo de andar no caminho estreito. De fato, Jesus disse: *"Muitos são chamados, mas poucos, escolhidos"* (Mt 22.14).

É fácil escolher o caminho espaçoso; apenas acompanhe a multidão. Você pode tentar acrescentar Jesus à sua vida, sentir-se religioso e ir à igreja. Pode unir-se a um sistema de religião que diz levar ao céu – e nunca negar a si mesmo. Em qualquer caso, você acabará em um desastre.

Em Lucas 13, Jesus disse: *"Esforçai-vos [ou 'agonizai'] por entrar pela porta estreita, pois eu vos digo que muitos procurarão entrar e não poderão. Quando o dono da casa se tiver levantado e fechado a porta, e vós, do lado de fora, começardes a bater, dizendo: Senhor, abre-nos a porta, ele vos responderá: Não sei donde sois. Então, direis: Comíamos e bebíamos na tua presença, e ensinavas em nossas ruas. Mas ele vos dirá: Não sei donde vós sois; apartai-vos de mim, vós todos os que praticais iniquidades. Ali haverá choro e ranger de dentes, quando virdes, no reino de Deus, Abraão, Isaque, Jacó e todos os profetas... Muitos virão do Oriente e do Ocidente, do Norte e do Sul e tomarão lugares à mesa no reino de Deus. Contudo, há últimos que virão a ser primeiros, e primeiros que serão últimos"* (vv. 24-28, 30). Jesus não estava falando sobre pessoas irreligiosas; ele se dirige a pessoas religiosas que pensavam estar no caminho certo. Não posso pensar em uma cena mais horrível do que a de pessoas que vivem sob a ilusão de que são salvas e descobrem que a porta do céu está fechada para elas.

Jesus disse que muitos andarão no caminho espaçoso (Mt 7.13). Nos versículos 22 e 23, ele disse: *"Muitos, naquele dia, hão de dizer-me: Senhor, Senhor! Porventura, não temos nós profetizado em teu nome, e em teu nome não expelimos demônios, e em teu nome não fizemos muitos milagres? Então, lhes direi explicitamente: nunca vos conheci. Apartai-vos de mim, os que praticais a iniquidade".* Que choque! As muitas pessoas que andam pelo caminho espaçoso descobrirão que não estavam no caminho que conduz ao céu. A porta será fechada no rosto delas, para sempre.

O caminho para o céu é estreito, mas sinto-me feliz em dizer que ele é suficientemente largo para admitir o principal dos pecadores (1Tm 1.13, 15). Você tem de entrar sozinho pela porta estreita. Não pode escapar da escolha. Você terá de fazê-la inevitavelmente. Não fazer nenhuma escolha significa que você já fez uma escolha – e enfrentará as consequências dessa decisão.

4

UMA EXPOSIÇÃO RÁPIDA DE APOCALIPSE

A Revelação de Jesus Cristo

5 DE DEZEMBRO DE 1982

Este é, provavelmente, o sermão mais atípico neste livro. Abrangendo um livro inteiro da Bíblia em uma única mensagem, temos aqui um resumo singular da escatologia bíblica, explicado na estrutura da visão do apóstolo João, que estava na ilha de Patmos. É uma análise rápida, mas cheia de informação. E, através dos anos, este sermão se tornou um dos mais populares e mais frequentemente solicitados, em CDs de um só sermão, no catálogo do ministério Grace to You.

No domingo em que este sermão foi pregado pela primeira vez, Ronald Regan estava no segundo ano de seu mandato como presidente. Os vídeos games Pac-Man e Donkey-Kong estavam no auge de sua popularidade. John MacArthur estava terminando o trabalho no capítulo final de The Ultimate Priority, *que seria lançado no ano seguinte.*

Nenhum livro das Escrituras revela a glória de Deus e de Cristo em maior esplendor do que o livro de Apocalipse. Entretanto, nenhum outro livro tem sido tão mal entendido, tão mal interpretado e tão negligenciado como este. Em Apocalipse 22.10, lemos: *"Não seles as palavras da profecia deste livro, porque o tempo está próximo"*. Se há algo que Deus quer, em referência a este livro, é que saibamos o que ele ensina. O livro começa com uma bem-aventurança: *"Bem-aventurados aqueles que lêem"* (1.3) e termina com uma bem-aventurança: *"Bem-aventurado aquele que guarda as palavras da profecia deste livro"* (22.7). É o único livro da Bíblia que começa e termina com uma promessa de bênção para aquele que o lê. O livro nos diz que precisamos entendê-lo porque o tempo está próximo. Isso significa basicamente que o livro trata do próximo acontecimento no horário messiânico de Deus.

A chave do livro está em sua primeira expressão: *"Revelação de Jesus Cristo"* (Ap 1.1). O livro é a respeito do apocalipse (no grego, *apokalypsis*), o desvendamento, a revelação da verdade sobre Cristo antes não conhecida. Neste livro, aprenderemos coisas sobre Jesus Cristo que não saberíamos se não tivéssemos este livro. Ele é a revelação *"que Deus lhe deu para mostrar aos seus servos as coisas que em breve devem acontecer e que ele, enviando por intermédio do seu anjo, notificou ao seu servo João"* (1.1). Deus queria revelar a Jesus Cristo em toda a glória; e isso é uma realidade futura.

O versículo 2 diz que João escreveu o livro. Ele *"atestou a palavra de Deus e o testemunho de Jesus Cristo, quanto a tudo o que viu. Bem-aventurados aqueles que lêem e aqueles que ouvem as palavras da profecia e guardam as coisas nela escritas, pois o tempo está próximo"* (vv. 2-3). Essa última afirmação não está necessariamente relacionada a tempo, e, sim, à sequência de acontecimentos. Isso é o que vem em seguida no calendário dos eventos messiânicos. Portanto, é uma revelação de Jesus Cristo; e ele é revelado na glória plena da Segunda Vinda, que foi vista por antecipação, em sua primeira vinda, no Monte da Transfiguração, quando ele deu aos seus discípulos um vislumbre de sua glória na Segunda Vinda (Mt 17.1-2).

O versículo 4 nos dá uma introdução formal. João estava escrevendo este livro especificamente para que fosse enviado às sete igrejas na Ásia Menor. Isso se tornaria a Turquia moderna. As sete igrejas são listadas nos capítulos 2 e 3. Eram congregações fatuais e os primeiros receptores desta carta, que, em seguida, foi passada a todas as outras igrejas e, posteriormente, a nós. Essas igrejas foram fundadas, primariamente, como resultado do ministério de Paulo em Éfeso, que foi a igreja-chave naquela região. De Éfeso, a Palavra de Deus se propagou por toda a região. Não há dúvida de que a propagação da Palavra de Deus foi responsável pela fundação dessas várias igrejas na Ásia Menor.

Em seguida, temos a saudação: *"Graça e paz a vós outros, da parte daquele que é, que era e que há de vir"*. Isso é uma descrição do Deus eterno, que era, que é e que há de vir, no futuro. A saudação é também *"da parte dos sete Espíritos que se acham diante do seu trono"*. João se refere aos sete Espíritos, mas isso é realmente uma referência ao Espírito Santo. Isaías 11.2 é um passagem correspondente a Apocalipse 1.4. O profeta Isaías lista sete ministérios singulares do Espírito Santo. Ele é, portanto, os sete Espíritos, e isso fala da plenitude de seu ministério: *"Os sete Espíritos que se acham diante do seu trono"*. O livro é enviado com saudações da parte de Deus Pai, saudações da parte do Espírito Santo e *"da parte de Jesus Cristo"* (Ap 1.5). É uma carta da parte da Trindade.

Visto que este livro é uma revelação de Jesus Cristo, João descreveu a Jesus como *"o Primogênito dos mortos"* (v. 5). Isso não significa que ele foi o primeiro a ressuscitar dos mortos; houve outros que ele mesmo ressuscitou dos mortos (por exemplo, Jo 11.43-44). A expressão significa que de todos os que serão ressuscitados dos mortos, incluindo os santos, ele é o primeiro, o principal, o chefe e o maior de todos os que ressuscitarão. Todos os homens que já viveram ressuscitarão dos mortos, alguns para a ressurreição da vida e alguns para a ressurreição da condenação (Jo 5.29). Mas de todos os que já ressuscitaram, ele é o principal. Ele é o *"Soberano dos reis da terra"* (Ap 1.5).

Este é um livro que procede da Trindade, comunicado por um anjo a João, que o escreveu e o propagou para que o lêssemos. Em seguida, João nos lembra que o livro foi primeiramente enviado às sete igrejas e foi dedicado *"Àquele que nos ama, e, pelo seu sangue, nos libertou dos nossos pecados, e nos constituiu reino, sacerdotes para o seu Deus e Pai, a ele a glória e o domínio pelos séculos dos séculos. Amém!"* (vv. 5-6).

Depois da dedicação, o versículo 7 diz: *"Eis que vem com as nuvens, e todo olho o verá, até quantos o traspassaram. E todas as tribos da terra se lamentarão sobre ele. Certamente. Amém!"*. Vimos que o livro é apresentado como procedente da Trindade, dedicado a Jesus Cristo, que virá, e que, em sua vinda, todo olho o verá. Isso é um vislumbre do assunto abordado em todo o livro, a vinda de Jesus Cristo, que diz: *"Eu sou o Alfa e Ômega... aquele que é, que era e que há de vir, o Todo-Poderoso"* (v. 8). Isso significa Deus em sua essência e Jesus Cristo em seu relacionamento singular com Deus, na Trindade.

Portanto, nos versículos 4 a 8 temos apenas alguma informação introdutória. O livro é da Trindade para as sete igrejas, para ser propagado a partir dali, por intermédio de João. É dedicado a Jesus Cristo, que há de vir e não é outro senão o próprio Deus todo-poderoso. O livro é a respeito da segunda vinda de Jesus Cristo. É a respeito da volta de Cristo e dos fatos que acontecerão na época de sua volta.

Quando examinamos o versículo 9, vemos que João recebe a primeira de uma série de visões que Deus preparou para ele. Você obtém a idéia de que há certa incredulidade na mente de João quanto à razão por que Deus lhe outorgou tão grande privilégio: *"Eu, João, irmão vosso e companheiro na tribulação, no reino e na perseverança, em Jesus, achei-me na ilha chamada Patmos, por causa da palavra de Deus e do testemunho de Jesus"*. Para calar a boca de João e tirá-lo de cena, os líderes religiosos o exilaram na ilha de Patmos, até à sua morte. Mas João continuou a pregar a Cristo e a Palavra de Deus até à morte,

João continua: *"Achei-me em espírito [sob o controle do Espírito Santo, de maneira singular], no dia do Senhor, e ouvi, por detrás de mim, grande voz, como de trombeta"* (v. 10). Alguns podem pensar que João se refere especificamente ao domingo. Alguns pensam que ele está falando em um sentido profético: "Eu estava em Espírito olhando para o dia do Senhor em sua plenitude". Eu me inclino particularmente à idéia de que isso aconteceu num domingo, no dia do Senhor; de que, enquanto João estava adorando, ele esteve no Espírito. *"Ouvi, por detrás de mim, grande voz, como de trombeta, dizendo: O que vês escreve em livro e manda às sete igrejas: Éfeso, Esmirna, Pérgamo, Tiatira, Sardes, Filadélfia e Laodicéia"* (v. 10-11). Estas eram cidades fatuais que tinham igrejas, congregações de pessoas reais.

Em seguida, João voltou-se para ver quem falava com ele e teve uma visão de Jesus Cristo (v. 12). Ele viu a Jesus Cristo se movendo entre sete candeeiros de ouro, que representavam as sete igrejas. Sete é o número da plenitude. Isso é uma representação de todas as igrejas, e Cristo está se movendo entre as igrejas, ministrando para elas. O versículo 16 diz: *"Tinha na mão direita sete estrelas"*. O versículo 20 indica que as sete estrelas são os ministros das sete igrejas. O Senhor é visto movendo-se em meio à sua igreja, ministrando, arrumando os candeeiros, fazendo sua obra de purificação e julgamento, aplicando sabedoria e assim por diante. João viu Cristo em sua glória ministrando para a igreja.

O esboço do livro é dado no versículo 19: *"Escreve, pois, as coisas que viste"*, que constituem a primeira visão, *"e as que são"*, que falam do tempo em que João vivia (Ap 2 e 3), *"e as que hão de acontecer depois destas"*, que começam no capítulo 4. Esse é o esboço do livro.

As "coisas que são" começam com Cristo sendo revelado na era da igreja. Isso significa a época presente, em que João está escrevendo e Cristo se move entre as igrejas, para ministrar. Seu ministério é revelado em sete cartas dirigidas a essas igrejas individuais.

Começando no capítulo 2, vemos as cartas escritas para as sete igrejas. São sete igrejas que existiram nas cidades com as quais são identificadas. Estudar as cartas em detalhes revela que cada carta se encaixa no contexto histórico, cultural e geográfico da cidade para a qual foi escrita. Mas cada igreja é representativa – cada uma tem características singulares. Essas igrejas representam igrejas em toda a História, porque cada uma é um tipo especial de igreja. Cada uma recebe uma mensagem especial do Senhor. Este é seu ministério, por assim dizer, para a era da igreja.

A primeira é a igreja em Éfeso. Que tipo de igreja é essa? É a igreja ortodoxa em doutrina, mas fria. Ela abandona o seu primeiro amor. Cristo diz: *"Tenho, porém, contra ti que abandonaste o teu primeiro amor. Lembra-te, pois, de onde caíste, arrepende-te e volta à prática das primeiras obras; e, se não, venho a ti e moverei do seu lugar o teu candeeiro, caso não te arrependas"* (2.4-5). Ora, essa é a igreja que é ortodoxa; eles têm a doutrina correta. Os versículos 2 e 3 dizem: *"Conheço as tuas obras, tanto o teu labor como a tua perseverança, e que não podes suportar homens maus, e que pusestes à prova os que a si mesmos se declaram apóstolos e não são, e os achaste mentirosos; e tens perseverança, e suportaste provas por causa do meu nome, e não te deixaste esmorecer"*. Mas eles perderam seu amor e se tornaram frios e ortodoxos. Esse tipo de igreja existiu em todo o tempo e ainda existe hoje. Essas igrejas que têm a mensagem certa podem ser frias e indiferentes quanto à mensagem.

A segunda igreja com que nos deparamos é a de Esmirna (vv. 8-11). Essa é a igreja que sofre perseguição. O versículo 10 diz: *"Não temas as coisas que tens de sofrer. Eis que o diabo está para lançar em prisão alguns dentre vós, para serdes postos à prova, e tereis tribulação de dez dias. Sê fiel até à morte, e dar-te-ei a coroa da vida"*. Jesus não diz nada negativo contra essa igreja. Por quê? Uma igreja sob perseguição sempre será uma igreja pura, porque os falsos são expurgados pela perseguição. Pessoas que aparecem na igreja com motivos impuros e egoístas sairão quando a perseguição começar. Se não têm alguma coisa pela qual podem morrer, elas não ficarão ali para serem mortos no massacre. Em todos os períodos de história da igreja, existiram essas igrejas que suportaram perseguição. E existem tais igrejas no mundo contemporâneo.

A terceira carta é escrita à igreja na cidade de Pérgamo (2.12-17). Essa é uma igreja casada com o mundo, uma igreja mundana. Cristo descreve o mundanismo dessa igreja no versículo 15 e, em seguida, no versículo 16, ele diz: *"Arrepende-te; e, se não, venho a ti sem demora e contra eles pelejarei com a espada da minha boca"*. Em todos os períodos da história da igreja, têm existido igrejas com um foco mundano, nas quais as pessoas não abandonam o mundo, mas, em vez disso, agradam-no, acomodam-se aos desejos do mundo e acompanham o caminho da sociedade.

Em seguida, o Senhor tem uma mensagem para um quarto tipo de igreja representado pela igreja em Tiatira (vv. 18-29). Tiatira é a igreja que tolera o pecado. Neste particular, a igreja tolerava uma mulher como Jezabel que estava seduzindo os servos de Cristo a cometer fornicação e a comer coisas sacrificadas a ídolos. Eles são advertidos porque toleram o pecado e não o disciplinam, não querem purificar suas fileiras. Há sempre igrejas como essa.

Em Apocalipse 3.1-6, somos apresentados à quinta igreja, em Sardes. É fácil ver o que estava errado nessa igreja. O versículo 1 diz: *"Tens nome de que vives e estás morto"*. Essa é uma igreja morta. Eles têm algumas coisas que os faz pensar que estão vivos (v. 2), mas estavam prestes a morrer. Você já viu esse tipo de igreja. Talvez você tenha vindo de uma igreja assim. Nada acontece – não há vida, não há crescimento, não há produtividade, nem frutos, nem alegria.

Sexto, em Apocalipse 3.7-13, lemos sobre a igreja de Filadélfia. Essa é uma igreja fiel. Cristo diz: *"Guardaste a minha palavra e não negaste o meu nome"* (v. 8). É uma igreja que teve uma porta aberta e entrou por essa porta. Então, você pode considerá-la uma igreja missionária.

A última das sete igrejas é mencionada em 3.14-22. Esses versículos ressaltam a igreja em Laodicéia, a igreja apóstata, a igreja não-salva, a igreja do liberalismo contemporâneo. É caracterizada por estas palavras: *"Conheço as tuas obras, que nem és frio nem quente. Quem dera fosses frio ou quente! Assim, porque és morno e nem és quente nem frio, estou a ponto de vomitar-te da minha boca"* (vv. 15-16). Essa é a igreja falsa, rejeitada.

Deixe-me resumir. Primeiramente, no capítulo 2, temos a igreja fria, ortodoxa. Depois, temos a igreja perseguida, seguida pela igreja casada com o mundo, a igreja que tolera o pecado, a igreja morta, a igreja fiel e a igreja apóstata. Como disse, cada uma dessas igrejas era uma igreja fatual e representa igrejas em todos os períodos da história. Portanto, a mensagem a essas igrejas é para todas as igrejas durante toda a era da igreja. Creio que essas sete cartas devem ser aplicadas à igreja hoje.

Você diz: "Como sabemos que uma igreja se enquadra num ou noutro desses tipos de igreja?". Eu lhe direi. Um igreja se enquadrará nessas categorias específicas de igrejas quando a influência dominante na igreja está relacionada a uma dessas áreas. Se a influência dominante é a ortodoxia fria, a igreja refletirá um ponto de vista ortodoxo e frio, embora possa haver alguns membros fervorosos. Se a influência dominante na igreja é indiferença para com Deus, sem frutos e sem vida, ela é uma igreja morta, embora possa haver algumas pessoas que exibem vida espiritual. Qualquer que seja a influência dominante, ela dá caráter à igreja. Se a igreja é marcada por um grupo de pessoas fiéis que passam pela porta aberta e levam consigo a Palavra de Deus, essa igreja será caracterizada como fiel, uma igreja do tipo Filadélfia.

O fim de Apocalipse 3 é o fim da mensagem às igrejas. Não ouvimos a palavra "igreja" novamente no livro de Apocalipse, até que chegamos ao fim do capítulo 22, quando Jesus diz: "Eu, Jesus, enviei o meu anjo para vos testificar estas coisas às igrejas". A partir desse ponto, a igreja não está particularmente em vista, até que ela seja chamada por outro nome no reino milenar, ou seja, a "esposa". A última palavra no capítulo 3 é "igrejas". Cada uma das mensagens dirigidas às igrejas termina da mesma maneira: "*Quem tem ouvidos, ouça o que o Espírito diz às igrejas*" (2.7, 11, 17, 29; 3.6, 13, 22). O que isso significa? Isso significa que a mensagem para essas igrejas vai além delas, para todo aquele que tem ouvidos espirituais.

Agora chegamos ao capítulo 4 e deixamos a era da igreja. As pessoas perguntam frequentemente: "Onde aparece o arrebatamento em Apocalipse?". É nos espaços brancos entre os capítulos 3 e 4. Nos capítulos 2 e 3, você tem a igreja na terra. E, de repente, aparecemos no céu, no capítulo 4.

O tema do céu é adoração. "*Depois destas coisas, olhei, e eis não somente uma porta aberta no céu, como também a primeira voz que ouvi, como de trombeta ao falar comigo, dizendo: Sobe para aqui, e te mostrarei o que deve acontecer depois destas coisas*" (4.1). Agora, estamos na terceira parte do esboço. Já olhamos *"as coisas que viste e as que são"* nos capítulos 1 a 3. Agora, começaremos a examinar as coisas *"que hão de acontecer depois destas"* (1.19). O fluxo da cronologia e do esboço é delineado cuidadosamente.

"Imediatamente, eu me achei em espírito" (4.2) – isso significa que João foi levado pelo Espírito a essa visão. Isto foi o que ele viu: *"E eis armado no céu um trono"*. A palavra grega que significa "armado" transmite a idéia de permanência. Esse não é um trono passageiro; é um trono eterno, perpétuo – o trono de Deus. Sabemos isso porque aquele *"que se acha assentado é semelhante, no aspecto, a pedra de jaspe [diamante] e de sardônio [rubi], e, ao redor do trono, há um arco-íris semelhante, no aspecto, a esmeralda"* (vv. 2-3). Esse arco-íris de esmeralda é provavelmente um reflexo da fidelidade de Deus. Em sua visão, João está diante de Deus, em seu trono, no céu, e está prestes a saber o que acontecerá quando o céu começar a agir na terra.

Primeiramente, vejamos quem está ali: *"Ao redor do trono, há também vinte e quatro tronos, e assentados neles, vinte e quatro anciãos vestidos de branco, em cujas cabeças estão coroas de ouro"* (v. 4). Quem são eles? Creio que representam a igreja de Jesus Cristo. A cena aqui é a de um tempo de recompensas. A ênfase está nas coroas de ouro na cabeça dos anciãos. Vejo esta cena como o arrebatamento da igreja, agora, completa no céu, reinando com Deus ao redor do trono, na glória, depois de haver sido recompensada. Quando Jesus volta para receber a igreja no arrebatamento, ele diz: *"Eis que venho sem demora, e comigo está o galardão"* (Ap 22.12). Penso que a primeira coisa que acontecerá quando formos arrebatados é que subiremos ao céu e receberemos nossas recompensas. Eis, aqui, esses anciãos portando coroas, assentados em tronos e vestindo túnicas brancas. Todas essas três coisas são prometidas à igreja. Não creio que os anciãos representem Israel; e, para isso, me baseio em Apocalipse 5.9-10:

"Entoavam novo cântico, dizendo: Digno és de tomar o livro e de abrir-lhe os selos, porque foste morto e com o teu sangue compraste para Deus os que procedem de toda tribo, língua, povo e nação e para o nosso Deus os constituíste reino e sacerdotes; e reinarão sobre a terra". As pessoas redimidas estão entoando essa canção. Acho que a cena se refere às pessoas redimidas, aqueles que são salvos, que foram redimidos de toda tribo, língua, povo e nação. Isso não pode se referir a anjos, não pode se referir aos santos de Israel; portanto, tem de referir-se à igreja.

A visão continua: *"Do trono saem relâmpagos, vozes e trovões"* (4.5). Depois, João vê novamente o Espírito de Deus diante do trono.

João diz: *"Há diante do trono um como que mar de vidro, semelhante ao cristal"* (v. 6). A cena é semelhante a de Ezequiel 1. João descreve quatro criaturas viventes que estão ao redor do trono. Creio que essas criaturas são anjos, e João os descreve como seres que estão adorando a Deus (vv. 9-10). Todo o céu está adorando: os anjos, os santos, a igreja – todos dão louvores e glória a Deus. Como disse antes, esse é o tema do céu. O céu é um lugar em que todos adoram a Deus. E isso é o que João vê, quando tem essa visão do céu.

No entanto, algo interessante acontece em seguida – a adoração é interrompida: *"Vi, na mão direita daquele que estava sentado no trono, um livro"* (5.1). Sabe o que é isso? É o título de propriedade e direito à terra, porque estava *"selado com sete selos"* (v. 1). A lei romana exigia que um testamento fosse selado sete vezes. Eles enrolavam o rolo até certa parte e, em seguida, selavam-no; enrolavam-no mais um pouco e selavam-no de novo, e assim por diante, até que houvesse sete selos. A razão para usarem tantos selos era que alguém não poderia abrir facilmente o documento sem ser descoberto. Creio que é a vontade e o testamento de Deus dar a Terra a Jesus Cristo. Isso foi prometido em Salmos 2.8-9: "Pede-me, e eu te darei as nações por herança... Com vara de ferro as regerás e as despedaçarás como um vaso de oleiro". Essa foi a promessa feita ao Filho.

A cena no céu continua: *"Vi, também, um anjo forte, que proclamava em grande voz: Quem é digno de abrir o livro e de lhe desatar os selos? Ora, nem no céu, nem sobre a terra, nem debaixo da terra, ninguém podia abrir o livro, nem mesmo olhar para ele; e eu chorava muito, porque ninguém foi achado digno de abrir o livro, nem mesmo de olhar para ele. Todavia, um dos anciãos me disse: Não chores; eis que o Leão da tribo de Judá, a Raiz de Davi, venceu para abrir o livro e os seus sete selos"* (vv. 2-5). Um dos anciãos, que representa os redimidos, sabe que Jesus Cristo é aquele que é digno de abrir o livro. O versículo 6 descreve aquele que se apresenta no meio dos seres viventes: *"Um Cordeiro como tendo sido morto. Ele tinha sete chifres [pleno poder: sete significa plenitude; chifre, em um animal, se refere a poder], bem como sete olhos [sabedoria perfeita], que são os sete Espíritos de Deus [o Espírito Santo]"* (Ap 5.6). Então, aqui está Jesus Cristo, pleno de sabedoria do Espírito de Deus e pleno de poder; ele *"veio, pois, e tomou o livro da mão direita daquele que estava sentado no trono"* (v. 7).

Conserve esse versículo em mente. Circule-o. Isso marca o desdobramento de tudo que vai acontecer. Jesus toma o livro e receberá de volta a terra – o paraíso será reconquistado. O que você pensa que acontece no céu como resultado? Mais adoração (vv. 8-14).

Por que o céu fica tão agitado? Porque estão cansados da rebelião na terra. Quando vê que Cristo toma o livro e começa a abri-lo, eles ficam agitados. Há glória, louvor e adoração, culminando nesta maravilhosa afirmação: *"Digno é o Cordeiro que foi morto de receber o poder, e riqueza, e sabedoria, e força, e honra, e glória, e louvor"* (Ap 5.12). Você não pode ler isso sem pensar no Messias.

O começo dessa fase final do esboço começa no céu. Deus está no trono e possui o título de propriedade da terra. Enquanto o céu está adorando, procurando alguém digno de receber o título e receber de volta a terra, o Cordeiro se apresenta para receber o título de propriedade e recebe de volta a terra. Isso resulta em mais *aleluias*.

O capítulo 6 começa com o Senhor abrindo os selos. Há sete selos, e cada selo aberto revela outra coisa que acontecerá na terra. O primeiro selo é paz: *"Vi quando o Cordeiro abriu um dos sete selos e ouvi um dos quatro seres viventes dizendo, como se fosse voz de trovão: Vem! Vi, então, e eis um cavalo branco e o seu cavaleiro com um arco; e foi-lhe dada uma coroa; e ele saiu vencendo e para vencer"*. Quem está no cavalo branco? É um conquistador que não precisa usar um arco e flecha porque não tem de fazer guerra. Ele é um conquistador pacífico.

O período da tribulação na terra começa com uma falsa paz, energizada pelo Anticristo. Você pode comparar esses versículos com Daniel 9.27. Ele faz paz com o povo de Deus e estabelece uma falsa paz. Portanto, ele é um falso Cristo, que traz o que parece ser paz. Mas isso não dura muito, porque o segundo selo é aberto no versículo 4, e outro cavalo é revelado – e somente esse cavalo é vermelho. Estes são os quatro cavaleiros do Apocalipse: *"Foi-lhe dado tirar a paz da terra para que os homens se matassem uns aos outros; também lhe foi dada uma grande espada"*. O segundo selo é a guerra.

Isso leva à abertura do terceiro selo: *"Quando abriu o terceiro selo, ouvi o terceiro ser vivente dizendo: Vem! Então, vi, e eis um cavalo preto e o seu cavaleiro com uma balança na mão. E ouvi uma como que voz no meio dos quatro seres viventes dizendo: Uma medida de trigo por um denário; três medidas de cevada por um denário"* (vv. 5-6). Isso significa que a pessoa recebe uma medida de trigo e três vezes essa medida como salário por um dia de trabalho. Em outras palavras, você trabalha um dia inteiro para obter o suficiente para comer com escassez. Essas são condições de escassez de alimentos. O versículo conclui: *"Não danifiques o azeite e o vinho"* (v. 6). Isso era a comida do rico; o pobre não podia tocar nisso. Portanto, a paz é seguida pela guerra, que é seguida pela fome. Onde há guerra de grandes proporções, há fome de grandes proporções.

Em seguida, há o quarto selo. O que segue, logicamente, a guerra e a fome? Morte. O versículo 8 diz: *"Olhei, e eis um cavalo amarelo e o seu cavaleiro, sendo este chamado Morte; e o Inferno o estava seguindo, e foi-lhes dada autoridade sobre a quarta parte da terra para matar à espada, pela fome, com a mortandade e por meio das feras da terra"*.

Quando chegamos à abertura do quinto selo, encontramos algumas pessoas debaixo do altar (v. 9). Sem dúvida, elas são os redimidos que foram mortos e agora estão no céu, no próprio altar de Deus, orando: *"Até quando, ó Soberano Senhor, santo e verdadeiro, não julgas, nem vingas o nosso sangue dos que habitam sobre a terra?"* (v. 10). Durante a guerra, o morticínio e a fome, o povo redimido é morto pelo Anticristo. Essa é uma seção muito importante – é uma premissa sobre a qual muito da discussão posterior no livro de Apocalipse está baseado. O versículo 11 diz: "Então, a cada um deles foi dada uma vestidura branca, e lhes disseram que repousassem ainda por pouco tempo, até que também se completasse o número dos seus conservos e seus irmãos que iam ser mortos como igualmente eles foram". Em essência, os santos martirizados têm de ser pacientes. Nesse ínterim, eles recebem vestes brancas (vestes celestiais) para se regozijarem e descansarem até que outros mártires, na terra, também sejam martirizados.

Agora, voltemos à terra e ao sexto selo, que é um terremoto. *"O sol se tornou negro como saco de crina, a lua toda, como sangue"* (v. 12). Joel falou sobre esse incidente, bem como Pedro no dia de Pentecostes (Jl 2.28-32; At 2.17-21). *"As estrelas do céu caíram pela terra, como a figueira, quando abalada por vento forte, deixa cair os seus figos verdes"* (Ap 6.13). Agora, imagine isso: o sol se torna negro, a lua se torna vermelha como sangue, e as estrela caem do céu. E o céu se enrola como um pergaminho (v. 14). Você já puxou uma cortina rolante e, depois, a soltou? Isso é o que acontecerá com o céu. *"Então, todos os montes e ilhas foram movidos do seu lugar"* (v. 14). Esse será um tempo apavorante. Temor extraordinário é a reação descrita nos versículos 15 a 17. As pessoas clamam às rochas e aos montes, dizendo: *"Caí sobre nós e escondei-nos da face daquele que se assenta no trono e da ira do Cordeiro, porque chegou o grande Dia da ira deles; e quem é que pode suster-se?"* (vv. 16-17).

Se você recebesse somente uma parte desta visão, ficaria desnorteado. Você pode imaginar o que significou para João receber todas essas visões? Por isso, o Senhor lhe deu um descanso no capítulo 7.

Em meio a todo o caos em andamento, haverá algumas bênçãos. Algumas pessoas serão poupadas desse julgamento. Alguns crentes serão poupados. Quem são eles? São os 144.000 judeus de toda tribo, exceto a de tribo de Dã – eles são omitidos por causa de idolatria grosseira (Dt 27-28). Mas, caso você fique preocupado a respeito de Dã, Ezequiel 48.1-2 indica que eles são incluídos no reino. Portanto, eles são restaurados graciosamente ao Rei, mas não recebem a permissão de servir neste ministério específico.

No meio da semana, quando o holocausto começa, já haverá judeus que terão crido em Jesus Cristo como seu Salvador e Senhor, e eles passarão pela Tribulação e não poderão ser mortos. Eles não podem ser feridos porque são selados e protegidos (vv. 2-3). Nada pode feri-los. Portanto, durante a segunda metade da Tribulação haverá 144.000 judeus pregando o evangelho. Eles serão muito eficazes. João diz: *"Depois destas coisas, vi, e eis grande multidão que ninguém podia enumerar, de todas as nações, tribos, povos e línguas, em pé diante do trono e diante do Cordeiro, vestidos de vestiduras brancas, com palmas nas mãos; e clamavam em grande voz, dizendo: Ao nosso Deus, que se assenta no trono, e ao Cordeiro, pertence a salvação"* (7.9-10). De onde eles vieram? São frutos dos 144.000 judeus.

Essa é uma das mais maravilhosas afirmações sobre a soberania de Deus na salvação. Deus escolherá salvar 144.000 judeus e escolherá 12.000 de cada tribo de Israel. Somente ele sabe onde as pessoas se conectam com suas respectivas tribos. Os judeus perderam todos os seus registros na destruição de Jerusalém no ano 70 d.C. Mas Deus não perde registros. Esses 144.000 judeus redimidos serão os evangelistas. Como resultado do ministério deles, haverá inumeráveis pessoas de cada tribo, língua e nação louvando o Senhor Jesus Cristo. Evidentemente, o que vem depois disso, no céu, é mais adoração, conforme o restante do capítulo 7.

Agora, chegamos ao sétimo selo no capítulo 8. O sétimo selo é a resposta aos seis primeiros, assim como a sétima trombeta será uma resposta às seis primeiras e a sétima taça, uma resposta às seis primeiras. O versículo 1 diz: *"Quando o Cordeiro abriu o sétimo selo, houve silêncio no céu cerca de meia hora"*. O que isso significa? O que parou? Adoração estava sendo a prática de todos no céu, mas agora ela cessa por meia hora. Por quê? Todos estão temerosos do holocausto da fúria divina que está sendo derramada.

Portanto, agora vêm os juízos das sete trombetas. O Senhor abriu o selo, e no fim da abertura surgem sete trombetas anunciando juízo: *"Então, os sete anjos que tinham as sete trombetas prepararam-se para tocar. O primeiro anjo tocou a trombeta, e houve saraiva e fogo de mistura com sangue, e foram atirados à terra. Foi, então, queimada a terça parte da terra, e das árvores, e também toda erva verde"* (vv. 6-7). É um juízo sobre a vegetação, e um juízo sobre a vegetação é um juízo sobre o homem, porque ele não pode viver sem vegetação na maioria dos lugares. É também um juízo sobre os animais, porque eles também não podem viver sem vegetação.

João continua: *"O segundo anjo tocou a trombeta, e uma como que grande montanha ardendo em chamas foi atirada ao mar, cuja terça parte se tornou em sangue, e morreu a terça parte da criação que tinha vida, existente no mar, e foi destruída a terça parte das embarcações"* (vv. 8-9). Imagine isto: Deus julga, e um terço de toda vegetação morre, um terço de todo o mar se torna como sangue, e um terço de todas as criaturas marinhas morrem. Então, flutuando numa terça parte dos mares do mundo, há uma quantidade incalculável de criaturas fedendo, decompostas, apodrecidas. Os homens falharam em reconhecer o dom de Deus na criação, e, por isso, Deus a remove. Os homens falharam em dar glória a Deus pelas coisas maravilhosas que ele criou, a erva verde, as plantas, as árvores, o mar e toda a vida que há nele. O homem não quis glorificar a Deus, por isso, Deus remove essas coisas maravilhosas.

Depois, a terceira trombeta ressoa, *"e caiu do céu sobre a terça parte dos rios, e sobre as fontes das águas uma grande estrela, ardendo como tocha. O nome da estrela é Absinto; e a terça parte das águas se tornou em absinto, e muitos dos homens morreram por causa dessas águas, porque se tornaram amargosas"* (vv. 10-11). Esse é o juízo de Deus sobre a água fresca. Todas as fontes de água são atingidas com amargor. E um terço delas é destruído.

A quarta trombeta ressoa (v. 12), e uma terça parte do sol é atingida. Você sabe o que isso fará ao calendário e à vida cotidiana? Não sei que tipo de caos isso causará. Também é atingida uma terça parte *"da lua e das estrelas"*, para que a terça parte delas *"escurecesse e, na sua terça parte, não brilhasse, tanto o dia como também a noite"* (v. 12). É provável que o céu será cheio de um eclipse estranho. Em seguida, João diz: *"Vi e ouvi uma águia que, voando pelo meio do céu, dizia em grande voz: Ai! Ai! Ai"* (v. 13). O que essa águia significa é: "Você pensa que tudo isso é mau, então, ouça as três trombetas seguintes".

No capítulo 9, a quinta trombeta ressoa, e uma estrela cai do céu (9.1). Qual o significado disso? É Lúcifer. Ele tem a chave do poço do abismo. Você sabe quem está no poço do abismo? São demônios que foram presos lá por Deus. Mas Lúcifer recebe a chave e desce para abrir o poço do abismo. O que acontecerá? Todos esses demônios que estavam presos lá por milhares de anos sairão finalmente. O versículo 2 diz: *"Subiu fumaça do poço como fumaça de grande fornalha, e, com a fumaceira saída do poço, escureceu-se o sol e o ar"*. Quando eles saem, parecem gafanhotos, como uma praga que varre a terra (v. 3).

Você sabe por que a Tribulação será um tempo terrível? Todos os demônios que estão presos no inferno serão libertados para somarem-se aos que já estão na terra. O versículo 4 diz: *"E foi-lhes dito que não causassem dano à erva da terra, nem a qualquer coisa verde, nem a árvore alguma e tão-somente aos homens que não têm o selo de Deus sobre a fronte. Foi-lhes também dado, não que os matassem, e sim que os atormentassem durante cinco meses. E o seu tormento era como tormento de escorpião quando fere alguém. Naqueles dias, os homens buscarão a morte e não a acharão; também terão ardente desejo de morrer, mas a morte fugirá deles"* (vv. 4-6). A praga de gafanhotos de demônios atravessará o globo torturando os homens por cinco meses, e os homens serão incapazes de achar alívio até na morte. Os versículos 7 a 10 descrevem esses seres demoníacos em linguagem simbólica. Depois, o versículo 11 diz: *"Tinham sobre eles, como seu rei, o anjo do abismo, cujo nome em hebraico é Abadom [destruidor], e em grego, Apoliom [destruidor]"*.

Se você pensa que isso é mau, ainda há mais duas trombetas. Quando a sexta trombeta ressoa, o rio Eufrates se abriu, e *"foram, então, soltos os quatro anjos que se achavam preparados para a hora, o dia, o mês e o ano, para que matassem a terça parte dos homens"* (v. 15). Aqui vem uma hoste liberada por um anjo, e ela deve matar um terço dos habitantes do mundo. O número dos exércitos de cavalaria é duzentos milhões, e vêm do leste, através do rio Eufrates (v. 16).

No versículo 18, um terço da humanidade é morta por fogo, fumaça e enxofre, que saem da boca desses exércitos. Essa pode ser a maneira como o armamento era descrito, usando termos antigos. *"Os outros homens, aqueles que não foram mortos por esses flagelos, não se arrependeram das obras das suas mãos, deixando de adorar os demônios e os ídolos de ouro, de prata, de cobre, de pedra e de pau, que nem podem ver, nem ouvir, nem andar; nem ainda se arrependeram dos seus assassínios, nem das suas feitiçarias* [no grego, pharmakeia – drogas], *nem da sua prostituição, nem dos seus furtos"* (vv. 20-21). Os homens não se arrependeram, amaldiçoaram a Deus.

Ora, essas foram trombetas apavorantes. As primeiras seis trombetas ressoarão no final da Tribulação. Você observou que a igreja não é mencionada, de modo algum? O capítulo 10 é mais um descanso. João recebe outra pequena visão da parte boa: *"Vi outro anjo forte descendo do céu, envolto em nuvem, com o arco-íris por cima de sua cabeça; o rosto era como o sol, e as pernas, como colunas de fogo; e tinha na mão um livrinho aberto. Pôs o pé direito sobre o mar e o esquerdo, sobre a terra, e bradou em grande voz, como ruge um leão, e, quando bradou, desferiram os sete trovões as suas próprias vozes"* (10.1-3). Em seguida, esse anjo diz a João: *"Guarda em segredo as coisas que os sete trovões falaram e não as escrevas"* (v. 4). O juízo sobre os pecadores é demais – é muito aterrorizante e muito horrível. A parte que eles não revelam é um mistério de Deus que será cumprido (v. 7).

João viu nessa visão um livrinho que representava o título de direito à terra, e lhe foi dito que comesse o livrinho. João fez isso e disse: *"Na minha boca, era doce como mel; quando, porém, o comi, o meu estômago ficou amargo"* (v. 10). O que isso significa? Quando vejo a vinda de Jesus Cristo, em sua glória, sinto um gosto doce porque Cristo merece reinar em glória, mas sinto também um gosto amargo porque, quando ele vier em glória para reinar, sei que isso significará a devastação e a eterna condenação do mundo. Portanto, o sentimento é doce e amargo.

Antes de ressoar a sétima trombeta, temos mais um vislumbre da graça de Deus no capítulo 11. Aqui estão as minhas duas pessoas favoritas de toda a Bíblia, e nem sei quem elas são. Mas, se o Senhor está procurando voluntários, eu sou um voluntário. As duas testemunhas são identificadas como "as duas oliveiras e os dois candeeiros que se acham em pé diante do Senhor da terra" (11.4). É claro que o mundo as odiará. A sociedade da Nova Era as odiará. As pessoas que justificarão o arrebatamento por dizerem que foram removidas todas aquelas pessoas que impedem os homens de atingir o próximo nível de consciência também odiarão as duas testemunhas, especialmente quando elas pregarem a Jesus Cristo.

Mas veja o que acontece: *"Se alguém pretende causar-lhes dano, sai fogo da sua boca e devora os inimigos"* (v. 5). Eu poderia me acostumar com isso. Você está sendo perseguido e antagonizado, as pessoas não crêem na sua mensagem e tentam tirar sua vida. O versículo 6 diz que as duas testemunhas têm poder para fechar o céu. Em outras palavras, elas podem ir a um lugar, pregar o evangelho de Jesus Cristo e, durante o tempo em que pregam, podem causar uma seca. Elas podem controlar o clima. *"Têm autoridade também sobre as águas, para convertê-las em sangue, bem como para ferir a terra com toda sorte de flagelos, tantas vezes quantas quiserem"* (v. 6).

O que você acha que estará no noticiário todas as noites? "Temos agora as notícias sobre as duas testemunhas. Nesta semana, eles estiveram em Cincinnati – e não choveu ali, todos os rios se tornaram em sangue, e as pessoas foram tomadas de pragas. Temos de fazer alguma coisa a respeito desses dois homens, mas, cada vez que tentamos, fracassamos".

Sabe o que acontecerá em seguida? Finalmente, a Besta surge do abismo, a própria Besta. Ele vence as duas testemunhas e mata-as (v. 7). *"E o seu cadáver ficará estirado na praça da grande cidade que, espiritualmente, se chama Sodoma e Egito, onde também o seu Senhor foi crucificado"* (v. 8). Portanto, elas são mortas em Jerusalém.

O versículo 8 diz que seus corpos são deixados na praça por três dias e meio. Ora, isso é em nossa era moderna – os governos não deixam corpos na praça. O versículo 9 diz: "Muitos dentre os povos, tribos, línguas e nações contemplam os cadáveres das duas testemunhas, por três dias e meio, e não permitem que esses cadáveres sejam sepultados". Como poderá o mundo todo ver seus cadáveres em Jerusalém? Há somente uma maneira: pela televisão. Isso não podia ser verdade cem anos atrás. E *"não permitem que esses cadáveres sejam sepultados"* (v. 9). Por quê? O versículo 10 nos diz: *"Os que habitam sobre a terra se alegram por causa deles, realizarão festas e enviarão presentes uns aos outros, porquanto esses dois profetas atormentaram os que moram sobre a terra"*. O mundo fica tão feliz porque esses homens estão mortos. Posso ver algum repórter ali dizendo: "Estes homens estão mortos há três dias e meio! Ficamos tão aliviados com o fato de que esses homens foram removidos da terra".

Mas o versículo 11 diz: *"Depois dos três dias e meio, um espírito de vida, vindo da parte de Deus, neles penetrou, e eles se ergueram sobre os pés, e àqueles que os viram sobreveio grande medo; e as duas testemunhas ouviram grande voz vinda do céu, dizendo-lhes: Subi para aqui. E subiram ao céu numa nuvem, e os seus inimigos as contemplaram. Naquela hora, houve grande terremoto, e ruiu a décima parte da cidade, e morreram, nesse terremoto, sete mil pessoas, ao passo que as outras ficaram sobremodo aterrorizadas e deram glória ao Deus do céu"*

(vv. 11-13). Terror, puro terror, é a reação. Deus nunca ficará sem uma testemunha.

Depois desse intervalo, retornamos à sétima trombeta. Quando ela ressoa, é o fim. O versículo 15 diz: *"O reino do mundo se tornou de nosso Senhor e do seu Cristo, e ele reinará pelos séculos dos séculos"*. Quando a sétima trombeta é tocada, os reinos do mundo passam a pertencer a Jesus Cristo.

O capítulo 12 volta para apresentar mais alguns detalhes antes de chegarmos às sete taças finais. Descreve a perseguição incessante de Satanás a Israel, ao Messias e ao povo de Deus. Discute como Satanás tem sempre guerreado contra o povo de Deus. A mulher mostrada neste capítulo é Israel, o filho é Cristo, e o dragão é Satanás. O dragão tem sempre perseguido o filho nascido da mulher. Ele lutou no passado e lutará no futuro. O versículo 7 diz que os demônios de Satanás e Miguel e seus anjos guerrearão no céu. O superanjo Miguel e seus anjos vencerão. Lançarão Satanás para a terra, com seus demônios (v. 9).

Contemplemos a cena: demônios saíram do abismo como gafanhotos e estão por toda a terra. Os demônios que haviam dominado nas regiões celestes são lançados para baixo, não tendo mais acesso a Deus, como Satanás teve por ocasião da provação de Jó, quando Satanás se apresentou diante do trono de Deus (Jó 1.6). Com todos eles na terra, você pode imaginar como é um mundo infestado de demônios. O ataque das hostes demoníacas é dirigido a Israel. O resto do capítulo 12 mostra como Deus protege maravilhosamente Israel. Em um momento, essas hostes perseguem Israel, mas a terra se abre e as engole, todas (Ap 12.16).

O capítulo 13 apresenta outro detalhe. Ele nos apresenta o Anticristo, o dominador do mundo. Ele lidera um ataque amplo contra o povo de Deus. O versículo 4 diz: *"Quem é semelhante à Besta? Quem pode pelejar contra ela? Foi-lhe dada uma boca que proferia arrogâncias e blasfêmias e autoridade para agir quarenta e dois meses".* Isso é três anos e meio; é a última metade da Tribulação. *"E abriu a boca em blasfêmias contra Deus, para lhe difamar o nome e difamar o tabernáculo, a saber, os que habitam no céu. Foi-lhe dado, também, que pelejasse contra os santos e os vencesse. Deu-se-lhe ainda autoridade sobre cada tribo, povo, língua e nação"* (vv. 6-7).

Ele também tem um cúmplice. Apocalipse 13.11-18 apresenta o falso profeta. A Besta é o Anticristo, o Falso Profeta é o seu cúmplice. Como Faraó tinha Janes e Jambres (2 Tm 3.8), como Balaque tinha Balaão (Nm 22-24), como Absalão tinha Aitofel (2 Sm 15-17), o Anticristo terá o seu cúmplice. O trabalho do Falso Profeta é levar todos ao Anticristo e dizer-lhes que o adorem (Ap 13.12). Ele realiza algumas falsas maravilhas e leva as pessoas a fazerem uma grande imagem da Besta; em seguida, ele dá vida a essa imagem por influência demoníaca (vv. 13-15). Assim, ele cria um ídolo possesso de demônios. Nessa altura, o mundo está tão completamente influenciado por demônios, que todos no mundo podem, potencialmente, ser um maníaco violento, como o endemoniado de Gadara, que vivia nas cavernas e feria seu corpo com pedras, porque estava infestado de demônios (Mc 5.1-13). Portanto, toda a terra está repleta de demônios, e eles estão no controle de tudo. Eles fazem a imagem falar, e ela leva todo o mundo a adorar o Anticristo. Esse é o trabalho do Falso Profeta.

Em sua visão, João vê que pessoas que não têm certo número não podem comprar nem vender – não podem agir na sociedade. O número era 666. Isso não é significativo, exceto no fato de que representa o homem. O homem foi criado no sexto dia; sete é o numero perfeito de Deus. E, não importando quão arduamente o homem tente, ele é sempre 666. Está aquém da perfeição. É o número do sistema do homem. As pessoas não podem agir na sociedade se não têm o número em sua fronte e em sua mão (v. 16). Em nossos dias, estamos quase nessa situação. Já temos cartões de crédito e números. Se você tem um cartão magnético de banco, pode inseri-lo no caixa eletrônico em seu banco ou numa loja, digitar sua senha e obter dinheiro ou fazer uma compra. Mas, conectado com seu número de banco, há o seu histórico financeiro pessoal. As autoridades podem saber exatamente quem é você e descobrir tudo a seu respeito. Você percebe que no futuro, se eles decidirem controlar que você não pode comprar nem vender, tudo que precisam fazer é remover seu número, quando há uma sociedade sem dinheiro. Portanto, o Anticristo governará o mundo e controlará tudo por causa do poder que ele terá.

Apocalipse 14.1 olha para a vitória do Senhor Jesus Cristo. Os 144.000 estão no céu cantando louvores por causa da vitória de Jesus Cristo.

O holocausto vem ao foco final no Armagedom. No capítulo 14, começamos a ter um vislumbre do Armagedom e da idéia de passar a foice, no versículo 15. Uma foice usada para ceifar e a seara sempre falam de julgamento. O Senhor vem em julgamento terrível.

O versículo 20 resume esse julgamento: *"E o lagar foi pisado fora da cidade, e correu sangue do lagar até aos freios dos cavalos, numa extensão de mil e seiscentos estádios"*. Isso significa que o derramamento de sangue tinha quase um metro e meio de altura e se estendia por trezentos e vinte quilômetros. Isso é a extensão de Israel; é usada para simbolizar o banho de sangue. Uvas não têm força contra o pé esmagador do Deus todo-poderoso. Assim, vemos Deus realizando o seu julgamento.

O versículo 12 encoraja os santos a perseverar em meio ao julgamento vindouro. Se alguém morrer como mártir, o versículo 13 diz: *"Bem-aventurados os mortos que, desde agora, morrem no Senhor"*. Não há necessidade de preocupar-se; Deus está operando sua ira e seu julgamento.

Quando entramos no capítulo 15, chegamos aos sete últimos julgamentos. A manifestação desses julgamentos é como balas de uma metralhadora Gatling, e acontecem no fim da Tribulação. Esses setes últimos flagelos são a consumação da ira de Deus (v. 1). O versículo 8 diz: *"O santuário se encheu de fumaça procedente da glória de Deus e do seu poder, e ninguém podia penetrar no santuário, enquanto não se cumprissem os sete flagelos dos sete anjos"*. Deus recebe toda a fumaça que rola pelo céu, e os anjos começam a agir no capítulo 16. A primeira taça é derramada, e o versículo 2 diz: *"E, aos homens portadores da marca da Besta e adoradores da sua imagem, sobrevieram úlceras malignas e perniciosas"*. Isso se parece com a situação do mendigo que era coberto de chagas (Lc 16.20-21). Pode referir-se a úlceras cancerígenas. Imediatamente depois disso, a segunda taça é derramada *"no mar, e este se tornou em sangue como de morto, e morreu todo ser vivente que havia no mar"* (v. 3). Isso resulta numa quantidade incalculável de criaturas mortas e fedidas, além da compreensão. *"Derramou o terceiro a sua taça nos rios e nas fontes das águas, e se tornaram em sangue"* (v. 4). Isso não é mais a destruição de uma terça ou quarta parte de algo, agora é a destruição de toda a coisa. Isso é um julgamento devastador, a poluição de toda água fresca.

Nos versículos 8 e 9, uma quarta taça é derramada *"sobre o sol, e foi-lhe dado queimar os homens com fogo. Com efeito, os homens se queimaram com o intenso calor, e blasfemaram o nome de Deus, que tem autoridade sobre estes flagelos, e nem se arrependeram para lhe darem glória"*. Em seguida, há o derramamento da quinta taça; depois do sol queimante, vem as trevas, e os homens *"remordiam a língua por causa da dor que sentiam"* (v. 10). Por quê? Não podiam ver para onde estava indo – não há luz, de modo algum, somente trevas intensas. Eles estão suscetíveis a ferimentos e dores horríveis e não podem achar alívio, porque não podem ver onde estão. Em seguida, o versículo 11 diz: *"E blasfemaram o Deus do céu por causa das angústias e das úlceras que sofriam; e não se arrependeram de suas obras"*. Isso nos leva de volta ao primeiro flagelo. Você pode ver que todos esses flagelos são cumulativos.

"Derramou o sexto a sua taça sobre o grande rio Eufrates, cujas águas secaram, para que se preparasse o caminho dos reis que vêm do lado do nascimento do sol" (v. 12). Agora é tempo dos reis do Leste chegarem" (v. 13). Depois disso, há o Armagedom – a batalha final na planície de Armagedom. Já estive lá, já estive na planície. Napoleão disse que era o melhor lugar de batalha que ele tinha visto na face da terra. *"Três espíritos imundos semelhantes a rãs"*, esses são demônios de natureza especial, saídos da mucosa do próprio inferno – da boca do dragão, da boca da Besta e da boca do Falso Profeta (v. 13). São espíritos de demônios que operam milagres. Reúnem o mundo para a batalha em Armagedom e não sabem que aquele é o grande dia do Deus todo-poderoso. O mundo vem a Armagedom para lutar.

Daniel 11 descreve isso: os reis do Norte descem e vencem o Sul. O rei do Leste surge, o Oeste se envolve, os reis do Leste vêm. No meio de todo o conflito, Jesus Cristo vem do céu. Por fim, a sétima taça é derramada, no final do capítulo 16. Há trovões e relâmpagos (v. 18). *"Todas as ilhas fugiram, e os montes não foram achados; também desabou do céu sobre os homens grande saraivada, com pedras que pesavam cerca de um talento; e, por causa do flagelo da chuva de pedras, os homens blasfemaram de Deus, porquanto o seu flagelo era sobremodo grande"*. Isso é o fim.

Os capítulos 17 e 18 são muito importantes. Reveem alguns detalhes da segunda metade. A pergunta que fazemos aqui é esta:

"João, o que acontece com a religião na Tribulação? Haverá religião?". O capítulo 17 indica que haverá religião. Se a verdadeira igreja é a esposa, o que é a falsa igreja? É uma meretriz. Ela *"se acha sentada sobre muitas águas"*. Os reis da terra se embebedaram *"com o vinho de sua devassidão"* (v. 2), e ela está montada na Besta (v. 3). Ela cavalga no Anticristo. Isso retrata o poder político do Anticristo unido com o falso sistema religioso mundial da meretriz. Mas o Anticristo é tão dominado por seu próprio poder que, por fim, devora a meretriz (v. 16). Depois, ele estabelece a si mesmo sobre todo o mundo (v. 17). Creio que isso acontece quando o Falso Profeta dá vida à imagem da Besta, e todo o mundo é ordenado a adorar o Anticristo (13.15).

O capítulo 18 nos leva para trás e nos convida a fazer outra pergunta: "Como será a economia mundial nesse tempo?". Com todo o caos acontecendo, um anjo diz: *"Caiu! Caiu a grande Babilônia e se tornou morada de demônios"* (v. 2). Babilônia é o nome que representa o sistema econômico mundial do fim dos tempos. Os demônios controlam o mundo. As nações estão entristecidas. O versículo 5 diz: *"Os seus pecados se acumularam até ao céu, e Deus se lembrou dos atos iníquos que ela praticou"*.

Quando todo o sistema entra em colapso, as economias de todas as nações sucumbem. Então, os reis da terra dizem: *"Ai! Ai! Tu, grande cidade, Babilônia, tu, poderosa cidade! Pois, em uma só hora, chegou o teu juízo. E, sobre ela, choram e pranteiam os mercadores da terra, porque já ninguém compra a sua mercadoria"* (vv. 10-11). Ninguém se preocupa mais com dinheiro; estão apenas tentando sobreviver. Quem irá fazer compras? Quem irá ao shopping naquele tempo? Ninguém se preocupará com *"mercadoria de ouro, de prata, de pedras preciosas, de pérolas, de linho finíssimo, de púrpura, de seda, de escarlata; e toda espécie de madeira odorífera, todo gênero de objeto de marfim, toda qualidade de móvel de madeira preciosíssima, de bronze, de ferro e de mármore; e canela de cheiro, especiarias, incenso, ungüento, bálsamo, vinho, azeite, flor de farinha, trigo, gado e ovelhas; e de cavalos, de carros, de escravos e até almas humanas"* (vv. 12-13). O comércio marítimo desaparecerá (v. 17). O sistema de transportes colapsa. Pessoas lançarão pó sobre a sua cabeça, chorando e lamentando a perda desses sistemas (v. 19). Enquanto todos na terra estão lamentando, diz o versículo 20, *"Exultai sobre ela, ó céus, e vós, santos, apóstolos e profetas, porque Deus contra ela julgou a vossa causa"*.

Você sabe qual será a pior coisa no mundo? A música acabará: *"E voz de harpistas, de músicos, de tocadores de flautas e de clarins jamais em ti se ouvirá"* (v. 22). Nenhuma música, nenhum artífice, nenhuma arte. É o fim de tudo. A festa na terra acabou.

Então, o que acontece no capítulo 19? A festa começa no céu. No versículo 1, há um "aleluia"; no versículo 3, outro "aleluia"; no versículo 4, outro "aleluia"; e, no versículo 6, outro "aleluia". Por que o céu está tão entusiasmado? Porque *"reina o Senhor, nosso Deus, o Todo-Poderoso. Alegremo-nos, exultemos e demos-lhe a glória, porque são chegadas às bodas do Cordeiro, cuja esposa a si mesma já se ataviou, pois lhe foi dado vestir-se de linho finíssimo, resplandecente e puro. Porque o linho finíssimo são os atos de justiça dos santos"* (vv. 6-8). Isso é o que está acontecendo no céu com os redimidos.

Como chegamos lá? João diz: *"Vi o céu aberto, e eis um cavalo branco. O seu cavaleiro se chama Fiel e Verdadeiro e julga e peleja com justiça. Os seus olhos são chama de fogo; na sua cabeça, há muitos diademas; tem um nome escrito que ninguém conhece, senão ele mesmo"* (vv. 11-12). João prossegue e descreve Jesus no versículo 13; e nós aparecemos no versículo 14: *"Seguiam-no os exércitos que há no céu, montando cavalos brancos, com vestiduras de linho finíssimo, branco e puro"*. Cristo volta para instaurar seu reino, quando vem ao Armagedom em glória resplandecente para estabelecer seu reino na terra.

Ele virá em vestes brancas, montando um cavalo branco, e nós viremos com ele, em cavalos brancos, em vestes brancas. Partimos para estar com ele e retornaremos com ele em glória.

O fim do versículo 16 diz que o seu nome é *"REI DOS REIS E SENHOR DOS SENHORES"*. E, quando ele chega, o resultado é devastação no Armagedom. O resultado do Armagedom está nos versículos 17 e 18: carnificina e morte, e ele chama as aves para comerem a carne. No versículo 20, o Anticristo e o Falso Profeta são ambos lançados no lago de fogo que arde com enxofre. E as pessoas dos exércitos que restaram são mortas com a espada (v. 21).

O que acontece depois? No capítulo 20, o Senhor estabelece o seu reino. Olhe o versículo 4: *"Vi também tronos... e viveram [os santos] e reinaram com Cristo durante mil anos"*. Você sabe o que acontece no final dos mil anos? De acordo com o versículo 7, Satanás é solto por pouco tempo, depois de ter estado preso por mil anos. Ele sai para o mundo. Quando o reino começou, algumas pessoas entraram nele em seu corpo físico. Elas casarão, terão filhos e encherão a terra de habitantes outra vez. Algumas dessas pessoas não crerão em Jesus Cristo, embora ele tenha estado reinando na cidade de Jerusalém por mil anos.

Na realidade, isso não é tão admirável. As pessoas também não o reconhecerão na primeira vez que ele veio. Elas o rejeitaram quando sabiam realmente quem ele era. Satanás lidera uma rebelião final. E o versículo 9 diz: *"Desceu, porém, fogo do céu e os consumiu [os rebeldes]"*. Então, todos os não-salvos de toda a História são reunidos para o julgamento do grande trono branco (v. 11). E o versículo 15 diz: *"Se alguém não foi achado inscrito no Livro da Vida, esse foi lançado para dentro do lago de fogo"*. Esse é o fim do reino de mil anos.

O que acontece depois? João diz: *"Vi novo céu e nova terra"* (v. 1), e *"a nova Jerusalém"* (v. 2). Como será isso? *"Eis o tabernáculo de*

Deus com os homens. Deus habitará com eles. Eles serão povos de Deus, e Deus mesmo estará com eles. E lhes enxugará dos olhos toda lágrima, e a morte já não existirá, já não haverá luto, nem pranto, nem dor, porque as primeiras coisas passaram" (vv. 3-4). Isso é o estado eterno – isso é o novo céu e a nova terra. O resto do capítulo 21 e o capítulo 22 descrevem-no.

A última mensagem vem no final do capítulo 22. O versículo 17 diz: *"O Espírito e a noiva dizem: Vem! Aquele que ouve, diga: Vem! Aquele que tem sede venha, e quem quiser receba de graça a água da vida"*. Esse é o último convite. Venha a Cristo; venha e beba; venha e participe da salvação que ele dá. Mas há uma última advertência: *"Continue o injusto fazendo injustiça, continue o imundo ainda sendo imundo; o justo continue na prática da justiça, e o santo continue a santificar-se"* (v. 11). Em outras palavras, o que quer que você for quando o julgamento chegar, isso é o que você será para sempre.

Você pode dizer juntamente com João: *"Vem, Senhor Jesus"*? Espero que você esteja pronto.

5

COMO OBTER A VIDA ETERNA

Mateus 19.16-22
29 de maio de 1983

Este sermão sobre o jovem rico é parte de uma enorme série de sermões sobre Mateus (no total, 226 sermões – quatro volumes de comentários substanciais). Pregado enquanto O Evangelho Segundo Jesus estava ainda em seu primeiro estágio, esse sermão notável antecipou vários dos temas centrais da controvérsia do senhorio. Em última análise, ele se tornou a base para o capítulo 6 na edição original de O Evangelho Segundo Jesus (capítulo 7, na edição de 20º aniversário).

A pregação deste sermão é um dos muitos exemplos de como a pregação expositiva, versículo por versículo, interage perfeitamente com a cultura e o mundo secular. A pregação de John MacArthur sobre a história do jovem rico está cheia de lições óbvias para aqueles que pensam que riqueza, poder e celebridade podem desenvolver a virtude pessoal, sem total submissão a Cristo.

Durante uma viagem de avião que fiz algum tempo atrás, um homem jovem, que estava assentado ao meu lado, se apresentou e me perguntou: "Senhor, você sabe como posso ter um relacionamento com Jesus Cristo, não sabe?" Ora, esse tipo de incidente não acontece freqüentemente! Eu estava lendo minha Bíblia, e isso o motivou a fazer a pergunta. Ele parecia pronto e ansioso por ser salvo. Eu lhe disse: você crê no Senhor Jesus e o aceita como seu Salvador. Ele respondeu: "Gostaria de fazer isso". Depois, oramos juntos. Fiquei entusiasmado com o que aconteceu, mas fui posteriormente mal sucedido em minhas tentativas de acompanhar o compromisso dele. Descobri que ele não tinha interesse crescente nas coisas de Cristo, até onde posso dizer.

Alguns de vocês que têm compartilhado o evangelho de Cristo com outras pessoas têm experimentado ocasiões em que alguém que você levou a Cristo jamais mostra mudança em sua vida. Se você tem-se perguntado por que isso acontece, penso que você achará a resposta nesta lição. Acho que eu não entendia completamente por que isso aconteceu enquanto não compreendi Mateus 19.16-22. Podemos dizer que essa passagem é uma ilustração de outra verdade afirmada claramente em Lucas 14.33. O Senhor disse: *"Todo aquele que dentre vós não renuncia a tudo quanto tem não pode ser meu discípulo"*. Isso é uma verdade inconfundível. A salvação não é necessariamente para pessoas que fazem uma oração ou pensam que precisam de Jesus Cristo; é para pessoas que renunciam tudo. Tem de haver prontidão de abandonar tudo para que a salvação seja genuína.

Olhemos o texto de Mateus. *"Eis que alguém, aproximando-se, lhe perguntou: Mestre, que farei eu de bom, para alcançar a vida eterna? Respondeu-lhe Jesus: Por que me perguntas acerca do que é bom? Bom só existe um. Se queres, porém, entrar na vida, guarda os mandamentos. E ele lhe perguntou: Quais? Respondeu Jesus: Não matarás, não adulterarás, não furtarás, não dirás falso testemunho; honra a teu pai e a tua mãe e amarás o teu*

COMO OBTER A VIDA ETERNA

próximo como a ti mesmo. Replicou-lhe o jovem: Tudo isso tenho observado; que me falta ainda? Disse-lhe Jesus: Se queres ser perfeito, vai, vende os teus bens, dá aos pobres e terás um tesouro no céu; depois, vem e segue-me. Tendo, porém, o jovem ouvido esta palavra, retirou-se triste, por ser dono de muitas propriedades". Jesus apresentou um teste a esse homem: ele tinha de escolher entre seus bens e Jesus Cristo. Visto que se mostrou indisposto a renunciar tudo, ele não se tornou um discípulo de Cristo.

Em Mateus 19.16, lemos que o jovem queria saber como poderia obter a vida eterna. A expressão "vida eterna" é usada cerca de 50 vezes na Escritura. O alvo de toda evangelização é levar as pessoas a procurarem e receberem a vida eterna. João 3.16 diz: *"Porque Deus amou ao mundo de tal maneira que deu o seu Filho unigênito, para que todo o que nele crê não pereça, mas tenha a vida eterna".*

A maior parte de nosso trabalho em evangelizar é levar pessoas ao ponto a que já havia chegado o jovem mencionado em Mateus 19. Muitos de nós pensamos que, quando levamos alguém a dizer: "O que preciso fazer para herdar a vida eterna?", tudo que temos de fazer é dizer: "Creia, assine o cartão de decisão, levante a mão, atenda ao apelo no culto". Quando o jovem rico fez a Jesus a pergunta certa, ele não precisou ser impelido a responder ao evangelho. Ele já estava interessado – assim como o homem jovem que encontrei no avião. No Novo Testamento, essa pergunta foi dirigida várias vezes ao Senhor (por exemplo, João 6.28).

O jovem rico foi um dos casos de evangelização mais cheio de possibilidades no evangelho de Mateus. Ele já estava pronto. Mas, admiravelmente, foi embora sem receber a vida eterna. A razão é simples: não estava disposto a renunciar tudo.

Jesus levantou uma barreira intransponível para o jovem. Em de vez de levá-lo a fazer uma decisão, Jesus o impediu e tornou impossível para ele ser salvo. Ora, que tipo de evangelização é essa? Jesus teria sido reprovado no seminário de evangelização! Ele não sabia como fazer o jovem tomar a decisão. Ele perdeu um grande candidato potencial. Você certamente não desejaria perder um homem como esse!

Hoje existem muitos métodos de evangelização antibíblicos. Nossa atual evangelização de massas, com suas estatísticas baseadas em decisões e sua ênfase em atender ao apelo, está levando todos os tipos de pessoas à ilusão de que são salvas, quando, na realidade, não o são. Essa é a razão por que temos de ir a Mateus 19.16-22 para recebermos sua importante instrução.

SAIBA O QUE VOCÊ QUER

O homem foi a Jesus querendo obter a vida eterna. Ele sabia o que queria; e esse é o ponto em que todos devem começar. Você tem de saber o que está buscando, antes de começar a buscá-lo. Esse homem queria a vida eterna porque sabia que não a possuía.

Mateus nos diz que o homem era jovem (v. 20) e rico (v. 22). Lucas nos diz (Lc 18.18) que ele era um homem de posição (no grego, *arche*), o que era bastante raro para um homem jovem. Como um líder religioso judeu, ele provavelmente seria dedicado e honesto (em termos de seu relacionamento com o judaísmo), rico, importante e influente. Tinha tudo em termos de sua cultura e ambiente religioso. Era admirável que um homem de sua posição fosse até a Jesus e admitisse que não tinha a vida eterna.

O homem não tinha achado a realidade que poderia dar descanso à sua alma. Faltavam-lhe paz, gozo e esperança inabaláveis e permanentes. Ele foi a Jesus com base em sua necessidade sentida. Em seu coração, havia ansiedade e inquietude. Havia um senso de irrealização. Ele sabia o que lhe faltava – a vida eterna. Mas, como ele sabia disso?

Os judeus entendiam o conceito de vida eterna. Visto que a vida é a capacidade de responder ao ambiente, a vida eterna é a capacidade de responder ao ambiente divino – para sempre. Respondemos à vida de Deus. Quando somos salvos, entramos nos lugares celestiais (Ef 1.3). Nossa cidadania assume um caráter divino infindável. Nós nos tornamos vivos para Deus. A vida eterna é mais uma qualidade de existência do que uma quantidade de existência. Eu me torno sensível a Deus; posso responder a ele. Antes de eu ser salvo, estava morto em pecado – totalmente insensível ao ambiente divino. Quando me tornei cristão, tornei-me capaz de responder ao ambiente divino.

Os judeus pensavam na vida eterna como uma característica daqueles que viverão na era por vir. O jovem rico sabia que não tinha a capacidade de responder plenamente ao ambiente divino. Ele não era sensível ao amor, descanso, paz, esperança e alegria de Deus – as coisas que dão segurança de pertencermos a Deus. O jovem sabia que não possuía a vida divina. Sabia que não tinha a vida de Deus em sua alma. Sabia que não andava com Deus e não tinha comunhão com ele. Tinha ido além dos fariseus, que se contentavam com suas meditações e orações para si mesmos. O jovem sabia que não tinha uma qualidade de vida. Espero que entendamos que a vida eterna não é apenas uma extensão de vida, mas também estar vivo para Deus.

A idéia de que a vida eterna é uma extensão de vida tem uma perspectiva diferente no mito grego sobre Aurora, a deusa do amanhecer. Ele ficou apaixonada por Titono, um jovem mortal. Ela não queria que ele morresse; por isso, foi até Zeus, o principal dos deuses gregos. Ela lhe pediu que Titono nunca morresse, e Zeus lhe concedeu o pedido. Mas Aurora esqueceu de pedir que Titono permanecesse sempre jovem. Assim, ele viveu para sempre, mas se tornou cada vez mais velho, até que a vida se constituiu um castigo horrível. Isso não é a vida eterna no sentido bíblico. A vida eterna é o processo de comunhão interminável com o Deus vivo.

O jovem rico sabia o que queria. Quando pregamos ou evangelizamos, nossos esforços precisam ter como alvo conseguir que as pessoas entendam que devem querer a vida eterna.

SINTA UMA NECESSIDADE PROFUNDA

Há pessoas que sabem que não têm a vida eterna, mas sentem qualquer necessidade da vida eterna. Sabem que não estão vivos para Deus e não se importam com isso. Sabem que não sentem a dimensão divina e que não têm segurança da vida por vir, mas não têm qualquer interesse. Não estão suficientemente desesperados para querer o que não têm. O jovem rico estava. Ele sabia o que queria e sentia profunda necessidade disso.

Há um tom de urgência na pergunta do jovem rico: "Mestre, que farei eu de bom, para alcançar a vida eterna?" (v. 16). Depois de afirmar que guardava todos os mandamentos que Jesus lhe dissera deviam ser guardados, ele disse: "Que me falta ainda?" (v. 20). Eu sinto frustração, insatisfação e ansiedade nessa pergunta. A vida do jovem rico havia sido um grande esforço em ser religioso, mas lhe faltava algo.

Esse homem foi uma grande perspectiva de salvação. Sabia que não tinha a vida eterna. Ele a queria urgentemente por causa do vazio em sua vida. Certamente, ele levava uma vida exemplar. Evitava pecados externos. Tinha moral e era religioso. Ele se conformara com os padrões de sua religião. Era um líder aos olhos do povo. Contudo, era insatisfeito porque sabia que não tinha a vida eterna.

BUSQUE DILIGENTEMENTE

Jesus esperou que o homem fosse até ele. Como podemos saber que o jovem rico foi alguém que buscou com diligência?

Tudo que o versículo 16 diz é "alguém, aproximando-se, lhe perguntou". A passagem correspondente em Marcos 10.17 diz: "E, pondo-se Jesus a caminho, correu um homem ao seu encontro". Havia urgência na abordagem do jovem rico. Havia frustração em seu coração. Ele era um homem religioso e tinha integridade. Creio que ele queria paz e regozijo que procedem de conhecermos a Deus. Esses elementos estavam faltando no coração do jovem rico.

Há algo sobre esse homem que precisa ser ressaltado: ele era egocêntrico. Ele foi a Jesus para satisfazer uma necessidade de seu coração. Isso não é um motivo errado; é apenas um motivo incompleto.

Marcos 10.17 indica que o Senhor Jesus estava falando ao longo de uma estrada; e, sem dúvida, uma multidão estava reunida ao redor dele. O jovem rico correu até aquela multidão. Se ele era realmente um chefe da sinagoga, as pessoas da multidão o conheciam certamente, mas ele não se sentiu embaraçado pela confissão pública de não ter a vida eterna. Isso era uma confissão extraordinária da parte de uma pessoa de sua posição.

Marcos acrescenta que o jovem rico ajoelhou-se diante de Jesus. Essa era uma posição de humildade. Ele era um homem de grande integridade, sério, motivado e ansioso. Ele queria tão urgentemente a vida eterna e buscou-a com tanta diligência, que não se importou em perder a reputação com todas as pessoas que já o consideravam um gigante espiritual.

Talvez você pense que aquela foi uma grande oportunidade para ele ser salvo. Ele estava pronto para a salvação. Seria uma grande vitória se um homem como esse fosse salvo. Afinal de contas, precisamos de cristãos ricos e influentes. Ele parecia ser um convertido que não podemos perder.

VÁ À FONTE CERTA

Há muitas pessoas que procuram a vida eterna, mas elas estão procurando no lugar errado. Satanás tem falsas religiões em toda a face do planeta, para que as pessoas procurem a coisa errada. Elas não acharão a vida eterna ali, porém muitas pessoas procuram diligentemente a vida eterna. Esse jovem rico foi à fonte certa.

O apóstolo João disse: "E o testemunho é este: que Deus nos deu a vida eterna; e esta vida está no seu Filho" (1 Jo 5.11). Disse também que Jesus Cristo "é o verdadeiro Deus e a vida eterna" (v. 20). Jesus não é apenas a fonte da vida eterna. Ele é a própria vida eterna.

O jovem rico talvez ouvira falar do poder de Jesus. Sem dúvida, ele tinha ouvido falar dos ensinos de Jesus, pois lhe disse: "Mestre" (no grego, *didaskale*). Ele reconheceu Jesus como um mestre da verdade divina. Marcos 10.17 e Lucas 18.18 indicam que ele chamou Jesus de "bom". Há duas palavras gregas que expressam a idéia de "bom". *Kalos* se refere ao que é bom em forma ou bom no exterior. A palavra usada em Marcos e Lucas é *agathos*, que significa "bom no interior", "bom moralmente" ou "bom em essência". Ele reconheceu Jesus como uma pessoa moralmente boa. Ele sabia que Jesus ensinava a verdade divina e provavelmente conhecia o segredo de obter a vida eterna.

Não acho que o jovem rico sabia que Jesus era Deus. Nem mesmo penso que ele pensava especificamente que Jesus era o Messias, porque se dirigiu a Jesus como um mestre moralmente bom. Creio que ele ficou tão impressionado com o poder do ensino de Jesus e o poder de sua vida, que chegou a pensar que Jesus conhecia o segredo da vida eterna e como ele poderia obtê-la.

Embora o jovem rico não soubesse quem Jesus era no sentido pleno, ele foi indubitavelmente à fonte certa. Atos 4.12 diz:

"E não há salvação em nenhum outro; porque abaixo do céu não existe nenhum outro nome, dado entre os homens, pelo qual importa que sejamos salvos".

FAÇA A PERGUNTA CERTA

Muitas pessoas têm criticado o jovem rico por fazer a pergunta: "Que farei eu de bom", achando que ele fez uma pergunta norteada por obras. Certamente, ele era norteado por obras – havia sido criado no sistema de tradição dos fariseus. Era treinado a pensar que o indivíduo faz coisas religiosas para ganhar o favor de Deus. Mas ainda acho que a pergunta dele foi correta. Não há nada no texto indicando que ele estava enfatizando uma obra específica. O fato é: você tem de fazer algo para obter a vida eterna – você tem de crer em Cristo. Sua vontade estará envolvida. Tem de haver uma resposta. O jovem rico não disse: "Como posso ser mais religioso? Como posso ter mais moralidade? Como posso obter mais auto-respeito?" Ele disse: "Eu quero a vida eterna. O que eu faço para obtê-la?" Não foi uma pergunta cujo alvo era tentar apanhar Jesus. Ele não estava tentando oferecer sua justiça própria como uma solução para ganhar a vida eterna. Apenas fez uma pergunta honesta.

A pergunta do jovem rico nos faz lembrar aquela pergunta que as pessoas fizeram a Jesus noutra ocasião: *"Que faremos para realizar as obras de Deus?"* (Jo 6.28). Esta, sim, foi uma pergunta norteada por obras. Jesus respondeu: *"A obra de Deus é esta: que creiais naquele que por ele foi enviado"* (v. 29). Temos de agir com fé, ativando nossa vontade para crer em Cristo. O jovem rico também perguntou: *"Que farei eu **de bom**?"* (ênfase acrescentada). Ele sabia que tinha de fazer algo genuinamente bom.

CONFESSE SEU PECADO

A resposta de Jesus é admirável. Um evangélico contemporâneo diria: "Apenas creia. Jesus morreu e ressuscitou por você. Se você crê nisso, ore e peça a Jesus que entre em seu coração. Confesse-o como seu Salvador e você será salvo". Mas Jesus não fez isso, de maneira alguma. Ele ergueu uma barreira em frente do jovem e o induziu a uma parada repentina.

"Respondeu-lhe Jesus: Por que me perguntas acerca do que é bom? Bom só existe um. Se queres, porém, entrar na vida, guarda os mandamentos" (Mt 19.17). Jesus estava dizendo: "Por que você me pergunta que coisa boa tem de fazer? Você acha que tenho algum segredo que ninguém mais o tem? Não há ninguém bom, senão Deus, e você sabe o que ele disse. Portanto, se você quer a vida, guarde os mandamentos. Você sabe quais são eles; não precisa me perguntar".

Esse jovem conhecia as coisas boas que estavam escritas na lei de Deus; apenas precisava fazê-las. Somente Deus é bom. Em sua bondade, ele revelou sua vontade. O jovem rico conhecia a revelação e a lei de Deus. Jesus não acrescentou nada a elas. Portanto, tudo que o jovem tinha de fazer era cumprir tudo.

Faltava algo no interesse dessa jovem por Jesus. Ele foi a Jesus buscando a salvação com base em sua necessidade sentida. Estava experimentando ansiedade e frustração e queria experimentar gozo, amor, paz e esperança. Contudo, isso não é razão suficiente para alguém vir a Cristo. Não é errado, é apenas incompleto. Se oferecemos às pessoas felicidade, alegria e paz, teremos muitas pessoas aceitando a oferta. Tudo que precisamos fazer é achar todos aqueles que estão psicologicamente incompletos. Se pudermos oferecer às pessoas as panacéias para as suas ansiedades, por meio de Jesus, elas o aceitarão imediatamente. Mas isso não é um entendimento completo da salvação.

Jesus disse ao jovem rico que a única coisa que ainda não fizera era algo que ele já sabia fazer, ou seja, guardar tudo que Deus havia revelado, em sua Palavra, os homens devem fazer. O jovem rico precisava "guardar os mandamentos". Você diz: "Ninguém pode fazer isso". Está certo. Jesus disse ao jovem rico que guardasse os mandamentos para que ele compreendesse que não os podia guardar. O problema do jovem rico era o seu pecado. E não foi mencionado. Ele não tinha qualquer senso de ofender um Deus santo. Seu desejo por vida eterna estava ocultado em suas próprias ansiedades e necessidades. Ele não tinha qualquer pensamento a respeito da afronta que sua vida tinha sido para um Deus infinitamente santo. Essa compreensão é necessária para entendermos a verdade da salvação.

A única coisa "boa" que Jesus disse que o jovem deveria fazer era guardar a lei de Deus. Não havia mais nada que Jesus podia acrescentar. Deus é bom e tem revelado sua boa vontade, que é a sua lei e que tem de ser cumprida. Você poderia ser salvo se guardasse os mandamentos? Sim, mas você não pode guardá-los. O jovem rico tinha de ser confrontado com o fato de que ele tinha afrontado a Deus.

Você não pode levar pessoas a Jesus simplesmente com base nas necessidades e ansiedades psicológicas ou na falta de paz, esperança, gozo ou felicidade. Elas precisam entender que a salvação é para pessoas que querem renunciar as coisas desta vida e querem voltar-se para Deus. É para aqueles que admitem que têm vivido em afronta e rebelião contra um Deus santo. Eles têm de converter-se, confessar seu pecado e afirmar seu compromisso de viver para a glória de Deus. Tudo que o jovem rico sentiu foi uma necessidade pessoal. Sentiu ansiedade. E sentiu que algo estava faltando em sua vida. Mas isso não era suficiente.

Nosso Senhor mudou o foco do jovem para Deus. Tentou mostrar-lhe que o verdadeiro problema de sua vida era o que ele estava fazendo para afrontar o Deus santo. Quando Jesus disse: "Guarda os mandamentos", ele confrontou a vida do jovem com o padrão divino, para que ele visse que estava aquém desse padrão.

Quando penso naquele tempo que gastei conversando com o rapaz no avião, compreendo que aceitei prontamente o rapaz com base na primeira impressão. Eu o levei a Cristo por suas necessidades psicológicas, sem fazê-lo entender que precisava receber a Cristo para resolver o problema de seu pecado. Quando você compartilha o evangelho com os outros, assegure-se de que compreendam a plena natureza de seu pecado – que o pecado afronta a santa lei de Deus. Toda evangelização tem de colocar o pecador imperfeito diante da perfeita lei de Deus, para que o pecador veja a sua deficiência. Isso é um elemento essencial. A evangelização que lida apenas com as necessidade, sentimentos e problemas do homem não tem verdadeiro equilíbrio. Essa é a razão por que as igrejas estão entupidas de pessoas que não são realmente salvas porque buscaram e ganharam uma afirmação psicológica e não uma redenção transacional. Por que você acha que Paulo gastou os três primeiros capítulos de Romanos afirmando a pecaminosidade do homem, antes de chegar ao assunto da salvação? Porque o pecado do homem é a grande questão.

O jovem rico não tinha senso de estar ofendendo a Deus. Não tinha nenhum remorso. Creio que o remorso precisa anteceder a salvação (cf. Mt 5.4). Um homem tem de manifestar as atitudes que Cristo apresenta nas bem-aventuranças. Tem de implorar a Deus o seu perdão. Precisa ter um senso de humildade. Precisa manifestar um coração que lamenta ser dominado por seu pecado. Mas o jovem rico não tinha isso. Ele queria que suas necessidades psicológicas fossem satisfeitas e pronto. Nesta passagem bíblica, não o vejo sentir remorso por seu pecado. Não o vejo entristecido por estar ofendendo a Deus. Não o vejo consciente de seu pecado. Você não deve abordar as pessoas com base no fato de que Cristo satisfará as necessidades psicológicas delas.

Isso pode parecer heresia, mas você sabia que Deus não tem um plano maravilhoso para a sua vida? A menos que você considere o tormento eterno como um plano maravilhoso. Ele tem um plano horrível para aqueles que não conhecem a Cristo. Quando compartilhamos o evangelho com as pessoas, talvez devamos dizer-lhes: "Você sabe que Deus ama você e tem um plano horrível para sua vida?" Temos de abordar o problema do pecado. O Antigo Testamento diz: *"Deus é justo juiz, Deus que sente indignação todos os dias"* (Sl 7.11). Um Deus santo, bom e puro não pode tolerar o mal. Por isso, Jesus afirmou o que tem de ser afirmado sempre – há uma lei divina que tem de ser guardada. Se você a transgride, está sob o julgamento de Deus.

Cristo ergueu uma barreira diante do jovem rico, por explicar que suas razões para querer a vida eterna eram incompletas. Ele tinha de ver a si mesmo como alguém que vivia em transgressão da lei de Deus e estar disposto a mudar.

O jovem rico respondeu à ordem de Jesus dizendo: "Quais?" Ele queria saber que leis precisava guardar. Então, o Senhor citou cinco dos últimos dos Dez Mandamentos: *"Não matarás, não adulterarás, não furtarás, não dirás falso testemunho; honra a teu pai e a tua mãe"* (Mt 19.18-10). E acrescentou: "Amarás o teu próximo como a ti mesmo", que procede do livro de Levítico (19.18).

Os Dez Mandamentos são divididos em duas partes. Os primeiros quatro mandamentos tratam de nosso relacionamento com Deus, os seis seguintes tratam de nosso relacionamento com o homem. Jesus apresentou ao jovem rico o segundo grupo de mandamentos, que, falando relativamente, são mais fáceis de guardar. Certamente, todos os mandamentos são impossíveis de guardar, mas o segundo grupo é menos impossível. Você sabe que não tem amado a Deus da maneira como deveria e que não tem sido, sempre, totalmente honesto diante dele, mas, pelo menos, você pode dizer: "Nunca matei ninguém. Nunca roubei ninguém. Nunca cometi adultério com alguém. Nunca menti para ninguém. Sempre tento honrar meu pai e minha mãe". Assim, Cristo oferece ao jovem rico o benefício da dúvida e lhe apresenta o grupo mais fácil dos impossíveis. Em seguida, Cristo acrescenta um mandamento final, apenas para tornar a situação mais difícil: *"Amarás o teu próximo como a ti mesmo"* (v. 19). Jesus colocou a vida daquele jovem diante dos Dez Mandamentos, incluindo Levítico 19.18, para que ele entendesse que estava transgredindo a lei de Deus. O pecado contra a lei de Deus é a grande questão na salvação, e não necessidade psicológica ou desejo religioso.

Você não pode pregar a graça se não prega a lei, porque uma pessoa não pode entender o que a graça significa se não entende o que a lei exige. Ninguém pode entender a misericórdia se não entende a culpa. Você não pode pregar o evangelho da graça se não tem pregado a mensagem da lei. E foi isso que Jesus fez ao jovem rico – ele o prendeu aos mandamentos de Deus. Jesus queria que o jovem admitisse que estava aquém do padrão de Deus. Queria que ele entendesse que precisava acertar a sua situação com o Deus santo, e não somente ter satisfeitas as suas necessidades psicológicas.

A resposta do jovem rico é incrível: "Tudo isso tenho observado; que me falta ainda?" (v. 20). Talvez ele nunca havia matado alguém, cometido adultério, roubado alguma coisa ou mentido. Talvez pensasse que honrava seu pai e sua mãe. Talvez fazia essas coisas baseado em seu conceito exterior de comportamento justo. Mas, quando Jesus o confrontou com um mandamento interno, como amar seu próximo como a si mesmo, ele estava apenas enganando a si mesmo quando disse que guardava todos os mandamentos. Sabemos que ele não estava falando a verdade, porque ele havia transgredido, pelo menos, o mandamento de não dar falso testemunho. Mas a maioria dos judeus havia exteriorizado de tal maneira a lei, que nunca abordavam o coração.

Em Mateus 5.21-37, Jesus internalizou a lei com afirmações como estas: "Sei que você pensam que não matam, mas, quando odeiam alguém, cometem assassinato no coração. Sei que vocês pensam que não cometem adultério, mas, quando vocês olham para uma mulher com lascívia, cometeram adultério no coração. Quando vocês se divorciam da esposa sem bases bíblicas, também cometem adultério. Sei que vocês dizem que não mentem, mas vocês mentem por meio dos juramentos falsos que fazem".

Jesus confrontou as pessoas em todo o discurso registrado em Mateus 5. Elas talvez parecessem boas no exterior, mas no interior eram cheias de mal. Os Dez Mandamentos são padrões de comportamentos externos que indicam atitudes corretas. Não basta evitar matar alguém; você também não deve odiar a pessoa. Não basta evitar cometer adultério; você não deve nem querer fazê-lo. O jovem rico não entendia o caráter interno da lei de Deus. Entendia apenas as exigências externas. Ele acreditava guardar externamente todos os mandamentos.

O que é admirável é que ele fez sua confissão de retidão na presença de todas as pessoas. Ele acreditava que as pessoas confirmariam a sua retidão. E esse era o seu problema. Ele não tinha um senso de ter transgredido a lei de Deus, de maneira alguma. Jesus não podia aceitá-lo nesses termos – e teve de fazê-lo ver seu pecado. Walter Chantry, no livro *O Evangelho de Hoje: Autêntico ou Sintético?*, diz o seguinte: "Quando você notar os homens feridos pela Lei, está na hora de derramar sobre eles o bálsamo do evangelho. É a agulha pontiaguda da Lei que abre o caminho para a linha avermelhada do evangelho. Você tem de feri-los antes de poder costurá-los" (São José dos Campos, SP: Fiel, 2001, p. 34-35).

O jovem rico não pensava que tinha um problema com o pecado. Com essa atitude ele não podia ser salvo. Ele não entendia o significado da salvação – que um pecador se chega a Deus e pede perdão. Se você não acha que tem pecado, não pode ser salvo.

Ele buscou diligentemente a vida eterna. Por isso, quando fez a pergunta certa, Jesus o confrontou com seu pecado, mas ele não quis confessá-lo. A confissão de pecado e o arrependimento são essenciais na salvação. Nosso Senhor ilustrou isso para nós. O jovem rico não compreendeu o âmago da lei de Deus. Ele a havia exteriorizado, falhando em entender que a lei era somente uma indicação de como Deus queria que o coração fosse.

O jovem rico disse: *"Que me falta ainda?"* (v. 20). Em sua opinião, ele tentava guardar os mandamentos e estava convencido de que fazia isso. Essa é a maneira como a justiça própria opera. Ela é auto-enganadora. O homem acreditava que era justo. Acreditava que guardava a lei. Essa foi a razão por que ele não pôde descobrir o que ainda lhe faltava. Não tinha qualquer idéia de que estava aquém da lei de Deus.

Marcos 10.21 diz: *"Jesus, fitando-o, o amou"*. Esse jovem era sincero e genuíno, e Jesus o amou. Ele não quer que alguém pereça (2Pe 3.9). O Senhor estava prestes a morrer pelos pecados daqueles que creriam e anelou pela salvação da alma desse jovem. No entanto, Jesus não quis aceitá-lo nos termos dele. O jovem rico precisava entender sua completa pecaminosidade.

Tem de haver confissão e arrependimento para que a vida eterna seja obtida. Elas são obras do Espírito Santo, e não uma obra humana anterior à salvação. Somos dependentes do Espírito Santo quanto à compreensão de que temos ofendido o Deus santo. Jesus não aceitaria esse jovem sem que ele confessasse seus pecados e entendesse que tinha de abandoná-los.

SUBMETA-SE AO SENHOR

Jesus deu um passo além para esse jovem. Jesus disse: *"Se queres ser perfeito, vai, vende os teus bens, dá aos pobres e terás um tesouro no céu; depois, vem e segue-me"* (v. 21). O jovem rico dissera que amava seu próximo como a si mesmo, por isso Jesus lhe disse que desse tudo que tinha ao seu próximo, como prova de seu amor. Jesus colocou diante dele um teste pré-salvação. Jesus estava dizendo: "Você vai fazer o que eu quero que você faça? Quem governa a sua vida? Você ou eu?" Ele dá ao jovem rico uma ordem. Creio que a verdadeira salvação inclui a submissão para obedecer ao Senhor.

Não creio que uma pessoa que vem a Cristo tem um pleno entendimento de tudo que a submissão ao senhorio de Cristo significa. Mas creio que o Senhor quer que a pessoa esteja disposta a confessar e submeter-se. Depois, Cristo revelará a plenitude do que essas coisas significam.

Jesus confrontou o pecado de avareza do jovem rico. Era um pecado de auto-satisfação e materialismo. Ele era indiferente às pessoas pobres e necessitadas. Por isso, Jesus lhe deu um teste crucial: obedeceria ele o senhorio de Cristo?

Você tem de abandonar tudo que tem para ser um cristão? Não. O Senhor não pediu isso de outras pessoas. Mas, você tem de estar pronto a fazer tudo que o Senhor pede? Sim. E o que ele pede depende da pessoa a quem ele está pedindo. Neste caso, o Senhor isolou o principal problema na vida desse jovem. Jesus nos leva ao princípio afirmado em Lucas 14.33: *"Todo aquele que dentre vós não renuncia a tudo quanto tem não pode ser meu discípulo"*. Então, Jesus perguntou ao jovem rico: "Você está disposto a fazer o que eu lhe digo? Estou lhe pedindo que se livre de tudo que possui!" Ele sabia o que era mais importante para aquele jovem. A coisa mais importante para outras pessoas pode ser uma mulher, uma carreira ou certo pecado no qual elas querem deleitar-se. Mas, no caso desse jovem, a coisa mais importante era seu dinheiro e seus bens. E o Senhor queria que ele se mostrasse disposto a renunciá-los.

A prontidão para renunciar o que temos me lembra a história de um escravo e seu senhor. Um dia o senhor perguntou: "Como posso ter o que você tem?" O escravo disse: "Ponha a sua túnica branca, desça aqui, no barro, e trabalhar conosco, escravos". O senhor replicou: "Eu nunca farei isso. Por que tenho de fazer isso para ser um cristão?" O escravo lhe respondeu: "Estou apenas lhe dizendo que você tem de fazer isso". O senhor retornou várias vezes fazendo a mesma pergunta e recebendo a mesma resposta. Por fim, o senhor disse: "Estou disposto a fazer isso porque desejo ter o que você tem". E o escravo lhe respondeu: "Que bom! Você não tem de fazer isso. Tem apenas de estar disposto a fazer isso". Jesus expôs o âmago da existência do jovem rico. Estava dizendo-lhe: "A menos que eu seja a prioridade número um de sua vida, não haverá salvação para você".

A salvação exige duas coisas: reconhecer sua ofensa para com Deus, abandonar as suas prioridades presentes e seguir os mandamentos de Cristo, embora isso lhe custe as coisas mais queridas. A salvação é um compromisso de abandonar o pecado e seguir a Jesus Cristo – a todo custo. Se você não está disposto a ser salvo nesses termos, Jesus não o receberá.

A fé que não salva oferece aos homens algum alívio psicológico para as ansiedades deles, mas não exige o abandonar o pecado e uma afirmação do senhorio de Cristo. Em Mateus 13.44-46, há duas parábolas: a parábola do tesouro escondido e a parábola da pérola de grande valor. Creio que ambas se referem à salvação que é oferecida no reino. Um homem vendeu tudo que tinha para comprar o campo e possuir o tesouro. Outro homem vendeu tudo que tinha para comprar a pérola. O que eles queriam custou tudo que possuíam. Vir a Jesus Cristo significa aceitá-lo como o supremo Senhor de nossa vida. Ele se torna nossa primeira prioridade. Não penso que as pessoas entendem todas as implicações do senhorio de Cristo no momento em que são salvas, mas penso realmente que a salvação envolve um compromisso com o senhorio de Cristo. Essa é a razão por que Romanos 10.9 afirma: *"Se, com a tua boca, confessares Jesus como* **Senhor** *e, em teu coração, creres que Deus o ressuscitou dentre os mortos, serás salvo"* (ênfase acrescentada). Há um preço pela salvação – ela custa tudo que você possui.

O jovem rico recebeu um teste porque se apegava a tudo que possuía. Qual foi a reação dele? Mateus 19.22 diz: *"Tendo, porém, o jovem ouvido esta palavra, retirou-se triste, por ser dono de muitas propriedades"*. Por que ele se retirou? Suas propriedades eram mais importantes para ele do que Cristo. Ele não podia receber a salvação nesses termos.

Por que Mateus indica que o jovem rico se retirou triste? Havia alguma sinceridade em seu coração. Ele queria realmente a vida eterna; só não estava disposto a pagar o preço.

Na Escritura, há um exemplo de um homem que reagiu de modo oposto. Lucas 19.1-6 diz: *"Entrando em Jericó, atravessava Jesus a cidade. Eis que um homem, chamado Zaqueu, maioral dos publicanos e rico, procurava ver quem era Jesus, mas não podia, por causa da multidão, por ser ele de pequena estatura. Então, correndo adiante, subiu a um sicômoro a fim de vê-lo, porque por ali havia de passar. Quando Jesus chegou àquele lugar, olhando para cima, disse-lhe: Zaqueu, desce depressa, pois me convém ficar hoje em tua casa. Ele desceu a toda a pressa e o recebeu com alegria"*. Por quê? Ele também buscava a vida eterna. Os coletores de impostos não perdem sua dignidade por subirem em árvores para ver uma multidão passando, mas Zaqueu fez isso porque era um verdadeiro interessado na vida eterna.

Os versículos 7 e 8 registram o que aconteceu como resultado daquela visita de Cristo: *"Todos os que viram isto murmuravam, dizendo que ele se hospedara com homem pecador. Entrementes, Zaqueu se levantou e disse ao Senhor: Senhor, resolvo dar aos pobres a metade dos meus bens; e, se nalguma coisa tenho defraudado alguém, restituo quatro vezes mais"*. Ele sabia que estivera fazendo o mal e precisava acerta sua vida. Compreendeu que tinha de devolver em 400% tudo que extorquira dos pobres. Isso é, certamente, o oposto da atitude do jovem rico. Jesus disse: *"Hoje, houve salvação nesta casa, pois que também este é filho de Abraão"* (v. 9). Zaqueu se tornou um verdadeiro judeu. Por que a salvação o alcançou? Porque ele pôde pensar em quão grande pecador ele era. Zaqueu queria devolver todas as coisas que tomara injustamente, mais a metade de tudo que ele tinha. Portanto, Jesus disse: *"O Filho do Homem veio buscar e salvar o perdido"* (v. 10).

A história do jovem rico, narrada em Mateus 19, é uma história triste. Ele não se mostrou disposto a fazer o mesmo compromisso que Zaqueu fez. O Senhor lhe mostrou que ele era um pecador, por avaliá-lo à luz da lei de Deus, mas ele se recusou a ver o seu pecado. O Senhor lhe deu uma ordem e lhe pediu que o seguisse, mas o jovem rico não quis fazer ambas as coisas. Ele não podia receber a salvação porque não estava disposto a deixar o seu pecado e afirmar o senhorio de Jesus Cristo em sua vida. Repito o que Mateus disse: *"Tendo, porém, o jovem ouvido esta palavra, retirou-se triste, por ser dono de muitas propriedades"* (Mt 19.22). Ele foi até Jesus em busca da vida eterna e retirou-se sem a vida eterna.

6

O PROPÓSITO DAS PROVAÇÕES

Escrituras Selecionadas
8 de junho de 1986

Este tem sido um sermão perenemente popular durante as duas últimas décadas. John MacArthur, ainda no primeiro ano de presidência no The Master's College, estava envolvido no processo de fundar o The Master's Seminary, que abriria oficialmente no segundo semestre desse ano. Apesar das inúmeras atividades que ele cumpria como presidente das duas instituições de ensino, John prosseguiu em seu ministério de pregação com o mesmo vigor de sempre. Tendo acabado recentemente sua série de sermões de domingo à noite sobre Romanos, ele começou uma série sobre a epístola de Tiago em 11 de maio desse ano. Esta mensagem, pregada um mês depois, foi o quinto sermão dessa nova série. A série completa tomou um ano e meio (34 mensagens) para ser concluída, abrangendo quase 300 páginas no volume sobre Tiago no Comentário de John MacArthur sobre o Novo Testamento.

A semana anterior à pregação deste sermão foi a semana de abertura oficial da época de furacões no Atlântico, em 1986. Tempestades haviam assolado o Texas e toda a costa leste durante a semana, prenun-

ciando coisas horríveis. Mas 1986 acabou sendo a primeira época em quase 15 anos a não ter grandes furacões. Foi uma ilustração da vida real e apropriada das verdades apresentadas neste sermão.

Passar por qualquer provação na vida pode ser uma experiência cheia de alegria para um cristão, se a sua perspectiva for correta. Imagine a pior provação que você poderia enfrentar. Talvez para alguns ela fosse uma crise financeira, acompanhada pela perda das economias da pessoa. Para outros, a perda de um emprego, resultando na perda da dignidade de ser capaz de sustentar a família. Talvez pudesse ser o anúncio de uma série de doenças na família, um acidente de carro fatal ou a manifestação do mal na forma de estupro, assassinato ou roubo. Esses eventos trágicos tocam as nossas famílias, bem como a nós, de uma maneira ou de outra.

O livro de Jó nos lembra que a aflição é inevitável: *"O homem nasce para o enfado, como as faíscas das brasas voam para cima"* (5.7). Aqueles que tentam criar um mundo fictício em que tudo é perfeito, predispõem-se para tristeza profunda. Infelizmente, a previsão de tristeza e aflição traz melancolia às nossas maiores alegrias. Talvez seja por essa razão que a Escritura nos mostra Jesus chorando, mas nem uma vez sorrindo. Talvez, ele tenha sorrido em algum momento, mas acho que a felicidade de Jesus foi contrabalançada por sua intensa tristeza pelo pecado.

Todos nós, em um grau ou em outro, teremos de nos deparar com a agonia em algum momento de nossa vida. Por isso, precisamos entender como enfrentar isso. Jó enfrentou as mais severas aflições imagináveis. Ele perdeu os filhos e seus animais; seu corpo foi afligido por furúnculos dolorosos. E, pior ainda, ele foi deixado com uma esposa que não lhe mostrou qualquer simpatia.

Mas, em minha opinião, Abraão foi a pessoa que teve de enfrentar a mais severa provação que qualquer ser humano poderia enfrentar. Gênesis 22 descreve o teste inimaginável que Deus colocou diante de Abraão. Creio que podemos aprender muito do exemplo de Abraão. *"Depois dessas coisas, pôs Deus Abraão à prova e lhe disse: Abraão! Este lhe respondeu: Eis-me aqui! Acrescentou Deus: Toma teu filho, teu único filho, Isaque, a quem amas, e vai-te à terra de Moriá; oferece-o ali em holocausto, sobre um dos montes, que eu te mostrarei"* (vv. 1-2).

O pedido não se harmonizava com a teologia de Abraão. Na aliança de Deus, não havia nenhuma história de sacrifício humano. Isso era uma prática pagã. Nenhum filho de Deus ofereceria seu descendente em sacrifício. Além disso, Isaque era o filho da promessa. Deus havia tocado o corpo de Abraão e de Sara, capacitando-os a produzir um filho que seria uma parte integral no cumprimento da aliança de Deus com Abraão.

Por que Deus exigiria um sacrifício humano, visto que nunca o exigira antes? Fazer isso seria a antítese de tudo que Abraão sabia ser verdadeiro sobre Deus. Por que Deus agiria miraculosamente para capacitar uma mulher estéril a gerar um filho que mais tarde ele pediria que fosse morto? Por que Deus faria uma promessa a Abraão, de que ele seria pai de muitas nações (Gn 12.1-3), e, depois, mataria o único filho que ele tinha? Toda a idéia era bizarra. Toda a esperança de descendência e da promessa morreria? E isso aniquilaria a fidelidade pactual de Deus.

O que torna isso a mais severa provação não é o fato de que Isaque morreria, e sim de que Abraão o mataria com sua própria mão. Uma coisa é aquele que você ama morrer; outra coisa é alguém dizer-

-lhe que você deve matar a pessoa amada. Se há alguma coisa que Deus já pediu que mereceria uma argumentação ampla, essa coisa seria o sacrifício de Isaque. Podemos esperar que Abraão dissesse: "Isso não faz sentido. Não posso fazer isso. O Senhor poderia se explicar?".

Eis o que aconteceu: *"Levantou-se, pois, Abraão de madrugada e, tendo preparado o seu jumento, tomou consigo dois dos seus servos e a Isaque, seu filho; rachou lenha para o holocausto e foi para o lugar que Deus lhe havia indicado. Ao terceiro dia, erguendo Abraão os olhos, viu o lugar de longe. Então, disse a seus servos: Esperai aqui, com o jumento; eu e o rapaz iremos até lá e, havendo adorado, voltaremos para junto de vós. Tomou Abraão a lenha do holocausto e a colocou sobre Isaque, seu filho; ele, porém, levava nas mãos o fogo e o cutelo. Assim, caminhavam ambos juntos. Quando Isaque disse a Abraão, seu pai: Meu pai! Respondeu Abraão: Eis-me aqui, meu filho! Perguntou-lhe Isaque: Eis o fogo e a lenha, mas onde está o cordeiro para o holocausto? Respondeu Abraão: Deus proverá para si, meu filho, o cordeiro para o holocausto; e seguiam ambos juntos"* (vv. 3-8).

Abraão, sem questionar a Deus ou argumentar com ele, obedeceu imediatamente ao que Deus lhe havia pedido. Demonstrou fé admirável em dizer aos seus servos que tanto ele como o filho retornariam, e em dizer, com confiança, ao seu filho, que Deus proveria para si o sacrifício. Creio que Abraão sabia, no fundo de seu coração, que Deus tinha em mente algo que era coerente com seu caráter e sua aliança.

"Chegaram ao lugar que Deus lhe havia designado; ali edificou Abraão um altar, sobre ele dispôs a lenha, amarrou Isaque, seu filho, e o deitou no altar, em cima da lenha; e, estendendo a mão, tomou o cutelo para imolar o filho" (vv. 9-10).

Que fé inacreditável! Agora, você entende a natureza da fé que Deus atribui como justiça (Gn 15.6) e por que Paulo identificou Abraão como o pai dos fiéis (Rm 4.11-12). À exceção de Cristo, Abraão é o nosso maior exemplo de confiança em Deus. Ele é a síntese de submissão e de obediência à vontade de Deus, a qualquer custo. Deus honrou isso, como mostram os versículos seguintes.

"Mas do céu lhe bradou o Anjo do SENHOR: Abraão! Abraão! Ele respondeu: Eis-me aqui! Então, lhe disse: Não estendas a mão sobre o rapaz e nada lhe faças; pois agora sei que temes a Deus, porquanto não me negaste o filho, o teu único filho" (vv. 11-12).

Isso foi um teste para determinar se Abraão obedeceria a Deus, e Abraão foi aprovado. Esse relato nos mostra que podemos ser testados nas coisas mais íntimas e mais queridas para nós. Podemos ter de oferecer nossos próprios Isaques – aqueles que mais amamos – e dar-lhes ao Senhor. Revelamos nossa fé por deixá-los ir da maneira como Deus quer que eles vão, e não necessariamente da maneira como desejamos que vão. Havendo-se mostrado disposto a entregar Isaque, não importando quão precioso ele fosse, Abraão revelou que não era possessivo. Ele entregou Isaque à vontade de Deus, porque estava pronto a fazer qualquer coisa que Deus lhe pedisse que fizesse.

Todos nós enfrentamos muitas provações na vida, mas não posso imaginar experimentar uma provação como essa que Abraão experimentou. Sua obediência demandou grande quantidade de auto-renúncia e, por isso, foi do mais alto grau de excelência. Abraão passou no teste. Isso foi confirmado quando o anjo do SENHOR disse: *"Agora sei que temes a Deus"* (v. 12). Abraão honrou a Deus no custo mais elevado.

O comentário sobre essa provação de Abraão é dado em Hebreus 11. Neste capítulo de Hebreus, aprendemos o que capacitou Abraão a passar por esse teste: *"Pela fé, Abraão, quando posto à prova, ofereceu Isaque; estava mesmo para sacrificar o seu unigênito aquele que acolheu alegremente as promessas, a quem se tinha dito: Em Isaque será chamada a tua descendência; porque considerou que Deus era poderoso até para ressuscitá-lo dentre os mortos"* (vv. 17-19). Abraão mostrou disposição de obedecer a Deus porque acreditava que Deus poderia ressuscitar os mortos, embora, antes, nunca tivesse visto mortos sendo ressuscitados para a vida. Abraão acreditava que Deus era tão fiel à sua Palavra e caráter que, se fizera uma promessa, ele ressuscitaria um morto para cumpri-la.

Essa história de Abraão nos diz que um homem pode atravessar a provação mais severa da vida se ele realmente confia em Deus, crendo que ele cumprirá sua promessa e realizará seus propósitos sem cometer erros. É surpreendente que Abraão seja o maior exemplo humano de fé? Gálatas 3 diz: *"Sabei, pois, que os da fé é que são filhos de Abraão. De modo que os da fé são abençoados com o crente Abraão"* (vv. 7-9). Todo aquele que vive pela fé em Deus é, em um sentido espiritual, filho de Abraão. Ele é o pai de todos os que creem.

Temos de compreender que Deus nos permitirá passar por testes, e o que deve nos sustentar em meio a essas provações é a nossa confiança em Deus e no fato que ele está operando todas as coisas para cumprir seus propósitos santos (Rm 8.28). Sei que todos nós sonhamos com um ambiente perfeito, de conforto e tranquilidade. Embora qualquer descanso temporário das provações nos leve a pensar que podemos achar isenção permanente delas, nossa vida na terra nunca será livre de provações. Davi refletiu essa verdade quando disse: *"Quanto a mim, dizia eu na minha prosperidade: jamais serei abalado"* (Sl 30.6). Podemos viver num paraíso de tolo, nunca prevendo qualquer aflição e predizendo um futuro de tranquilidade, mas isso é fantasia. Cristo advertiu seus discípulos e todos que seguem seus passos a esperarem aflições nesta vida (Jo 15.18-16.4, 33).

O puritano Thomas Manton comentou, certa vez, que Deus tinha um único Filho sem pecado, mas não tinha nenhum filho sem uma cruz. Sendo cristãos, podemos estar certos de que teremos provações. Salmos 23.4 afirma: *"Ainda que eu ande pelo vale da sombra da morte, não temerei mal nenhum, porque tu estás comigo"*. Essa é a nossa confiança – teremos vitória sobre as provações por meio da presença de Deus.

As provações virão, mas a graça de Deus nos encontrará em nosso tempo de necessidade. As provações virão para cumprir vários propósitos.

AS PROVAÇÕES TESTAM O VIGOR DE NOSSA FÉ

Em 2 Crônicas 32.31, há uma grande ilustração de como as provações testam o vigor da fé de um crente: *"Deus o desamparou, para prová-lo e fazê-lo conhecer tudo o que lhe estava no coração"*. Deus não precisava saber por meio de um teste o que estava no coração de Ezequias – Deus já sabia por onisciência. Deus nos testa para que nós mesmos o saibamos. Ele nos assiste em fazermos um inventário espiritual de nós mesmos, por trazer provações à nossa vida para demonstrar a força ou a fraqueza de nossa fé. Se neste momento você está experimentando uma provação, mas está protestando contra Deus e se perguntando por que tal provação está acontecendo, isso é uma boa indicação de que a sua fé é frágil. Se, por outro lado, você está descansando e se regozijando no Senhor, havendo entregue a provação aos cuidados do Senhor, você tem uma fé forte.

Devemos ser agradecidos por nossas provações porque elas nos ajudam a examinar a nossa fé. Isso é bastante proveitoso porque, quanto mais forte for a nossa fé, tanto mais úteis talvez seremos para Deus.

Quando Habacuque encarou a ameaça da vinda dos caldeus e da destruição de seu povo, ele pôde, apesar disso, regozijar-se no

Senhor: *"Ainda que a figueira não floresça, nem haja fruto na vide; o produto da oliveira minta, e os campos não produzam mantimento; as ovelhas sejam arrebatadas do aprisco, e nos currais não haja gado, todavia, eu me alegro no* SENHOR, *exulto no Deus da minha salvação. O* SENHOR *Deus é a minha fortaleza, e faz os meus pés como os da corça, e me faz andar altaneiramente. Ao mestre de canto. Para instrumentos de cordas"* (Hc 3.17-19). Em meio ao insolúvel mistério de por que Deus permite que o ímpio continue a existir, o profeta reconheceu a soberania e a sabedoria de Deus e foi fortalecido por isso.

Como resultado de sua provação, Jó admitiu diante de Deus: *"Eu te conhecia só de ouvir, mas agora os meus olhos te veem. Por isso, me abomino e me arrependo no pó e na cinza"* (42.5-6). Jó confessou seu pecado de questionar a sabedoria e a soberania de Deus, quando as provações que ele experimentou expuseram a fraqueza de sua fé.

AS PROVAÇÕES NOS HUMILHAM

As provações nos lembram que não devemos pensar que nosso vigor espiritual é muito elevado. Isso é ilustrado no testemunho de Paulo em 2 Coríntios 12.7: *"E, para que não me ensoberbecesse com a grandeza das revelações, foi-me posto um espinho na carne, mensageiro de Satanás, para me esbofetear, a fim de que não me exalte"*. Deus concedera a Paulo o poder de realizar milagres e revelar nova verdade. Esses dons singulares podiam ter levado Paulo a ser orgulhoso. Deus usou aquela provação para levar Paulo a depender humildemente dele. Deus permite as provações em nossa vida para nos manter humildes – especialmente quando somos abençoados por estarmos uma posição de serviço espiritual. As provações podem impedir que nos tornemos demasiadamente confiantes em nosso vigor espiritual.

AS PROVAÇÕES NOS DESAPEGAM DAS COISAS MUNDANAS

Quanto mais vivemos, tanto mais acumulamos – mais móveis, mais carros, mais investimentos – e podemos experimentar mais sucesso e mais oportunidade de viajar. Mas, apesar do aumento dos bens e prazeres mundanos, essas coisas tendem a produzir um efeito cada vez menos significativo na vida dos cristãos. Houve um tempo em que você pensava que essas coisas eram desejáveis, mas agora você compreende que elas são incapazes de resolver as ansiedades, as mágoas e os profundos problemas da vida.

Quando as provações chegam à sua vida, e você busca as coisas mundanas, percebe que elas não fazem diferença – significam totalmente nada. Portanto, as provações podem desapegar você das coisas mundanas, quando estas demonstram sua total incapacidade de solucionar qualquer problema ou prover qualquer ajuda em um tempo de estresse.

Em João 6, lemos que Jesus, *"erguendo os olhos e vendo que grande multidão vinha ter com ele, disse a Filipe: Onde compraremos pães para lhes dar a comer? Mas dizia isto para o experimentar; porque ele bem sabia o que estava para fazer"*. A resposta de Filipe foi dada com base em um ponto de vista mundano, pois comentou que ele e os outros discípulos não tinham dinheiro suficiente para alimentar aquela multidão (v. 7). Jesus queria descobrir se Filipe olhava para os recursos do mundo ou para ele, a fim de obter a solução. Uma vez que foi determinada a incapacidade dos discípulos para satisfazer aquela necessidade, Jesus prosseguiu e demonstrou seu poder miraculoso, levando-os a uma fé maior nele.

Moisés fora criado na casa de Faraó, como um príncipe do Egito. Como parte da família real, ele teve a melhor educação e atingiu o ápice da sociedade egípcia em termos de riqueza, honra e conforto. Entretanto, Hebreus 11.26 nos diz que ele considerou os sacrifícios feitos para se identificar com os propósitos de Deus como *"maiores riquezas do que os tesouros do Egito"*. Moises havia tirado os seus olhos de todas as coisas mundanas disponíveis para ele e começado a se preocupar com as provações de seu povo, as quais Deus usou para desprendê-lo dos prazeres passageiros.

AS PROVAÇÕES NOS CHAMAM À ESPERANÇA ETERNA

As provações de minha vida aumentam a minha expectativa pelo céu. Assim como as provações criam um desinteresse crescente para com o mundo passageiro, assim também elas criam um desejo maior, por exemplo, de sermos reunidos com um amado que partiu para estar com o Senhor. Se a pessoa mais preciosa em sua vida já está na presença de nosso precioso Salvador, e se você tem investido tempo e dinheiro nas coisas eternas, você não terá muito a prendê-lo a este mundo efêmero.

Em Romanos 8, Paulo disse: *"O próprio Espírito testifica com o nosso espírito que somos filhos de Deus. Ora, se somos filhos, somos também herdeiros, herdeiros de Deus e co-herdeiros com Cristo; se com ele sofremos, também com ele seremos glorificados. Porque para mim tenho por certo que os sofrimentos do tempo presente não podem ser comparados com a glória a ser revelada em nós. A ardente expectativa da criação aguarda a revelação dos filhos de Deus... Também nós, que temos as primícias do Espírito, igualmente gememos em nosso íntimo, aguardando a adoção de filhos, a redenção do nosso corpo. Porque, na esperança, fomos salvos. Ora, esperança que se vê não é esperança; pois o que alguém vê, como o espera?"* (vv. 16-19, 23-24).

As provações colocam nossas afeições nas coisas do alto – nas verdades e nas realidades divinas. Era isso que Paulo estava querendo dizer quando falou: *"Por isso, não desanimamos; pelo contrário, mesmo que o nosso homem exterior se corrompa, contudo, o nosso homem interior se renova de dia em dia. Porque a nossa leve e momentânea tribulação produz para nós eterno peso de glória, acima de toda comparação, não atentando nós nas coisas que se veem, mas nas que se não veem; porque as que se veem são temporais, e as que se não veem são eternas"* (2Co 4.16-18). As provações nos dão maior afeição pelo que é eterno. Elas nos ajudam a anelar pela cidade eterna do céu.

Talvez você pergunte como Paulo obteve esse tipo de atitude. Nos versículos 8 a 10, ele disse: *"Em tudo somos atribulados... perplexos... perseguidos... abatidos... levando sempre no corpo o morrer de Jesus"*. Paulo passava por muitas aflições, não nos surpreende o fato de que ele não gostava do mundo e preferia estar na glória.

AS PROVAÇÕES REVELAM O QUE REALMENTE AMAMOS

À exceção de Deus, nada era mais querido para Abraão do que seu filho, Isaque. Mas este foi o teste: descobrir se Abraão amava Isaque mais do que a Deus. As provações testam nosso amor a Deus pela maneira como reagimos a elas. Se amamos supremamente a Deus, nós lhe agradeceremos pelo que está realizando por meio das provações. Mas, se amamos a nós mesmos mais do que a Deus, questionaremos a sabedoria de Deus e ficaremos inquietos e amargurados. Se, para nós, alguma coisa é mais querida do que Deus, ele tem de removê-la para crescermos espiritualmente.

Em Deuteronômio 13.3, Moisés advertiu os israelitas quanto a seguirem falsos profetas, dizendo: *"Não ouvirás as pa-*

lavras desse profeta ou sonhador; porquanto o SENHOR, *vosso Deus, vos prova, para saber se amais o* SENHOR, *vosso Deus, de todo o vosso coração e de toda a vossa alma".* O Senhor nos prova para ver se o amamos verdadeiramente, se o amamos tanto quanto afirmamos.

Jesus disse: *"Se alguém vem a mim e não aborrece a seu pai, e mãe, e mulher, e filhos, e irmãos, e irmãs e ainda a sua própria vida, não pode ser meu discípulo. E qualquer que não tomar a sua cruz e vier após mim não pode ser meu discípulo"* (Lc 14.26-27). Ele não estava dizendo que devemos odiar as pessoas. Pelo contrário, ele queria dizer que, se você não ama a Deus a ponto de separar-se prontamente, se necessário, de seu pai, mãe, esposa, irmão e irmã, ou mesmo de perder a própria vida, você não o ama supremamente. Você tem de determinar fazer a vontade de Deus acima de tudo, não importando que apelo os outros lhe façam. No caso de Abraão, vemos quem ele amava mais. Abraão amava a Deus mais do que ao seu único filho.

AS PROVAÇÕES NOS ENSINAM A VALORIZARMOS AS BÊNÇÃOS DE DEUS

Razões mundanas nos ensinam a valorizarmos o mundo. Nossos sensos e sentimentos nos instam a valorizarmos os prazeres. O mundo nos diz que a vida é apenas aqui e agora; por isso, devemos gozá-la a qualquer preço. Mas a fé nos diz que devemos valorizar a Palavra de Deus, obedecer-lhe e receber sua bênção. As provações nos ensinam as bênçãos da obediência. Quando obedecemos a Deus em meio à provação, somos abençoados.

No Salmo 63.3, Davi disse: *"Porque a tua graça é melhor do que a vida, os meus lábios te louvam".* Jesus é o exemplo perfeito de quem foi abençoado por sua obediência. Hebreus 5.7-9 diz que, *"nos dias da sua carne, tendo oferecido, com forte clamor e lágrimas, orações e súplicas a quem o podia livrar da morte e tendo sido ouvido por causa da sua piedade, embora sendo Filho, aprendeu a obediência pelas coisas que sofreu e, tendo sido aperfeiçoado, tornou-se o Autor da salvação eterna para todos os que lhe obedecem"*. Isso é uma referência aos sofrimentos de Jesus no jardim de Getsêmani (Lc 22.39-44). Filipenses 2.8-9 menciona os resultados da obediência de Jesus: *"A si mesmo se humilhou, tornando-se obediente até à morte e morte de cruz. Pelo que também Deus o exaltou sobremaneira"*.

As provações nos fazem atravessar o sofrimento para que possamos obedecer e, depois, recebermos toda a bênção de Deus. À medida que você aprende a obedecer a Deus, você experimenta a alegria dessa bênção.

AS PROVAÇÕES NOS CAPACITAM A AJUDAR OUTROS EM SEU SOFRIMENTO

Às vezes, quando o sofrimento vem, pode ter apenas o propósito de nos tornar mais capazes de ajudar os outros em seu próprio sofrimento. Jesus disse a Pedro: *"Simão, Simão, eis que Satanás vos reclamou para vos peneirar como trigo! Eu, porém, roguei por ti, para que a tua fé não desfaleça; tu, pois, quando te converteres, fortalece os teus irmãos"* (Lc 22.31-32).

Hebreus 4.13-16 nos diz que Jesus é capaz de ajudar todos que se achegam a ele, porque passou pelas mesmas provações por que passamos. Isso é o que o torna um sumo sacerdote misericordioso.

Passamos por provações com o propósito de confortarmos outras pessoas (cf. 2Co 1.3-4). É maravilhoso que Deus nos permite aprender pela experiência para instruirmos os outros.

AS PROVAÇÕES PRODUZEM PERSEVERANÇA E VIGOR

Thomas Manton disse que, enquanto tudo está quieto e confortável, vivemos pelo senso e não pela fé. Mas o valor de um soldado não é conhecido em tempos de paz. Um dos propósitos de Deus nas provações é dar-nos maior vigor. Quando você passa por uma provação, seus músculos espirituais (fé) são exercitados e fortalecidos para a próxima provação. Isso significa que você pode enfrentar inimigos maiores e suportar maiores dificuldades, tornando-se assim mais útil para o Senhor. E, quanto mais útil você for, tanto mais cumprirá a vontade dele no poder de seu Espírito, para a sua glória.

7

TORNANDO FÁCEIS DECISÕES DIFÍCEIS

Escrituras Selecionadas
20 de julho de 1986

Na semana em que John pregou esta mensagem, os estados do Sul sofriam uma seca intensa e tinham recordes de temperatura elevada. No sábado anterior, um terremoto de 5.3 na escala Richter havia atingido Oceanside, na Califórnia. Vários missionários haviam sido seqüestrados nessa semana, por terroristas islâmicos, no sul das Filipinas.

John MacArthur estava ministrando fora desde meados de junho e tinha voltado ao púlpito apenas por um domingo à noite. No dia seguinte, seu ministério o levaria para fora do Estado por mais outro mês inteiro. Portanto, em vez de retornar à sua série de sermões sobre Tiago, ele pregou esta mensagem especial e incomum porque lida com um assunto prático, usando uma abordagem tópica e não uma abordagem expositiva.

Esta mensagem tem mantido a sua popularidade por mais de vinte anos por causa da clareza com que John explica os princípios bíblicos que nos ajudam a evitar o legalismo, por um lado, e a licenciosidade, por outro lado. O esboço é memorável, e o título, um trocadilho inteligente.

Esta mensagem gravada responde sozinha, pelo menos, 25% das perguntas mais comuns que surgem inevitavelmente nas sessões de perguntas e respostas.

Quero compartilhar algumas coisas práticas de minha vida sobre o assunto de tornar fáceis decisões difíceis. Colocarei juntas coisas práticas da Palavra de Deus. Mas, antes de fazer isso, eis uma pequena introdução.

A Bíblia é bastante clara sobre as questões relacionadas ao pecado. Não há razão para nos admirarmos do que Deus proíbe. Você pode começar com o Decálogo, os Dez Mandamentos, nos quais Deus revela as coisas que ele não permite. Há outras coisas que Deus nos ordena fazer e não fazer. Não estamos nas trevas quanto ao pecado. Os mandamentos expostos na Bíblia são muito claros. Sabemos o que é errado. Também sabemos o que é certo em referência a muitas coisas, porque Deus nos deu uma instrução muito clara.

Não pretendo falar sobre o que é explicitamente certo e o que é explicitamente errado na Escritura. Quero falar sobre o que está no meio, porque essas são as coisas que criam realmente dificuldades no que diz respeito a tomarmos decisões. Se alguém lhe propusesse a possibilidade de mentir, trapacear, roubar, matar, cometer adultério ou cobiçar, isso seria obviamente inaceitável. Se alguém lhe propusesse a leitura da Bíblia, a oração, o testemunhar ou falar do Senhor Jesus Cristo e de sua Palavra com alguém que precisa ouvi-la, isso seria obviamente muito aceitável.

Mas, o que podemos dizer sobre aquelas questões que não são claramente certas ou erradas, sobre as quais a Bíblia não fala explicitamente? É uma categoria ampla. Por exemplo, uma pessoa diz que há certas comidas que devemos comer e certas comidas que não devemos comer. Há algumas pessoas em nossos dias que querem prender os crentes a uma lei de dieta do Antigo Testamento. Eles afirmam que a verdadeira espiritualidade é central ao que você come. Eles dizem que, se você comer carne de porco ou algo que não é aceitável pela lei do Antigo Testamento, você está pecando.

Outras pessoas dizem que os cristãos têm permissão de beber certas bebidas e não outras. Se você beber bebidas proibidas, isso é pecaminoso. Mas certas outras bebidas não são pecaminosas. A Escritura discute esses assuntos extensivamente, mas não dá nenhuma proibição específica referente ao que podemos ou não podemos beber.

Algumas pessoas creem que esportes são pecaminosos. Alguns de vocês não creem que isso é pecado; para você os esportes são um deus. Você se prostra e o adora... em toda oportunidade que tem. Alguns creem que televisão é pecado – se você possui uma televisão, você não é espiritual. Ora, é verdade que algumas pessoas que assistem à televisão são como zumbis. Fixam-se na TV, de olhos arregalados. Não importa o que esteja passando, até um teste padrão da tela atrai o interesse delas, que assistirão à televisão enquanto o fusível durar.

Há alguns que creem que, se você for a um filme, você comete pecado. Se você entra num teatro, está participando de impiedade. Está dando dinheiro à indústria cinematográfica. Outros afirmam que um filme é apenas uma diversão. É algo recreativo e relaxante; você pode ver beleza na visão do produtor.

Muitos crêem que, se você participa de algo no domingo, além de ir à igreja ou ler a Bíblia, você se envolveu em pecado. Mas isso não é verdade. Quando eu era um menino, que crescia na costa leste, na Filadélfia, não tinha permissão de fazer no domingo alguma coisa que, pelo menos, parecesse recreação. Voltávamos para casa vestidos de nossos ternos no estilo Lord Fauntleroy, de colarinho branco e rígido, e uma pequena gravata; e sentávamos no sofá o dia inteiro. Não podíamos ler notícias engraçadas, não podíamos ler o caderno de esportes, não podíamos assistir à televisão, não podíamos sair ao jardim e brincar de pega-pega, não podíamos fazer uma caminhada – ficávamos apenas sentados. O único pecado que podíamos cometer – e todos que quisessem podiam cometê-lo – era o pecado de glutonaria. Podíamos fartar-nos no domingo. A maioria das mulheres passavam toda a manhã cozinhando aquele refeição enorme, pela qual pecávamos toda a tarde, mas não podíamos fazer algo energético, para não engordarmos depois de comer muito. Ficávamos presos nas conseqüências de nosso mal. Mas esse pecado era tolerável. Em muitos círculos evangélicos, ele ainda é tolerável.

No entanto, podíamos jogar cartas, se não tivessem nelas coringas, espadas, paus e ouros. Se tivessem alguma outra coisa, exceto esses símbolos, podíamos jogá-las. Mas, se alguns desses símbolos estivessem nas cartas, jogá-las era pecaminoso. Nenhuma pessoa de respeito próprio jamais pegaria uma carta e veria um desses símbolos nela, sem jogá-la fora imediatamente, para que não cometesse algum mal. Ora, você podia jogar "Pit", gritar e atirar coisas – tudo isso era certo – exceto ver o que estava na carta. Além de jogo de cartas, alguns creem que certos jogos são pecaminosos. Jogos como "Banco Imobiliário" ensinavam o materialismo. Devia ter existido um jogo chamado "Pobreza e Humildade" para aqueles que desejavam seguir a verdadeira espiritualidade em sua vida recreativa.

Muitas pessoas creem que é pecaminoso colocar um cigarro na boca, acendê-lo e soltar fumaça pelo nariz. No Sul, onde se produz tabaco, não é incomum ver diáconos de igrejas fumando. Ora, não estou falando sobre os perigos para a saúde inerentes à prática de fumar; estou dizendo apenas que isso não é proibido nas Escrituras.

Outras pessoas dizem que, se você usa cabelos longos demais, isso é pecado. Se o seu cabelo é curto, isso não é pecado, a menos que seja curto demais, o que poderia significar que você é gay. Portanto, você precisar achar um tamanho intermediário para que não peque, usando um dos dois tamanhos.

Há pessoas que creem que certos estilos de roupa são reflexos de uma sociedade pecaminosa. Não entendo as modas de hoje. Pessoalmente, creio que Deus é simétrico. Ele aprecia o equilíbrio. Hoje vejo roupas que não seguem simetria. Mas isso é o que penso, e gosto de bolsos em ambos os lados da camisa. O que posso dizer?

Algumas pessoas acham que certos estilos musicais são pecaminosos. A música rock é pecaminosa, e posso até concordar com isso. Para muitos, a música country e western é definitivamente santificada. Eles não devem estar atentando às palavras.

Algumas pessoas não veem qualquer problema em que moças e rapazes nadem juntos. Há alguns, muitos do Sul, que creem que isso é pecado. Eles o chamam de "banho misto"; e isso é proibido.

Há muitas questões como essas que a Escritura não aborda em específico. Isso significa que temos de tomar algumas decisões. A solução mais fácil é elaborarmos uma lista de regras. Estabeleça uma comissão e deixe que eles decidam o que é certo e o que é errado. Todos viveremos por essas regras. Se você cumpre as regras, é espiritual. Se você não cumpre as regras, é carnal. Essa é a saída mais fácil.

Como cristãos, precisamos saber como tomar decisões a respeito desses tipos de coisas. Enfrentamos esses dilemas todos os dias de nossa vida. Como decidimos? Eu lhes darei alguns princípios. São princípios que uso em minha própria vida. Sentei-me um dia e os escrevi – são frutos de minha própria experiência. São as coisas que pergunto a mim mesmo periodicamente, quando me deparo com tomar decisões que não são definidas com clareza na Escritura. Quanto mais cedo você aprender a aplicar esses princípios, tanto mais você apreciará sua experiência espiritual e tanto mais entenderá o que significa ser livre em Cristo e submisso ao seu propósito perfeito.

CONVENIÊNCIA: ISTO SERÁ ESPIRITUALMENTE PROVEITOSO?

Paulo disse: *"Todas as coisas me são lícitas"* (1Co 6.12). Permita-me esclarecer dizendo isto: todas as coisas que não são ilícitas são lícitas. Há algumas coisas na Escritura que são afirmadas claramente como ilícitas ou pecaminosas. Paulo não estava falando sobre essas coisas. O que ele estava dizendo é que todas as coisas que não são ilícitas são lícitas. Todas as coisas no nível intermediário, na área não-moral, são lícitas para mim. O versículo 12 continua: *"Mas nem todas convêm"*. A palavra grega traduzida por "convêm" significa "para minha vantagem". Se certos comportamentos não contribuem para minha vantagem espiritual, eles não me são benéficos.

Faço a mim mesmo a pergunta que Paulo sugeriu nesta passagem: fazer isto aprimorará a minha vida espiritual? Cultivará a piedade? Essa é uma pergunta justa. Fazer isso será proveitoso para mim? Será para minha vantagem?

Há muitas coisas que você faz que não são erradas. Por exemplo, dormir não é errado; dormir é bom. Tento fazer isso, de vez em quando. Gostaria de fazê-lo mais do que sou capaz. Não há nada errado em dormir. Não há nada errado em dormir um pouco mais. Você anseia por uma manhã em que pode dormir um pouco mais? Claro que sim. Às vezes, pode ser a manhã de domingo, e o Senhor pode puni-lo por isso. Todos ansiamos por aquelas ocasiões em que podemos dormir um pouco mais. Mas essa coisa boa de dormir um pouco mais e renovar as forças físicas, se for realizada muito frequentemente, não será para o seu proveito espiritual, porque cultivará a preguiça. Considerado sozinho, dormir um pouco mais não é errado, mas cria o hábito da preguiça. E, feito em excesso, não é benéfico para você.

Muitos assuntos na vida são semelhantes a esse. Em qualquer que seja o assunto, você precisa perguntar a si mesmo: isso me será espiritualmente benéfico? Será para o meu proveito? Cultivará a piedade? Você não quer olhar para a sua vida com a atitude de "eu posso fazer isto e escapar da retribuição". Você quer ter uma perspectiva de vida que pergunta: "Posso fazer isto, e a minha piedade aumentará? Isto será espiritualmente proveitoso?" Vamos chamar este princípio de princípio da *conveniência*. Isto é conveniente ao meu benefício espiritual?

EDIFICAÇÃO: ISTO ME EDIFICARÁ?

O primeiro princípio considera o assunto isoladamente: isto me beneficiará espiritualmente? A segunda pergunta é: isto me conduzirá a maior maturidade espiritual? Paulo disse: *"Todas as coisas são lícitas, mas nem todas convêm"* (1Co 10.23). Isso expressa o mesmo pensamento anterior: todas as coisas que não são ilícitas são lícitas. Todas as coisas que não são erradas em si mesmas são lícitas para mim. Em seguida, Paulo disse: *"Todas são lícitas, mas nem todas edificam"* (v. 23).

Por isso, faço a mim mesmo esta pergunta: isto me edificará? A palavra grega traduzida por "edificar" é *oikodomeō*, que significa "edificar uma casa". Fazer isto acrescentará à minha vida coisas que aumentarão minha firmeza, vigor e maturidade espiritual? Paulo disse: *"Seja tudo feito para edificação"* (1Co 14.26). Em 2 Coríntios

12.19, ele disse: *"Falamos em Cristo perante Deus, e tudo, ó amados, para vossa edificação"*. E, em 1 Coríntios 9, ele disse: *"Não sabeis vós que os que correm no estádio, todos, na verdade, correm, mas um só leva o prêmio? Correi de tal maneira que o alcanceis. Todo atleta em tudo se domina... Esmurro o meu corpo e o reduzo à escravidão"* (vv. 24-25, 27). A linguagem grega que Paulo usou indica que ele reprimiria o seu corpo. Ele esbofetearia o seu corpo e daria a si mesmo um olho roxo, com o propósito de manter seu corpo sob controle, de modo que tudo que ele fizesse servisse para a sua própria edificação.

Sinceramente, muitos de nós somos escravos dos desejos de nosso corpo. Reagimos basicamente a qualquer impulso físico que haja. Na questão de autocontrole e autodisciplina, há alguns elementos-chave. Para ser uma pessoa autodisciplinada, você tem de treinar a si mesmo em disciplina. Uso algumas idéias práticas para ajudar-me. Por um lado, sempre faço primeiramente as coisas mais difíceis. Isso me ajuda a aprender autodisciplina. Outra coisa que me ajuda é chegar sempre na hora. Para fazer isso, você tem de ordenar os diversos elementos de sua vida para que possa estar no lugar certo, no momento certo. Isso é um controle e indica que você pode administrar e colocar juntas diversas coisas. Outra coisa que me ajuda é aprender a dizer não quando você tem todo o direito de dizer sim. Quando você tem todo o direito de sair para comer, ter uma refeição maravilhosa e terminá-la com um "hot fudge sundae", diga não apenas para informar ao seu corpo que você ainda está no controle. Cultive o autocontrole. Quando você controla seus desejos com sua mente espiritual, você exercita os músculos certos em treinar a si mesmo para a piedade.

Por isso, faço a minha pergunta: fazer isto me edificará? Isto me fortalecerá? Isto me impelirá em direção à semelhança com Cristo e a maior maturidade espiritual? Chamemos este princípio de princípio da *edificação*. Então, tivemos o princípio da conveniência e, agora, o princípio da edificação.

EXCESSO: ISTO DIMINUIRÁ O MEU RITMO NA CARREIRA CRISTÃ?

Se estou correndo para ganhar o prêmio, tenho de perguntar a mim mesmo: esta ação me fará diminuir o ritmo? Hebreus 12.1 diz que estamos na carreira da fé. Hebreus 11 descreve uma hoste de pessoas que viveram pela fé, e elas são testemunhas vivas da validade de viver pela fé. São a nuvem de testemunhas que nos ensinam a viver pela fé (12.1). Cada uma é introduzida por expressões assim: *"Pela fé, Abel", "Pela fé, Enoque", "Pela fé, Noé", "Pela fé, Abraão", "Pela fé, também, a própria Sara", "Pela fé, Jacó"*; e a lista prossegue com Isaque, Jacó, José e Moisés (11.4, 5, 7, 8, 11, 20, 21, 22, 23). O capítulo prossegue dizendo: *"Pela fé, ruíram as muralhas de Jericó... Pela fé, Raabe, a meretriz"*, seguida de Gideão, Baraque, Sansão, Jefté, Davi, Samuel e os profetas (vv. 30-32). Todos esses homens e essas mulheres viveram pela fé.

Com tantas pessoas testemunhando sobre a importância da vida de fé, também devemos viver pela fé, correr a carreira da fé. Para o fazermos com sucesso, *"desembaraçando-nos de todo peso e do pecado que tenazmente nos assedia, corramos, com perseverança, a carreira que nos está proposta, olhando firmemente para o Autor e Consumador da fé, Jesus, o qual, em troca da alegria que lhe estava proposta, suportou a cruz, não fazendo caso da ignomínia, e está assentado à destra do trono de Deus"* (12.1-2).

O que desejo que você observe é que devemos desembaraçar-nos *"de todo peso e do pecado"*. O que você conclui disso? O peso é diferente do pecado. Temos de desembaraçar-nos do pecado e temos de desembaraçar-nos de todo peso. Qual é a diferença? Para corrermos nessa carreira (no grego, *agon*, da qual obtemos nossa palavra "agonia"), essa exigente e cansativa vida de fé requer determinação, perseverança e autodisciplina. Para fazermos isso, temos de lançar fora todo peso, bem como todo pecado.

A pergunta é esta: o que é "todo peso"? A palavra grega usada aqui é *onkos*. Ela significa apenas "carga". Ele não se refere a pecado, mas apenas a carga desnecessária, algo que nos torna pesados, desvia nossas prioridades, suga nossa energia e enfraquece nosso entusiasmo pelas coisas de Deus.

Por exemplo, vamos usar um atleta que vai competir nos 100 metros rasos em uma categoria mundial. Digamos que depois de correr nos 100 metros, ele sai e fica bêbado, comete pecados de dissipação e, depois, tenta correr de novo. Ele estaria correndo sem desembaraçar-se do pecado. Ele pecou contra seu corpo e perdeu seu vigor. Agora, suponhamos que ele treinou perfeitamente – fez tudo que devia fazer em preparação, estava no auge da forma física, em seu treino tudo aconteceu como devia ter acontecido, sua vida moral estava limpa, ele não desgastou seu corpo e decidiu competir usando botas de combate e um casaco de lã. Isso não seria pecaminoso, mas seria bastante estúpido. Seria uma carga desnecessária.

Deixe de expressar isso em termos simples. É pecaminoso você sair com sua esposa num sábado à noite, para um jantar tarde da noite, ter uma grande refeição, dar uma volta de carro e sentar-se à praia, de frente para a lua, dizer a sua esposa quanto você a ama e, depois, chegar em casa às duas horas da madrugada? Isso é pecaminoso? Não. Algumas esposas estão dizendo: "Espero que meu esposo faça isso". Vamos acrescentar outra dimensão. No domingo, você tem uma reunião de oração às oito horas da manhã e tem de ensinar a Palavra de Deus às oito e meia. Seu jantar não foi pecaminoso, mas foi uma carga desnecessária que impactará o que você poderá fazer na manhã seguinte.

Em nossa vida, há algumas coisas que restringimos pela única razão de que nos farão diminuir o ritmo em nossa carreira. Essa é a razão por que a noite de sábado é um tempo muito sagrado para mim. É um tempo de "fazer nada". Posso lembrar quando meus filhos rapazes jogavam futebol. Posso lembrar as partidas de futebol no sábado à noite. Eu ia às partidas e me envolvia completamente naquilo. Eu me envolvo de alguma maneira, jogando muito e amando o jogo. Assisto aos jogos de meu filho, e minhas emoções se elevam ao máximo. Então, você volta para casa e fica jogando a partida de novo, repetidas vezes, em sua mente. Há também a possibilidade de que seu filho se machuque, como aconteceu com Mark certa vez. Ele quebrou a perna. Partiu o fêmur direito na altura do joelho. Então, a família vai para o hospital no meio da noite, e eu tenho de acordar cedo amanhã e pregar a Palavra de Deus. É muito fácil deixarmos as emoções e os processos mentais mudarem para o canal errado.

É claro que não é pecaminoso ver o filho jogar futebol, a menos que você pense que futebol é um pecado. Mas a verdade é que você não quer acrescentar à sua vida carga desnecessária. Você não precisa embaraçar a si mesmo com essas coisas. Você quer livrar-se delas.

Há muitos tipos de cargas. Legalismo, cerimonialismo e desperdício inútil de tempo sugam as suas energias e estragam as suas prioridades. Portanto, você deve fazer a si mesmo esta pergunta simples: isto me fará diminuir o ritmo na carreira espiritual? Qualquer coisa que prejudica minha eficácia em servir a Cristo, isso eu não farei. Chamemos a este princípio de princípio de *excesso*.

ESCRAVIDÃO: ISTO ME COLOCARÁ EM ESCRAVIDÃO?

Paulo disse: *"Todas as coisas me são lícitas, mas nem todas convêm. Todas as coisas me são lícitas, mas eu não me deixarei dominar por nenhuma delas"* (1Co 6.12). Em outras palavras, eu não serei colocado debaixo do poder de qualquer coisa – não permitirei que alguma coisa me domine.

Nunca devemos permitir que uma coisa não-moral se torne nosso senhor; especialmente quando consideramos o que diz o Salmo 8: *"Que é o homem, que dele te lembres...? Fizeste-o, no entanto, por um pouco, menor do que Deus e de glória e de honra o coroaste. Deste-lhe domínio sobre as obras da tua mão e sob seus pés tudo lhe puseste: ovelhas e bois, todos, e também os animais do campo; as aves do céu, e os peixes do mar, e tudo o que percorre as sendas dos mares"* (vv. 4-9). Entretanto, não é impressionante que muitos entregam sua soberania a coisas insignificantes? Quantos homens se tornaram tolos completos porque não podem controlar o que procede da vinha? Quantas pessoas acabaram mortas porque não conseguiram resolver o problema do tabaco? Quantas pessoas levam vidas totalmente governadas por uma televisão, que é um conjuntos de fios conectados a uma caixa que o homem inventou? Agora, a televisão é rei, é soberano, e o homem é nada mais do que um escravo da televisão. As drogas, que foram descobertas pelo homem para o benefício daqueles que necessitam delas, se tornaram o senhor de muitos homens e muitas mulheres.

Há muitas coisas procedentes da criação que podem escravizar-nos, coisas que Deus planejou que fossem governadas por nós. Portanto, pergunto a mim mesmo: isto me colocará em escravidão? Lembro-me de um pregador que servia como evangelista e que, finalmente, teve de deixar seu ministério porque estava tão envolvido em perder dinheiro jogando golfe que, literalmente, faliu a si mesmo. Ele chegou a ponto de estar jogando por trezentos ou quatrocentos dólares um buraco, em uma partida de golfe. Há muitas pessoas neste mundo que são controladas por uma pequena bola.

Há certas coisas que têm inerentes em si a possibilidade de tomar controle de uma pessoa. Vejo isso acontecer com certos tipos de música. Alguns jovens são dominados pela música. Há pessoas que ficam paralisadas se chegam em casa e não podem ver sua novela preferida. Tantas coisas podem nos colocar em escravidão. Chamemos este princípio de princípio da *escravidão*. Então, você deve perguntar: isto me colocará em servidão? Isto tem o potencial de tornar-me seu servo?

EQUÍVOCO: ISTO ENCOBRIRÁ HIPOCRITAMENTE O MEU PECADO?

Estou fazendo algo em nome da liberdade quando a verdade é que estou realmente satisfazendo o meu próprio mal? Talvez você diga: *"Sou livre em Cristo, por isso desfruto destas coisas"*. Você é livre, mas está encobrindo sua própria concupiscência ou seus desejos maus. Um homem que vai assistir a filmes e justifica sua participação dizendo que é livre em Cristo para assistir aos filmes, certamente é livre para fazer isso. Mas, se ele vai ao cinema tendo em seu coração o propósito de satisfazer seus desejos maus com o que vê no filme, está usando a liberdade somente para disfarçar seu próprio mal.

O apóstolo Pedro disse: *"Não usando, todavia, a liberdade por pretexto da malícia"* (1Pe 2.16). Em outras palavras, não ponha um véu sobre o seu mau intento, seja honesto consigo mesmo. Pergunte a si mesmo: isto é realmente algo que me beneficia espiritualmente e me traz proveito espiritual? Isto é algo que me edifica? É útil? É algo que não me colocará em escravidão ou estou encobrindo meu desejo mau?

Os jovens dizem: "A Bíblia não diz você não deve dançar. Davi dançou diante do Senhor". Bem, ele não dançou aquilo que as pessoas dançam hoje. O que está errado com o dançar? Pergunte a si mesmo: estou defendendo o dançar porque sei que isso me edificará espiritualmente, porque sei que isso é não uma carga desnecessária, é muito importante ao meu progresso espiritual, e o dançar não pode me escravizar? Ou quero dançar por causa de meu próprio desejo carnal? Você precisa sondar o motivo e fazer a pergunta certa.

Gálatas 5.13 diz que é muito comum tornar a liberdade em licenciosidade. Chamemos este princípio de princípio do *equívoco*. Isso significa "mentir ou falsificar". Muitas pessoas falsificam seus motivos para encobrir seus maus intentos. O homem que diz: "Deus fez os cavalos. Sou livre para ir à corrida de cavalos de Santa Anita. Vou lá e desfruto o que Deus criou. Os cavalos correm, e eu louvo o Senhor". No entanto, durante todo aquele dia, esse homem perde dinheiro em apostas. O que temos, nesse caso, é um disfarce de liberdade encobrindo uma intenção perversa (apostar dinheiro), que equivale a tomarmos os bens que Deus nos confiou e os desperdiçarmos. Então, precisamos perguntar a nós mesmos: isto encobrirá hipocritamente o meu pecado. Isso é o princípio do *equívoco*. Estou falsificando um verdadeiro motivo?

USURPAÇÃO: ISTO VIOLARÁ O SENHORIO DE CRISTO SOBRE A MINHA VIDA?

Considere, agora, este pensamento básico: todo cristão deve viver em submissão ao senhorio de Cristo. Você entende isso? Então, você entende o segundo ensino: nem todos nós concordamos 100% quanto ao que Senhor deseja que façamos? Alguns acham que o Senhor lhes diz que não devem fazer certa coisa, enquanto outros acham que ele lhes diz que devem fazê-la. O que alguns acham que o Senhor julga ser pecado, outros acham que tal coisa não é pecado.

Nem todos nós concordamos no que diz respeito ao que o Senhor quer que façamos. Algumas pessoas acham que o Senhor quer que você leia a Bíblia todas as manhãs de sua vida; e, se você não faz isso, está pecando contra Deus. Algumas pessoas acreditam que, se você não vai à igreja no domingo de manhã, no domingo à noite e na reunião de oração da quarta-feira à noite, você falhou espiritualmente. Outras pessoas não se sentem obrigadas, em suas consciências, a fazerem isso. Irão à igreja no domingo de manhã e no domingo à noite, mas, se vão à igreja na quarta-feira à noite, isso é uma questão de conveniência. Há algumas pessoas que querem ler a Palavra tão freqüentemente quanto puderem, mas não se sentem, em sua consciência, obrigados a lê-la cada manhã de toda a sua vida.

Há pessoas que seguem de maneiras diferentes o senhorio de Cristo. Romanos 14.2 diz: *"Um crê que de tudo pode comer, mas o débil come legumes"*. Algumas pessoas são vegetarianas – crêem que o Senhor quer que elas comam somente legumes. Mas outras dizem: "Você pode comer tudo que quiser". *"Quem come não despreze o que não come; e o que não come não julgue o que come, porque Deus o acolheu. Quem és tu que julgas o servo alheio? Para o seu próprio senhor está em pé ou cai; mas estará em pé, porque o Senhor é poderoso para o suster. Um faz diferença entre dia e dia"* (vv. 3-5). Essa é uma pessoa que quer guardar o domingo – fazer algo especial do domingo. *"Outro julga iguais todos os dias. Cada um tenha opinião bem definida em sua própria mente. Quem distingue entre dia e dia para o Senhor o faz"* (vv. 5-6). Aquele que não observa o domingo também o faz para o Senhor, porque crê que o Senhor é o Senhor de todos os dias. *"Quem come para o Senhor come, porque dá graças a Deus; e quem não come para o*

Senhor não come e dá graças a Deus. Porque nenhum de nós vive para si mesmo, nem morre para si. Porque, se vivemos, para o Senhor vivemos; se morremos, para o Senhor morremos. Quer, pois, vivamos ou morramos, somos do Senhor" (vv. 6-8). Em outras palavras, quaisquer que sejam as restrições que existam na vida de um cristão, ele as pratica porque crê que isso é o que o Senhor quer.

Visto que você crê nisso, faça-o ou não o faça. Pergunte a si mesmo: isto é algo que creio que o Senhor deseja que eu faça? Isso é uma questão de consciência. Você diz: "E se a minha consciência estiver errada?" Não viole a sua consciência. Sua consciência reage à mente. E, em sua mente, se você crê que algo é certo, sua consciência o impelirá ou o deterá. A consciência é apenas o volante, a mente é o motor. O motor produz a ação, o volante regula o comportamento. A consciência toma o que é pecado, na mente, utiliza o volante, por assim dizer, e gera o comportamento. Se você viola sua consciência, treinará a si mesmo para fazer coisas más. À medida que sua mente cresce em entender melhor o que é certo, você amadurecerá no Senhor. Mas, se você treina a si mesmo em violar a sua consciência, esta não o ajudará de modo algum. Portanto, não treine a si mesmo em violar sua consciência. Pergunte a si mesmo: isto violará meu entendimento do senhorio de Cristo?

Algum irmão pode vir até você e dizer-lhe: "Vá em frente, você pode fazer isso. Você é livre. Isso não é errado". Mas, se isso viola sua consciência, não o faça. Não treine a si mesmo em ignorar sua consciência. Paulo disse que nunca faria qualquer coisa contra a sua consciência. Ele não queria marcar a sua consciência com cicatrizes, de modo que ela se tornasse insensível (cf. 2Co 1.12; 4.2; 1Tm 4.2). Se uma pessoa quer ficar deitado no sofá, e essa é a sua maneira de guardar o domingo, não a importune a respeito disso. Não a repreenda.

Nunca esquecerei a mais clássica ilustração que meu pai compartilhou comigo. Ele estava em Michigan, em um avivamento. Em um domingo à noite, a primeira noite da semana de avivamento, o pastor lhe perguntou após o culto: "O que você fará amanhã?"

Meu pai respondeu: "Acho que levantarei de manhã e irei jogar golfe. Depois, à tarde, poderemos fazer alguma visita".

O pastor disse: "Golfe? Durante um avivamento? Você não está comprometido com a obra de Deus? Você veio aqui para jogar ou para ministrar?"

Meu pai disse: "Um pouco de ambas as coisas. De fato, gostaria que você viesse e tivéssemos alguma comunhão pela manhã e nos familiarizássemos".

O pastor respondeu: "Nunca. Comprometi-me por toda a semana com a oração e o avivamento".

Meu pai lhe disse: "Acho que seria ótimo se você viesse. O líder de louvor virá. E seria ótimo se você viesse também".

"Não, nunca faria isso. Eu nunca faria isso."

Bem, na segunda-feira de manhã meu pai e o líder de louvor estavam no campo de golfe. E imagine quem apareceu lá? O pastor relutante. Ele disse: "Eu farei isto, mas sei que não devo fazê-lo. Eu o farei por questão de hospitalidade, mas sei que não é certo".

Então, eles bateram a bola para o primeiro buraco. Estavam na metade do caminho entre os buracos, quando alguém gritou: "Cuidado com a bola!" O pastor olhou para cima e perdeu dois dentes. Meu pai disse que ele caiu próximo a uma árvore, dizendo: "Eu sabia. Eu sabia". Se, antes disso, ele já acreditava que era errado jogar golfe numa segunda-feira pela manhã durante uma semana de avivamento, você pode ter certeza que depois disso ele acreditava ainda mais que aquilo era errado. Por violar sua consciência naquela ocasião, ele se aprofundou ainda mais em sua falta de liberdade, em sua servidão. Ele interpretou seu ferimento como um juízo de Deus. E, para ele, pode ter sido mesmo. Deus não quer que nenhum crente viole sua consciência. Por isso, não queremos fazer coisas que possam levar pessoas a ignorar o senhorio de Cristo, o qual elas percebem vir por meio de sua consciência. Chamemos este princípio de princípio de *usurpação*. Isso significa que você está usurpando a soberania de Cristo sobre a vida de alguém.

Se escolho fazer algo, isso tem de se encaixar no que creio ser a vontade de Cristo, meu Senhor. Não quero violar isso. Violar isso em minha mente seria tomar o controle de minha vida, usurpar o senhorio de Cristo. Não quero fazer isso. Isso é usurpação.

EXEMPLO: POR SEU EXEMPLO, ISTO AJUDARÁ OUTROS CRISTÃOS?

Temos verdadeiramente de governar nossa vida pelos sentimentos que causamos nos outros cristãos? Em 1Coríntios 8.9-11, Paulo disse: *"Vede, porém, que esta vossa liberdade não venha, de algum modo, a ser tropeço para os fracos. Porque, se alguém te vir a ti, que és dotado de saber, à mesa, em templo de ídolo, não será a consciência do que é fraco induzida a participar de comidas sacrificadas a ídolos? E assim, por causa do teu saber, perece o irmão fraco"*. Por seguir o seu exemplo, o irmão fraco viola e fere a sua consciência fraca. Assim, você peca contra ele e contra Cristo. Não faça isso.

Em 1Coríntios 9.1-18, Paulo disse que, embora tivesse o direito de ser pago por realizar seu ministério, ele escolhia não ser pago, porque não queria ofender ninguém. Romanos 14.13-18 ensina basicamente que você não deve colocar uma pedra de tropeço ou uma ocasião de queda no caminho de seu irmão. Se o seu irmão se entristece por causa do que você escolhe comer, mude a sua comida. *"Assim, pois, seguimos as coisas da paz e também as da edificação de uns para com os outros. Não destruas a obra de Deus por causa da comida... É bom não comer carne, nem beber vinho, nem fazer qualquer outra coisa com que teu irmão venha a tropeçar [ou se ofender ou se enfraquecer]"* (vv. 19-21).

Estava voando de volta para casa, vindo de Charlotte (Carolina do Norte), quando uma aeromoça, passando pelo corredor, perguntou-me se gostaria de tomar champanhe em meu café da manhã. Gosto de suco de laranja e nunca havia tomado champanhe. Mas o pensamento penetrou minha mente: *qual será o gosto de champanhe?* Eu respondi à aeromoça: não, não quero champanhe. Ela continuou seguindo pelo corredor.

Pouco depois, levantei-me para esticar o corpo. Enquanto fiquei de pé no corredor, um homem que estava na segunda fila atrás de mim veio e disse: "Eu o conheço. Você é John MacArthur". Eu respondi: sim! Ele disse: "Oh! É maravilhoso encontrá-lo. Estou estudando para o ministério e adquiri suas mensagens em fitas cassetes". E continuou dando o seu maravilhoso testemunho. Ele era de Samoa e estava levando todos os nossos cassetes para Samoa. Ora, pouco antes desse encontro, houve aquela oferta de ter champanhe no meu café da manhã. Isso me lembrou como podemos saber que estamos sendo observados e como podemos não saber que estamos sendo observados. O padrão de sua vida é o que estabelece o exemplo. É tão maravilhoso ser capaz de limitar sua liberdade e saber que isso fortalecerá alguém. De fato, ele comentou que estivera me vendo durante todo o voo e esperando por uma oportunidade para falar comigo. Portanto, aquilo foi para mim um excelente lembrete do fato de que pessoas estão sempre observando.

Temos de perguntar a nós mesmos: por seu exemplo, isto ajudará outros cristãos? Estou fazendo algo que estabelece um exemplo para eles? Até as pequenas coisas em sua vida: a disciplina de sua vida, o fato de que você cumpre sua dieta ou separa certo tempo para estudar, dizem muito às pessoas que estão buscando padrões para seguir. Quero que cristãos mais fracos sigam meu padrão? Chamemos este princípio de princípio do *exemplo*.

O que temos visto até aqui? Temos considerado os princípios da conveniência, edificação, excesso, escravidão, equívoco, usurpação e exemplo. Vejamos o oitavo princípio.

EVANGELIZAÇÃO: ISTO LEVARÁ OUTROS A CRISTO?

Eles verão alguma diferença em minha vida? Permita-me apresentar uma ilustração clássica de 1 Coríntios 10 – é bastante prática. Eis a cena: há dois cristãos. Um é bem forte, um cristão maduro. Ele pode comer carne oferecida a ídolos sem violar sua consciência, porque sabe que o ensino de 1 Coríntios 8.4 é verdadeiro, ou seja, que um ídolo não é nada.

Qual era o problema? As pessoas que adoravam ídolos iriam a algum grande templo e levariam sua oferta, que era alguma comida, e a colocariam sobre o altar. Ora, elas sabiam que nenhum ídolo comeria a oferta – ela apenas ficava sobre o altar. Então, depois de ficar ali por algum tempo, e centenas de pessoas continuariam trazendo comida, os sacerdotes tirariam a oferta e conservariam o que desejavam comer. Mas não podiam comer tudo, porque havia menos sacerdotes do que pessoas trazendo ofertas. Todavia, no lado detrás do templo, eles mantinham um negócio paralelo: o açougue do templo. O que não queriam eles vendiam a um bom preço na rua, porque não havia valor acrescentado ao preço de custo – haviam-no obtido por nada. Portanto, se você queria comprar carne barata, compraria no açougue do templo. Isso faz sentido. Sua esposa compraria lá, e a minha também.

Ora, um crente maduro que reconhece que um ídolo é nada não se perturbaria com o fato de que a comida fora antes oferecida a um ídolo morto. Mas, suponha que ele saísse para um jantar com um cristão recém-convertido da mesma idolatria. Esse recém-convertido ainda tem em sua mente a idolatria pagã, a adoração imoral, as orgias, as prostitutas do templo, todo o cenário horrendo, grosseiro, imoral. Se fosse informado de que a carne que ele estava prestes a comer era oferecida àquele ídolo, isso o deixaria chocado. Não poderia comer aquilo. Ele era um irmão mais fraco que não entendia sua liberdade, mas nós entendemos do que ele acabou de sair.

Agora, suponha que os dois, o forte e o fraco, têm um amigo em comum que é incrédulo. Eles querem ganhá-lo para o Senhor. O amigo incrédulo convida os dois crentes para um jantar. Essa é idéia do versículo 27: *"Se algum dentre os incrédulos vos convidar, e quiserdes ir, comei de tudo o que for posto diante de vós, sem nada perguntardes por motivo de consciência"*.

Mas, o que acontece quando o anfitrião diz a vocês dois que está servindo carne sacrificada ao ídolo no templo? Suponha que o anfitrião sai da sala para pegar o resto da refeição, o que acontecerá na conversa? O crente forte está em um dilema. O crente fraco lhe diz: "Não posso comer isso". O crente forte lhe diz: "Mas, se você não comer, ofenderá o homem que estamos tentando evangelizar". Se prosseguem, comem a refeição e não ofendem o homem que estão tentando evangelizar, o irmão forte ofende seu irmão mais fraco e o faz tropeçar. Portanto, o dilema é: você ofende um irmão mais fraco ou ofende um incrédulo? O que diz o versículo 28? *"Porém, se alguém vos disser: Isto é coisa sacrificada a ídolo, não comais, por causa daquele que vos advertiu e por causa da consciência"*.

Isso significa que, se você está tentando evangelizar um incrédulo, é melhor você ofender o incrédulo do que ofender seu irmão em Cristo? Sim. Se você ofendesse seu irmão em Cristo, o incrédulo poderia dizer: "É melhor ser um incrédulo do que um crente. Eles ofendem um ao outro. Eles não me ofendem, por isso ficarei onde estou". Quando você ofende um incrédulo, assegure-se de dizer-lhe: "Esta carne oferecida a ídolos ofenderia tanto a meu irmão em Cristo, que não posso comê-la por amor a ele". Esse incrédulo pensará duas vezes sobre o que viu: "Há um amor fraternal que eu gostaria de experimentar". A atração de seu amor pode ser o maior testemunho que você dará na evangelização.

Pergunto a mim mesmo: isto levará alguém a Cristo? Quando restrinjo minha liberdade, faço isso tendo em vista ganhar alguém para Cristo? Estou lhe mostrando uma vida diferente, lhe mostrando algo que ele não vê em seu mundo – pureza, honestidade, amor e integridade? Romanos 14.18 diz: *"Aquele que deste modo serve a Cristo é agradável a Deus e aprovado pelos homens"*. Esse é o princípio da *evangelização*. Quando faço isso, isso está melhorando a minha oportunidade de evangelização?

IMITAÇÃO: ISTO É COERENTE COM A SEMELHANÇA DE CRISTO?

Em outras palavras, Jesus o faria? Jesus diria isso? Na maioria das vezes, sabemos que Jesus não teria dito o que eu disse ou não teria feito o que eu fiz. Se eu perguntasse isso a mim mesmo antes de fazer ou dizer algo, e não depois, preveniria coisas que eu desejava não ter feito ou dito. Jesus faria isso? Essa pergunta ajudará você em muitas decisões. Chamamos isso de princípio da *imitação*. Queremos imitar a Cristo. O apóstolo João disse: *"Aquele que diz que permanece nele, esse deve também andar assim como ele andou"* (1Jo 2.6). Se você diz que pertence a Cristo, deve viver como Cristo viveu.

Por isso, pergunto a mim mesmo: Jesus faria isto? Isto é coerente com ele – com a sua semelhança? Essa é uma pergunta estimulante.

EXALTAÇÃO: ISTO GLORIFICARÁ A DEUS?

Em 1 Coríntios 10.31, lemos: *"Portanto, quer comais, quer bebais ou façais outra coisa qualquer, fazei tudo para a glória de Deus"*. Esse é o princípio que abrangente tudo. Isto glorificará a Deus? Vamos chamá-lo de princípio da *exaltação*. A minha vida glorificará a Deus? O que eu faço exaltará a Deus? Isto engrandecerá o nome santo de Deus? Isto o honrará? Isto adornará a doutrina de Deus em minha vida? Deus será glorificado, honrado e louvado como resultado disto? Esse é o princípio da exaltação.

Agora, você está pronto para a conclusão? O que você observa nestes princípios? Eles tomam algo que é muito difícil e o tornam fácil. O ensino é que podemos tornar fáceis decisões difíceis se usarmos estes princípios. Isto será espiritualmente proveitoso? Isto me edificará? Diminuirá o meu ritmo na carreira cristã? Isto me colocará em escravidão? Será apenas uma cobertura para o meu pecado? Substituirá o senhorio de Cristo em minha vida? Estabelecerá um exemplo para os outros? Levará outros a Cristo? Isto me fará mais semelhante a Cristo? Isto glorificará a Deus?

8

A MORTE DE JESUS NOS MOSTRA COMO VIVER:

As sete afirmações de Jesus na cruz

1 Pedro 2.21
26 de março de 1989

Esta mensagem foi pregada no domingo de Páscoa. É uma das poucas mensagens de Páscoa nas quais John MacArthur focalizou mais a crucificação do que a ressurreição. No entanto, esta mensagem está cheia da esperança da ressurreição. E termina com uma admoestação sobre a importância prática do poder da ressurreição de Cristo na vida diária do crente.

Esta mensagem examina as sete afirmações de Cristo na cruz. Cada afirmação tem uma aplicação prática para nós, crentes. É uma consideração impressionante e comovente da mensagem poderosa proclamada por um Cristo quase silencioso na cruz.

Dois dias antes deste sermão ser pregado, o Exxon Valdez encalhou na Enseada do Príncipe William, no Alasca, derramando aproximadamente 250.000 barris de petróleo no mar. A limpeza removeu em um ano quase todos os traços do derramamento de petróleo. Mas os cientistas acreditam agora que alguns dos métodos empregados no grande esforço de limpeza, especialmente a lavagem da costa com água quente em alta pressão, causou mais danos ecológicos duradouros do que o próprio derramamento, por matar o plâncton e outros organismos microbianos que são a base da cadeia alimentar da região. Uma equipe de cientistas que estudou a região 19 anos depois afirmou que talvez sejam necessários outros dez anos ou mais para que os habitats severamente afetados pelos esforços de limpeza retornem ao estado normal.

Essa história, é claro, dominou os meios de comunicação seculares durante a semana da Páscoa, em 1989. Como sempre, o foco da mensagem de John MacArthur é atemporal, ignorando a histeria e a agitação comumente associada aos eventos correntes. Olhando para trás e lembrando o desastre do Exxon Valdez, parece quase irônico que toda a história seja uma ilustração adequada da futilidade da auto-reforma e da necessidade da graça divina para limpar o pecado.

Quero chamar sua atenção a 1 Pedro 2.21, que diz: "*Porquanto para isto mesmo fostes chamados, pois que também Cristo sofreu em vosso lugar, deixando-vos exemplo para seguirdes os seus passos*".

Muitos entendem que a vida de Cristo é um exemplo que os cristãos devem seguir. Mas suponho que muitas pessoas não querem admitir que a morte de Cristo é um exemplo; todavia, isso é exatamente o que Pedro diz – Cristo, em sofrer e morrer, nos deixou o exemplo que devemos seguir. A Bíblia nos diz que Cristo era o homem perfeito – nascido sem pecado, não cometeu pecados, era santo, inocente, puro e separado dos pecadores. Em sua vida, ele é nosso exemplo perfeito. Devemos ser santos como ele foi santo, puros como ele foi puro, amáveis como ele foi amável, sábios como ele foi sábio e humildes como ele foi humilde. Cristo foi obediente a Deus, e devemos imitar seu exemplo. Nosso serviço deve ser semelhante ao dele, e nossa atitude para com o mundo deve refletir a atitude dele para com o mundo. Entendemos que a vida de Cristo foi uma vida exemplar. Poucas pessoas contestariam isso.

Mas o assunto que temos diante de nós em 1 Pedro 2.21 é que Cristo é nosso exemplo não somente na maneira como ele viveu, mas também em sua morte. Frequentemente, aprendemos mais sobre o caráter de uma pessoa pela maneira como ela morreu do que pela maneira como ela viveu.

A revelação mais verdadeira sobre nós mesmos ocorre geralmente no tempo da mais profunda provação. A provação revela o caráter; a adversidade revela a virtude – ou a falta de virtude. Com frequência, quanto maior o problema, tanto mais pura a revelação do que somos verdadeiramente. Acho que não conheço, de fato, uma pessoa se a conheço apenas durante os tempos de tranquilidade. São os tempos de provação que revelam o caráter. Também é verdade que achamos a mais pura e verdadeira revelação do caráter de Jesus Cristo no tempo de sua maior provação. Vemos que Jesus – em seu momento de morte – foi tão perfeito quanto o foi durante sua vida. Sua morte confirma o caráter perfeito que ele manifestou em seu viver.

Em sua morte, Jesus nos ensina como viver. Olhamos frequentemente para seu momento de morte e observamos que ela ilustra a seriedade do pecado e a necessidade de um Salvador para pagar o preço por nossa iniquidade. Reconhecemos que, por ser sua morte vicária, Cristo morreu em nosso lugar. Mas Pedro disse que há muito mais do que isso na cruz. Jesus morreu não somente por nós, mas também como um exemplo para nós. Ele morreu para nos mostrar como viver.

Como você pode saber algo a respeito de Cristo em sua morte? Como o caráter de Cristo é revelado? Não podia ser revelado pelo que ele fez – ele estava pregado numa cruz e incapaz de fazer alguma coisa. Não podia nos ser revelado por algo que ele pensou, porque não podíamos ler os pensamentos dele. O caráter de Cristo foi revelado em sua morte pelo que ele disse. Desde os seus primeiros anos, a igreja tem celebrado a morte e a ressurreição de Cristo por lembrar suas últimas sete afirmações na cruz. O que ele disse, ao morrer, se torna princípios de vida.

A PRIMEIRA AFIRMAÇÃO – PERDOE OS OUTROS

Em Lucas 23.34, lemos que Jesus disse: *"Pai, perdoa-lhes, porque não sabem o que fazem"*. Cristo morreu perdoando aqueles que pecaram contra ele. Esse é um princípio pelo qual devemos viver. Em sua morte, Jesus revelou seu coração perdoador, mesmo depois de uma vida toda experimentando o pior tratamento da humanidade. Cristo fez o mundo e veio ao mundo, mas o mundo não o reconheceu. Olhos cegos pelo pecado não o quiseram e não viram beleza nele. O nascimento de Cristo num estábulo prenunciava o tratamento que ele receberia da humanidade durante toda a sua vida. Pouco depois do seu nascimento, o rei Herodes tentou matá-lo, e isso foi apenas o começo da hostilidade permanente dos homens para com Cristo. Repetidas vezes, os seus inimigos buscaram a sua destruição. A traição ímpia dos inimigos de Cristo atingiu seu clímax na cruz. O Filho de Deus se entregou às mãos deles, que estavam no processo de executá-lo.

O perdão de Cristo para seus executores veio depois de um julgamento zombeteiro, de acusações forjadas. O juiz admitiu que não achou culpa em Jesus, mas o usou para apaziguar uma multidão vociferante. Visto que uma morte comum não satisfaria os inimigos implacáveis de

A MORTE DE JESUS NOS MOSTRA COMO VIVER

Jesus, eles se asseguraram de que ele sofresse a morte mais dolorosa, intensa e vergonhosa que podia ser imaginada – a morte de crucificação.

O perdão de Cristo veio quando ele estava pendurado na cruz, a vítima (numa perspectiva humana) do ódio, animosidade, amargura, vingança e impiedade vil de homens e demônios. De um ponto de vista humano, esperaríamos que ele clamasse a Deus por piedade ou levantasse o punho contra Deus por causa de sua execução injusta. Se escrevêssemos a história, nós o mostraríamos proferindo maldições e ameaças de vingança sobre os seus inimigos. Mas o Filho de Deus não fez nada disso.

A primeira coisa que ele fez foi uma oração – uma oração pedindo a Deus que perdoasse aqueles que lhe tiravam a vida. E, por trás de sua oração, havia um entendimento da perversidade do coração humano: *"Porque não sabem o que fazem"* (v. 34). Jesus entendia a pecaminosidade dos homens e a cegueira do coração humano. Estava profundamente consciente da ignorância da depravação. Ele sabia que os executores não conheciam a identidade de sua vítima, nem a enormidade de seu crime. Os executores não sabiam que estavam matando o Príncipe da Vida, o seu Criador. Eles não sabiam que estavam matando o Messias.

Os executores de Cristo precisavam de perdão. A única maneira pela qual poderiam ser introduzidos na presença de um Deus santo e experimentar a alegria que Deus outorga a quem está em comunhão com ele era que os pecados deles fossem perdoados. Cristo orou em favor da mais profunda necessidade de seus assassinos. Ele se mostrou mais preocupado com que seus assassinos ímpios fossem perdoados do que com buscar vingança. Esse é o coração longânimo de Cristo. Essa é a mais verdadeira revelação de um coração puro, de um coração puro que não busca vingança. Ele, *"quando ultrajado, não revidava com ultraje; quando maltratado, não fazia ameaças, mas entregava-se àquele que julga retamente"* (1Pe 2.23).

O perdão é a maior necessidade do homem. É a única maneira pela qual podemos entrar em comunhão com Deus e evitar o inferno. Foi por essa razão que Jesus orou por perdão. Precisamos reconhecer que, sem Cristo, somos pecadores, estamos despreparados para a presença de um Deus santo. Ideais nobres, boas resoluções e regras de vida excelentes são inúteis, se não resolvermos o problema do pecado. É inútil tentar desenvolver um bom caráter e almejar fazer aquilo que receberá a aprovação de Deus, enquanto há pecado entre você e Deus. Seria o mesmo que adaptar sapatos para pés paralíticos e comprar óculos para olhos cegos.

A questão do perdão dos pecados é a mais fundamental de todas. Não importa que eu seja altamente respeitado no círculo de meus amigos, se ainda estou em meus pecados. Não importa que tenha atingido certo nível de bondade humana, se ainda estou em meus pecados. Jesus entendia a profunda necessidade do homem. Entendia que a única maneira pela qual o homem pode escapar do inferno e conhecer a bênção era que seus pecados fossem perdoados. Não importava a Jesus se o pecado que ele estava procurando perdoar era o pecado de matá-lo.

Os cristãos devem se preocupar mais com o perdão de Deus para aqueles que pecam contra eles do que com a vingança. Estêvão, quando estava sendo apedrejado até à morte, por pregar a Cristo, orou: *"Senhor, não lhes imputes este pecado"* (At 7.60). Ele seguiu o exemplo do Senhor. Devemos fazer o mesmo.

A SEGUNDA AFIRMAÇÃO – ALCANCE OUTROS

Em Lucas 23.43, lemos que Jesus disse: *"Em verdade te digo que hoje estarás comigo no paraíso"*. Dois ladrões foram crucificados ao lado de Cristo – um, à sua direita; o outro, à sua esquerda. Em resposta ao pedido de um dos ladrões – *"Jesus, lembra-te de mim quando vieres no teu reino"* (Lc 23.42) –, ele respondeu: *"Em verdade te digo que hoje estarás comigo no paraíso"*. Nosso Senhor morreu trazendo a verdade da vida eterna a uma alma condenada.

É difícil imaginarmos como Cristo, pendurado na cruz, sentindo o ódio venenoso de seus perseguidores e carregando a punição de todos os que creriam nele, através dos séculos, podia estar ao mesmo tempo interessado na salvação de um único pecador. Mas ele estava. Cristo nunca esteve preocupado demais para que não se interessasse em levar alguém à salvação. O compromisso de sua vida era trazer homens e mulheres a Deus.

A conversão daquele ladrão tanto é notável como dramática. Naquele momento, o que era tão convincente a respeito de Jesus? Não havia nenhum sinal exterior de que ele era o Cristo de Deus, o Salvador do mundo, o Messias, o Rei que devia vir. De uma perspectiva humana, ele era apenas uma vítima. Estava morrendo porque tinha sido totalmente rejeitado. No momento da conversão do ladrão, ninguém estava dizendo: *"Eis o Cordeiro de Deus, que tira o pecado do mundo!"* (Jo 1.29). Não havia ninguém para dizer que Jesus era o Filho de Deus – até seus amigos o haviam abandonado. Ele estava fraco, em desgraça, em uma posição de vergonha extrema. Sua crucificação teria sido considerada totalmente incoerente com qualquer coisa relacionada ao Messias. Sua condição humilde era uma pedra de tropeço para os judeus desde o início, e as circunstâncias de sua morte podia somente intensificar isso. De fato, o ladrão fala com Cristo, e Cristo fala com ele antes que ocorra qualquer fenômeno sobrenatural que poderia convencê-lo de que aquilo era obra de Deus. A terra ainda não tremera (Mt 27.51), as trevas ainda não tinham vindo (Mc 15.33), os sepulcros ainda não tinham sido abertos (Mt 27.52), e o centurião ainda não dissera: *"Verdadeiramente este era Filho de Deus"* (Mt 27.54).

Nas circunstâncias mais desfavoráveis e mais inconvincentes, o ladrão foi convencido de que Jesus Cristo era o Salvador. Embora, a princípio, o ladrão tenha se unido a seu companheiro em zombar de Cristo (Mt 27.38, 44), é óbvio que ele teve uma mudança de coração e repreendeu o outro ladrão por afirmar a impecabilidade de Cristo (Lc 23.40-41). Ao pedir a Jesus que se lembrasse dele, o ladrão estava pedindo perdão. Portanto, ele entendeu a impecabilidade de Cristo e sua identidade como Salvador. O seu pedido de que Cristo se lembrasse dele quando viesse no reino mostra que o ladrão afirmou a ressurreição e a segunda vinda de Cristo – ele sabia que a morte não era o fim. O pedido também indicou que ele entendeu a soberania de Cristo – tudo isso foi afirmado debaixo das mais improváveis das circunstâncias.

Como foi possível o ladrão ir a Cristo nessas circunstâncias? Eis aqui a mais clara ilustração de que a salvação não é uma obra de homem, e sim a obra soberana de Deus. Deus – e não a circunstância – moveu o coração do ladrão para convencê-lo da verdade sobre Jesus Cristo.

Muito frequentemente, os cristãos professos tentam explicar a salvação por meio da engenhosidade, da influência e da instrumentalidade humana, ou por apontarem para circunstâncias favoráveis, em vez de atribuírem a salvação à incomparável graça de Deus. Alguns acham que a salvação acontece porque o pregador falou bem ou porque foi um resultado direto de oração. Mas, embora a salvação possa resultar indiretamente desses fatores, ela é o resultado direto da graça interveniente de Deus.

Quando Deus dissipou as trevas do coração daquele ladrão, ele creu. Mas a salvação aconteceu por meio de Cristo, que se mostrou sensível a ser usado por Deus para trazer à salvação uma alma condenada.

A MORTE DE JESUS NOS MOSTRA COMO VIVER

O desejo de Cristo pela salvação de pecadores era constante. Ele veio buscar e salvar o perdido (Lc 19.10). Paulo escreveu: *"Cristo Jesus veio ao mundo para salvar os pecadores"* (1Tm 1.15). Ele fez isso até quando estava morrendo na cruz. Ele é nosso exemplo de alcançar os outros com a verdade do evangelho. Cristo morreu perdoando aqueles que pecaram contra ele e morreu trazendo da vida eterna a uma alma condenada. É assim que devemos viver.

A TERCEIRA AFIRMAÇÃO – ATENDA ÀS NECESSIDADES DE OUTROS

João 19.26-27 diz: *"Mulher, eis aí teu filho... Depois, disse ao discípulo: Eis aí tua mãe"*. Jesus expressou amor altruísta. De pé, em frente à cruz, permanecia um grupo de cinco pessoas bem diferentes da multidão escarnecedora. Juntamente com o apóstolo João, estava Maria, a mãe de nosso Senhor, que experimentava toda a força da profecia de Simeão, proferida muitos anos antes, anunciando que a alma de Maria seria traspassada por causa de Jesus (Lc 2.34-35). Presa, por amor, à cruz de seu filho, Maria estava sofrendo em silêncio. Ao seu lado, estava Salomé – talvez sua irmã, a mãe de Tiago e João. Havia também Maria, a esposa de Clopas, e Maria Madalena, da qual Jesus expelira demônios (Mc 15.40; Lc 8.2-3; Jo 19.25). Parece conveniente que o nome Maria signifique "amargura" em hebraico.

Os romanos crucificavam as pessoas próximas ao solo. Portanto, é razoável supor que João e Maria podiam ter tocado em Jesus – talvez fizeram isso. Podiam chegar tão perto, que o ouviriam falar brandamente. Quando Jesus disse: *"Mulher, eis aí teu filho"*, ele não a chamou de mãe porque esse relacionamento acabara. De modo semelhante, quando ele começou seu ministério, Jesus identificou Maria como "mulher" (no casamento, em Caná – Jo 2.4). Na cruz,

Maria foi lembrada novamente de que precisava entender Jesus não como seu filho, mas como seu Salvador. Contudo, o propósito de Jesus não era chamar a atenção para si mesmo, e sim confiar sua mãe aos cuidados de João, e este, ao cuidado de sua mãe.

Quando Cristo estava morrendo, ele se preocupou com sua mãe. Dentre a multidão, ao pé da cruz, sua mãe era a pessoa mais necessitada de todas. É provável que por esse tempo José já tivesse morrido ou, do contrário, Jesus não teria feito essa entrega. Ele não confiaria sua mãe aos seus meios-irmãos porque estes não criam nele (Jo 7.5). Ele não entregaria sua mãe crente aos cuidados de seus parentes incrédulos.

Vemos, novamente, o amor altruísta de Cristo. Na cruz, ele experimentou o peso dos pecados do mundo, a agonia da cruz e a ira do Deus todo-poderoso – um sofrimento muito mais interno do que seu sofrimento externo. Contudo, em meio a todo o seu sofrimento, ele mostrou compaixão. Seus pensamentos foram dirigidos para outra pessoa, uma demonstração da pureza de seu caráter. É assim que devemos viver – nunca tão dominados por nosso sofrimento que perdemos de vista as necessidade de outros (cf. Fp 2.4).

A QUARTA AFIRMAÇÃO – COMPREENDA A SERIEDADE DO PECADO

Em Mateus 27.46, lemos a afirmação que desperta o mais intenso sentimento de piedade: *"Deus meu, Deus meu, por que me desamparaste?"*. Jesus morreu entendendo a seriedade do pecado. Ele morreu sentindo as implicações do pecado. O pecado nos separa de Deus. "Desamparado" é uma das mais dolorosas palavras que uma pessoa pode usar para descrever a si mesma – sozinha e desolada. Jesus foi abandonado. Seu clamor significava: "Deus meu,

Deus meu, com quem tenho tido comunhão eterna e ininterrupta, por que me desertaste?".

Contra o pano de fundo da intimidade eterna, o abandono de Cristo tem significado profundo. O pecado é visto fazendo o que nenhuma outra coisa no universo poderia fazer. Os homens não poderiam separar o Pai do Filho; os demônios não podiam; Satanás não podia. Mas o pecado levou o Filho a sofrer a mais devastadora realidade no universo – a separação de Deus. Aquele que estava no Pai, e o Pai, nele; aquele que era um com o Pai, e o Pai, um com ele; aquele que desfrutara de comunhão perfeita, eterna e ininterrupta na Trindade foi nesse momento abandonado por Deus. Por quê? Porque estava levando o pecado, e o pecado separa.

Deus é tão santo que não pode ver o pecado (Hc 1.13). Como resultado, o pecado aliena o homem de Deus. Quando Cristo levou o nosso pecado na cruz, ele atingiu o clímax de seu sofrimento. Os soldados zombaram de Jesus, colocaram uma coroa de espinhos em sua cabeça, açoitaram-no e espancaram-no, cuspiram em sua face e arrancaram os cabelos de sua barba. Mesmo sofrendo dores indescritíveis – suas mãos e pés traspassados –, Jesus suportou a cruz e sua vergonha em silêncio. Embora zombado pela multidão vulgar e sofrendo os escárnios dos que estavam crucificados ao seu lado, Jesus não respondeu. Mas, quando Deus o abandonou, Cristo experimentou um sofrimento que estava acima de todo aquele desprezo e clamou em agonia.

Nenhuma luta, provação ou dificuldade terrena se aproxima da tristeza que nosso pecado pode causar-nos, porque nos separa de Deus. Como Cristo, os crentes devem sentir-se profundamente entristecidos pela separação que o pecado causa. Jesus experimentou pessoalmente a dolorosa separação que o pecado causa, porque o separou do Pai. Temos de entender as implicações de nosso pecado – ele nos afasta de Deus.

A QUINTA AFIRMAÇÃO – DEPENDA DE OUTROS

Em João 19.28, lemos que Jesus disse: *"Tenho sede!"*. Cristo experimentou as condições de verdadeira humanidade. Essas suas palavras não significavam que ele tinha sede de Deus, e sim que ele estava com sede de algo para beber. Precisava de água e não podia tê-la por si mesmo. Jesus dependeu de outros, e precisamos fazer o mesmo.

Pelo fato de que Cristo é familiarizado com a necessidade humana, ele é um sumo sacerdote compassivo (Hb 2.17-18). O Novo Testamento afirma que Cristo era totalmente homem. Houve momentos em que se sentiu cansado. Houve momentos em que ele teve fome. Houve momentos em que ele teve sono. Houve momentos em que ele ficou feliz. Houve momentos em que ele se entristeceu. Houve momentos em que ele suspirou. Jesus sentiu todas as emoções da vida humana. E, quando teve fome, precisou de alimento. Quando teve sono, precisou de um lugar para deitar-se. Quando teve sede, precisou de algo para beber. Ele dependeu de outros para satisfazer suas necessidades. Algumas vezes, essas necessidades foram satisfeitas por Maria e Marta; algumas vezes, por sua mãe. Como Jesus, temos de estar dispostos a mostrar nossa fraqueza humana e aprender a vivermos dependentemente.

A SEXTA AFIRMAÇÃO – TERMINE O QUE VOCÊ COMEÇOU

Em João 19.30, lemos que Jesus disse: *"Está consumado!"* (no grego, *tetelestai*). Isso é um pronunciamento triunfante. O princípio existente nessa afirmação é que Cristo completou a obra que Deus lhe confiara.

A MORTE DE JESUS NOS MOSTRA COMO VIVER

Uma coisa é terminar a sua vida, mas completar a vida é outra coisa. Dizer que sua vida acabou pode significar algo bem diferente de dizer que sua obra está terminada. Vi esse princípio em operação durante a maratona de Los Angeles: todos começaram e todos pararam, mas nem todos terminaram a maratona.

Para a maioria das pessoas a vida termina, mas sua obra não é acabada. Quando Jesus disse: *"Está consumado"*, ele pretendia dizer que terminara sua obra redentora. Ele veio a este mundo *"para aniquilar, pelo sacrifício de si mesmo, o pecado"* (Hb 9.26). E fez exatamente isso. Ele levou o nosso pecado em seu corpo e feriu a cabeça de Satanás (Gn 3.15). Assim como Cristo realizou perfeitamente o que Deus lhe confiou a fazer, também devemos fazer o mesmo. Devemos ficar mais preocupados com a obra que Deus nos chamou a realizar do que com o sofrimento que a obra nos traz. Jesus suportou o sofrimento porque podia ver o resultado (Hb 12.2). Este é sempre o preço de fazer a obra de Deus: ser capaz de passar pelo sofrimento e pela dificuldade para fazer a obra.

Paulo seguiu fielmente o exemplo de Jesus. Por isso, ao final de sua vida, Paulo pôde dizer: *"Combati o bom combate, completei a carreira, guardei a fé"* (2Tm 4.7). Entretanto, nessa mesma afirmação Paulo mostrou que isso não foi fácil: ele teve de lutar para terminar. É assim que devemos viver. Não viva a sua vida apenas para que ela termine. Viva a sua vida para consumar a obra que Deus lhe deu para fazer.

A SÉTIMA AFIRMAÇÃO: ENTREGUE-SE A DEUS

Em Lucas 23.46, lemos que Jesus clamou: *"Pai, nas tuas mãos entrego o meu espírito!"*. Jesus morreu confiando-se ao cuidado prometido de Deus. Devemos viver dessa mesma maneira, lançando sobre Deus todas as nossas ansiedades, porque ele cuida de nós (1Pe

5.7). Isso significa que você tem de colocar sua vida, sua morte e seu destino nas mãos de Deus. Isso é o que significa uma vida de fé – uma vida de completa confiança em Deus.

Deus havia prometido ressuscitar a Cristo do sepulcro (Sl 16.10). Jesus sabia dessa promessa porque afirmou com certa frequência que sofreria e morreria, mas ressuscitaria (Mt 16.21; 26.32; Mc 9.9, 31; Jo 2.19). Firmado na promessa de Deus, ele se entregou ao cuidado de Deus. Essa é a única maneira de viver – entregar sua vida a Deus.

Devemos viver totalmente entregues a Deus. Romanos 12.1 diz que devemos oferecer-nos a nós mesmos a Deus como sacrifícios vivos. Isso significa que tudo que somos pertence a ele e confiamos nele quanto às consequências. O apóstolo Pedro disse que Jesus se entregava *"àquele que julga retamente"* (1Pe 2.23). Jesus se entregou a Deus, não importando quão grande o sofrimento, quando grande a hostilidade ou quão difícil a tarefa. Ele sabia que Deus faria o que era certo, julgaria retamente e cumpriria o que tinha prometido. Estava disposto a enfrentar a morte e o inferno (1Pe 2.3) porque sabia que Deus não falharia para com ele. Esse é o tipo de confiança que devemos ter.

O Senhor Jesus Cristo viveu uma vida perfeita e morreu uma morte perfeita. Ambas as coisas são um exemplo supremo para nós. As últimas palavras do Senhor Jesus resumem os elementos mais importantes da vida: devemos perdoar aqueles que pecam contra nós, dar a verdade a almas condenadas que estão perdidas sem a verdade, amar com altruísmo e mostrar compaixão aos outros, entender as sérias implicações do pecado, reconhecer nossa fraqueza, permitindo que os outros satisfaçam nossas necessidades, terminar a obra que Deus nos dá para fazermos e descansar seguramente nas mãos de um Deus cuidadoso cujas promessas são certas.

Como resultado da vida e da morte perfeita de Cristo, Deus o ressuscitou dos mortos. E, depois, o assentou à sua direita, na glória. Isso foi a confirmação de Deus quanto à pessoa perfeita e à obra de seu Filho. E também garante que ele ressuscitará todos aqueles que são perfeitos.

Para alguém que é honesto, isso não parece necessariamente boas notícias. Nem sempre somos evangelistas fiéis. Frequentemente, somos insensíveis aos sofrimentos e às necessidades dos outros e somos ingênuos quanto ao poder destruidor do pecado. O orgulho nos impede de viver em dependência de outros. A indolência nos impede de terminar a obra de Deus. E, frequentemente, nos achamos confiando apenas naquilo que podemos ver. Portanto, sabemos que somos imperfeitos. É o fracasso da humanidade em viver perfeitamente que torna toda a humanidade pronta para o inferno.

À luz disso, que esperança podemos ter? Hebreus 10.14 diz: *"Com uma única oferta, [Jesus Cristo] aperfeiçoou para sempre quantos estão sendo santificados"*. Cristo foi o único Deus-homem perfeito. Deus agiu graciosamente para que pudéssemos ter a perfeição de Cristo e, por meio dele, nos aproximarmos de Deus com perfeição.

Os cristãos dizem, frequentemente, que estão em Cristo porque entendem que, se não estivessem nele, Deus não os levaria para a glória. A perfeição de Cristo se torna nossa quando o recebemos como Salvador – sua justiça nos veste, e sua perfeição nos esconde. Por causa de nossa identidade com Cristo, Deus nos levará a glória e nos assentará no trono com Cristo. Essas são as boas-novas do evangelho.

Isso não significa que os cristãos são perfeitos nesta vida. Ainda lutamos contra o pecado nesta vida, mas aguardamos a perfeição no céu. Enquanto não a recebemos, estamos cobertos com a perfeição de Cristo e sendo progressivamente conformado à imagem dele (2Co 3.18).

Pelo fato de que Cristo nos cobriu com sua perfeição, devemos fazer tudo que pudermos para viver tão perfeitamente quanto possível – perdoar, evangelizar e amar como ele fez. O desejo de sermos livres do pecado deve ser tão grande quanto o dele. Devemos depender dos outros, terminar a obra designada e confiar totalmente em Deus, da maneira como Cristo fez. Por fazermos tudo isso, não ganharemos a perfeição por mérito, mas viveremos de acordo com a perfeição que recebemos de Cristo, quando o recebemos como Salvador. Isso é o evangelho.

9

QUINZE PALAVRAS DE ESPERANÇA

2 Coríntios 5.21
23 de abril de 1995

Na quarta-feira anterior ao domingo em que este sermão foi pregado, terroristas nacionais realizaram um atentado a bomba contra o edifício Alfred P. Murrah, do governo federal, em Oklahoma City, matando 168 pessoas e ferindo mais 800 pessoas.

No sermão, John MacArthur não fez qualquer menção explícita desse acontecimento, mas essa foi uma mensagem perfeita para responder à tristeza e à confusão desses tempos turbulentos. Este é, provavelmente, o mais excelente resumo da mensagem do evangelho em todo o catálogo de sermões.

Pregado logo depois da Shepherd's Conference em 1995, este sermão está próximo da metade de uma extensa série de sermões sobre 2 Coríntios, pregados durante cinco anos. Este sermão também marca uma importante e memorável mudança de atitude de John MacArthur para com a doutrina da expiação e sua relação com a doutrina da justificação. John sempre afirmara a natureza substitutiva da expiação de Cristo, mas, depois de pregar esta mensagem, ele começou a enfatizar essa verdade *com regularidade e a expô-la mais plenamente do que antes. Era como se ele estivesse prevendo que a natureza vicária do sacrifício de Cristo logo ficaria sob ataque. De fato, em menos do que uma década, vários autores pós-evangélicos e "emergentes" começaram a criticar aberta e agressivamente a doutrina histórica da substituição penal – e este sermão proveu uma resposta bíblica a esse ataque.*

O versículo que consideraremos é 2 Coríntios 5.21, que diz: "Aquele que não conheceu pecado, ele o fez pecado por nós; para que, nele, fôssemos feitos justiça de Deus".

A Bíblia ensina com clareza que todas as pessoas são pecadoras por natureza e por ação. De fato, todas as pessoas são pecadoras desde o nascimento. Por isso, todos nascem separados de um Deus santo, que não pode contemplar o pecado e não pode ter comunhão com pecadores. Essa separação por causa do pecado nos impede de conhecer a Deus. Ele é perfeitamente santo e não pode ter nada com pecadores, senão rejeitá-los.

O resultado dessa rejeição é impiedade neste tempo e uma eternidade no inferno. Portanto, essa separação em que todo ser humano nasce é um problema sério. Significa que todos vivem sem Deus, e, se morrerem nessa condição, passarão a sua eternidade em tormento, sem Deus.

Essa realidade prova que o vírus mais temível no mundo não é o vírus HIV, é o vírus do PECADO. Como o HIV, o pecado mata todos os que ele infecta. Diferentemente do vírus HIV, o pecado infecta todas as pessoas. Ele mata não somente no tempo, mas também na eternidade. O pecado mata tanto física como espiritualmente. Não há cura para o vírus HIV, mas felizmente há cura para o vírus do PE-

CADO. Deus tornou possível que pecadores sejam curados tão ampla e completamente, que podem ser reconciliados com ele e ter comunhão eterna em sua presença.

Essas são as boas-novas que o cristianismo prega – o evangelho. Há uma cura para o vírus do PECADO, para que a hostilidade entre as pessoas e Deus termine agora e para sempre, e pecadores sejam reconciliados com um Deus santo. Se você examinar de novo 2 Coríntios 5.18-20, observará diversas vezes o verbo "reconciliar", em uma forma ou outra. O versículo 18 diz: *"Ora, tudo provém de Deus, que nos reconciliou consigo mesmo"*. O versículo 19 diz: *"Deus estava em Cristo reconciliando consigo o mundo"*. E, no final do versículo 20, rogamos aos pecadores que se reconciliem com Deus.

Essas são as boas-novas – a grande notícia de que você não tem de viver impiamente neste tempo e na eternidade. Você não precisa sofrer nesta vida, sem Deus, e sofrer o tormento eterno, sem ele, na vida por vir. A reconciliação é possível. No versículo 20, Paulo disse: *"Somos embaixadores em nome de Cristo... Em nome de Cristo, pois, rogamos que vos reconcilieis com Deus"*.

Mas isso suscita a pergunta: como a reconciliação acontece? Como um Deus totalmente santo, que é infinitamente puro e perfeito, pode ser reconciliado com pecadores? Como ele pode fazer isso quando é tão puro que não pode ver o pecado e não pode ter comunhão com transgressores? Como Deus pode satisfazer sua lei santa e justa com a condenação de pecadores, por meio de punição total e merecida, e ainda mostrar misericórdia àqueles que não merecem misericórdia? Como Deus pode acabar com a hostilidade e levar pecadores ao seu santo céu, para viverem eternamente com ele, em comunhão íntima? Como Deus pode satisfazer a justiça e a graça? De que modo o amor pelos pecadores pode ser reconciliado com a justiça? Como Deus pode ser justo e justificador de pecadores (cf. Rm 3.26)?

As palavras de 2 Coríntios 5.21 nos mostram como. As quinze palavras gregas contidas neste versículo definem e equilibram perfeitamente o mistério da reconciliação. Elas nos mostram a essência da expiação. De fato, este versículo é o âmago das boas-novas. É a verdade mais poderosa da Escritura, porque envolve e explica como pecadores podem ser reconciliados com Deus. Este versículo resolve o paradoxo da redenção. Soluciona o mistério e esclarece o enigma. Neste versículo, descobrimos como a justiça santa e o amor perfeito podem ser satisfeitos, como a justiça e a misericórdia podem abraçar-se. A verdade desta única sentença soluciona o mais profundo dilema de como Deus pode reconciliar-se com pecadores.

Há muita verdade a ser considerada neste versículo. Temos de averiguar cuidadosamente este cofre de jóias raras e parar para examinar cada uma delas com lente de aumento, a fim de entendermos as riquezas. Quero dirigir sua atenção para quatro detalhes do texto que revelam seu significado: o benfeitor, o substituto, os beneficiários e os benefícios. Isso resume como Deus pode reconciliar pecadores.

O BENFEITOR

O versículo diz: "Ele o fez". Se você estuda a Bíblia, a primeira pergunta que fará é esta: a quem se refere a palavra "Ele"? A resposta se acha numa palavra que está no final do versículo 20: "Deus". Deus é o antecedente. "Aquele que não conheceu pecado, ele o fez pecado por nós." O fato é este: isto é plano de Deus. Ele é o benfeitor. Deus está por trás do plano de reconciliação. Ele o elaborou. Ele o realizou. Ele o traz à fruição. Essa é uma perspectiva crucial. Não poderia haver reconciliação se Deus não a iniciasse, não a operasse e não a aplicasse. Ele teve de planejá-la e executá-la.

A reconciliação não poderia vir de nenhuma fonte humana. Não há nada que o homem poderia ou pode fazer para produzir a reconciliação com Deus.

Todos os esforços no âmbito religioso são como trapos de imundície (cf. Is 64.4). O mundo está cheio de religião. Mas toda religião, exceto o cristianismo, é nada: é o homem produzindo, com a ajuda de Satanás, um plano em que ele tenta obter a reconciliação com Deus. Esse é o erro fatal de toda religião do mundo, não importando o nome que elas tenham.

Romanos 3.10-11 diz: *"Não há justo, nem um sequer, não há quem entenda, não há quem busque a Deus"*. Ora, poderíamos imaginar que, se existia um grupo de pessoas que era capaz de elaborar um plano de reconciliação e realizá-lo muito competentemente, esse grupo era os judeus. Afinal de contas, os judeus eram o povo do Deus verdadeiro, Jeová. Deus lhes deu a lei, os profetas, as alianças e a adoção (cf. Rm 9.4). Eles tinham a revelação. Eles tinham o Antigo Testamento. Até a salvação lhes foi dada – a salvação vem dos judeus; e o Messias veio para eles. Se algum grupo de pessoas podia ter planejado um sistema pelo qual conseguiriam a reconciliação, esse grupo era os judeus. Mas eles falharam.

Em Romanos 10.1, Paulo comenta o fracasso dos judeus, ao dizer: *"A boa vontade do meu coração e a minha súplica a Deus a favor deles são para que sejam salvos"*. Com toda a sua religiosidade e com tudo que receberam por meio da revelação divina, eles não conseguiram a reconciliação, porque acreditavam que, de alguma maneira, a sua reconciliação com Deus dependia deles mesmos. E, por isso, não eram salvos. *"Porque lhes dou testemunho"*, diz Paulo, *"de que eles têm zelo por Deus, porém não com entendimento. Porquanto, desconhecendo a justiça de Deus e procurando estabelecer a sua própria, não se sujeitaram à que vem de Deus"* (vv. 2-3).

A falsa religião é isto: a religião de empreendimento humano. Mas os pecadores nunca podem realizar a reconciliação porque a única maneira como a reconciliação podia acontecer era se Deus viesse ao encontro dos pecadores. E ele fez isso. Foi Deus quem tomou aquele *"que não conheceu pecado"* e o *"fez pecado por nós"*. Foi plano de Deus. Jesus foi à cruz não porque os homens se voltaram contra ele, embora tenham feito isso. Ele foi à cruz não porque espíritos enganadores controlaram a mente dos líderes religiosos do judaísmo, para que tramassem a sua morte, embora tenham feito isso. Jesus foi à cruz não porque uma multidão furiosa clamava por seu sangue, embora tenham feito isso. Jesus foi à cruz porque Deus o planejou. Deus o planejou como totalmente necessário e o único meio pelo qual a reconciliação poderia acontecer.

Foi por essa razão que Jesus disse: *"Eu vim ao mundo para fazer a vontade do Pai"*. É também a razão por que ele disse: *"Não beberei, porventura, o cálice que o Pai me deu?"* (Jo 18.11). O cálice se refere ao cálice da ira de Deus. Por isso, em Hebreus 10.5-7, Jesus é citado como que dizendo: *"Um corpo me formaste... aqui estou... para fazer, ó Deus, a tua vontade"*. Também foi por isso que o apóstolo Pedro disse, ao levantar-se no dia de Pentecostes e pregar para a população de Jerusalém, muitos dos quais haviam clamado pelo sangue de Jesus e eram culpados de exigir sua execução: *"Sendo este entregue pelo determinado desígnio e presciência de Deus, vós o [o Filho de Deus] matastes, crucificando-o"* (At 2.23). Eles praticaram sua obra perversa, mas tudo estava no plano do Pai.

Somente Deus podia chamar a segunda pessoa da Trindade para se encarnar, vir ao mundo, humilhar-se, assumir a forma humana e ser obediente até à morte, e morte de cruz (Fp 2.7-8). Somente Deus podia planejar a expiação pelo pecado que satisfaria a sua justiça, porque somente ele sabe o que é necessário para satisfazer a sua justiça. Somente Deus sabe o que propicia a sua ira. Nós não sabemos. Somente Deus podia decidir como sua santidade infinita, seu intenso ódio pelo pecado e sua justiça inflexível seriam perfeitamente satisfeitos sem destruir o pecador. Somente Deus podia saber o que seria necessário para tornar um pecador aceitável a ele, de modo que o pecador escapasse do inferno e vivesse eternamente na presença de Deus, em sua própria casa. Somente Deus podia determinar como a natureza espiritual, a autoridade suprema e a perfeição imutável de sua lei, que é santa, justa e boa, seria totalmente satisfeita, e o transgressor, completamente justificado, bem como correta e genuinamente perdoado e aceito, embora caído, culpado e depravado.

Somente Deus podia trazer todos esses componentes à conciliação. Somente Deus sabia como resolver o dilema. Somente ele sabia o que satisfaria sua exigência justa. Somente Deus sabia como poderia executar sua ira, de modo que ela fosse consumada. Somente ele sabia o que significava carregar o fardo do pecado e suportar a punição de sua própria fúria. O mundo pode chamar de loucura o evangelho e a obra de Jesus Cristo, mas para aqueles que creem no evangelho, ele é a sabedoria de Deus. Somente a mais pura e mais profunda sabedoria do Deus infinitamente santo podia elaborar um plano coerente com sua santidade infinita para reconciliar com ele mesmo pecadores totalmente ímpios. Portanto, Deus é o benfeitor – aquele que fez o plano e o executa.

O plano de salvação flui desta grande realidade: *"Deus amou ao mundo de tal maneira que deu"* (Jo 3.16). Foi exatamente isso o que Paulo disse, em palavras diferentes, em Romanos 5.8: *"Deus prova o seu próprio amor para conosco pelo fato de ter Cristo morrido por nós, sendo nós ainda pecadores"*. Tudo resulta do amor de Deus. *"Quando inimigos"*, disse Paulo, *"fomos reconciliados com Deus mediante a morte do seu Filho"* (v. 10). Deus iniciou a reconciliação porque nos amou. Efésios 2.4 diz: *"Deus, sendo rico em misericórdia, por causa do grande amor com que nos amou"*, nos deu a salvação. Deus ama pecadores. Essa foi a razão por que o apóstolo Paulo disse: *"Dando graças ao Pai, que vos fez idôneos à parte que vos cabe da herança dos santos na luz"* (Cl 1.12). Somente Deus conhecia as idoneidades e somente ele podia tornar-nos idôneos. Devemos dar graças a Deus, porque ele *"nos libertou do império das trevas e nos transportou para o reino do Filho do seu amor, no qual temos a redenção, a remissão dos pecados"* (vv. 13-14).

Foi exatamente por isso que Paulo disse ao cristãos de Éfeso: *"Bendito o Deus e Pai de nosso Senhor Jesus Cristo, que nos tem abençoado com toda sorte de bênção espiritual nas regiões celestiais em Cristo, assim como nos escolheu nele antes da fundação do mundo"* (Ef 1.3-4). Foi o Pai quem *"nos predestinou... para a adoção de filhos, por meio de Jesus Cristo"* (v. 5). Essa salvação tem de resultar em *"louvor da glória de sua graça, que ele nos concedeu gratuitamente no Amado, no qual temos a redenção, pelo seu sangue, a remissão dos pecados"* (vv. 6-7). Foi o Pai quem derramou abundantemente sobre nós toda sabedoria, prudência e todas as riquezas de sua graça (vv. 8-9).

Isto é muito diferente das religiões do mundo. As religiões do mundo operam basicamente numa premissa de medo. Elas vêem a Deus como irado, odioso ou indiferente, alguém que não pode se preocupar com a prosperidade de seres que vivem abaixo dele, neste mundo. O alvo da maioria das religiões é apaziguar esse Deus hostil e irado. Por isso, os homens têm de inventar um sistema que os reconciliará com Deus, sem que ele destrua a vida deles ou castigue-os eternamente. Esses sistemas de apaziguamento envolve frequentemente certas cerimônias religiosas, obrigações, ações ou boas obras que podem ser seguidas para, de algum modo, apaziguar essa deidade e deter sua fúria mortal.

Por outro lado, o cristianismo proclama um Deus que ama, ama tanto que é um Salvador, *"o qual deseja que todos os homens sejam salvos e cheguem ao pleno conhecimento da verdade"* (1Tm 2.4). Temos um Deus que não odeia, e sim que ama pecadores e planejou um meio de ter comunhão com eles para sempre. Não temos de apaziguar a Deus. Em seu amor, Deus provê o sacrifício e oferece, maravilhosa, graciosa e prontamente, o dom do perdão. Isto é boas-novas – você não tem de apaziguar a Deus; não tem de elaborar um plano de reconciliação e desenvolver sua própria justiça. As boas-novas são que Deus é o benfeitor. Ele sabe o que satisfaz a sua justiça e a sua santidade. O preço do pecado foi pago, e agora Deus oferece a você perdão e reconciliação.

O que foi necessário para realizar esta reconciliação? Morte foi necessária, porque Ezequiel 18.20 diz: *"A alma que pecar, essa morrerá"*. Romanos 6.23 diz: *"O salário do pecado é a morte"*. Deus sabia qual era a exigência – a exigência era a morte. Deus deixou isso bastante claro em toda a dispensação do Antigo Testamento, porque os judeus gastavam maior parte de sua vida ou indo para ou vindo de um sacrifício. Eles mataram milhões de animais por causa de seus pecados, o que era parte do plano de Deus para mostrar às pessoas quão ímpias elas eram e como o pecado exigia a morte. Aqueles animais não podiam jamais remover pecado, mas os sacrifícios contínuos demonstravam às pessoas que o salário do pecado é a morte. Toda vez que alguém pecava, as pessoas tinham de ir assistir a outra morte. As pessoas se fatigavam disso e anelavam pelo Cordeiro final que, de uma vez por todas, removeria o pecado do mundo e acabaria com a morte de animais. Os animais eram símbolo de que a lei de Deus podia ser satisfeita apenas por meio da morte, e isso fazia as pessoas anelarem, de todo o coração, por um substituto final.

Bem, o Pai enviou Um. E ele não veio relutantemente. Jesus disse: *"Ninguém a [minha vida] tira de mim; pelo contrário, eu espontane-*

amente a dou. Tenho autoridade para a entregar e também para reavê-la" (Jo 10.18). Jesus não reteve voluntariosamente o que tinha direito de reter, mas entregou a sua vida e condescendeu em morrer (cf. 2.6-8).

O SUBSTITUTO

O substituto é identificado: *"Aquele que não conheceu pecado"*. Quem é ele? É o único que não conheceu pecado. Isso restringe o campo a uma Pessoa. Certamente, ele não é um ser humano normal, porque *"não há justo, nem um sequer"* (Rm 3.10). Romanos 3.23 diz: *"Todos pecaram e carecem da glória de Deus"*. Nenhum ser humano se qualifica. Quem é aquele que não conheceu pecado? Quem é aquele que pode sofrer pelos outros toda a ira de Deus contra o pecado, porque não tinha de sofrer por si mesmo essa ira? Nenhum pecador podia ser um substituto e morrer por outro pecador, porque tinha de pagar a penalidade por seu próprio pecado. Tinha de haver uma oferta sem pecado. E tinha de ser um ser humano, porque tinha de ser um homem morrendo pelo homem. Mas não podia ser um ser humano pecador, pois esse ser humano teria de morrer por seu próprio pecado e não poderia prover expiação pelos pecados dos outros.

A única maneira de um homem sem pecado viver seria se ele fosse Deus, porque somente Deus é sem pecado. Um homem sem pecado só podia ser Deus. E foi exatamente isso que Deus planejou. O segundo membro da Trindade, sem pecado e perfeito, igualmente santo como os dois outros membros da Trindade, viria ao mundo na forma de homem. Ele não teria um pai humano – José não era o pai de Jesus, e José sabia disso. José ainda não tinha conhecido sua mulher por meio da intimidade sexual, quando soube que ela estava grávida. Ele não podia acreditar nisso, mas o anjo lhe disse: *"O que nela foi gerado é do Espírito Santo"* (Mt 1.20). Portanto, Jesus teve uma mãe humana, e isso o tornou homem, mas Deus era seu Pai. Jesus era Deus-Homem, o ser humano sem pecado.

A figura do Antigo Testamento para essa realidade era o cordeiro selecionado para o sacrifício. Tinha de ser um cordeiro sem mancha ou defeito. Tinha de ser um animal perfeito, sem uma marca, retratando o verdadeiro Substituto que seria perfeito.

Em Apocalipse 5, há um quadro maravilhoso revelando que ninguém é qualificado, senão Cristo. Em sua visão, João viu a sala do trono de Deus. Na visão, Deus está no trono, segurando na mão um rolo selado com sete selos (Ap 5.1). Isso é o título de propriedade do universo e olha para o futuro quando Deus se prepara para resgatar o seu universo de Satanás e do pecado.

Em seguida, João viu *"um anjo forte, que proclamava em grande voz: Quem é digno de abrir o livro e de lhe desatar os selos? Ora, nem no céu, nem sobre a terra, nem debaixo da terra, ninguém podia abrir o livro, nem mesmo olhar para ele; e eu chorava muito, porque ninguém foi achado digno de abrir o livro, nem mesmo de olhar para ele"* (vv. 2-4). No universo criado, não havia nenhum ser, homem ou anjo, que podia se apresentar e por em execução o conteúdo do livro. Por isso, João começou a chorar.

O versículo 5 diz: *"Um dos anciãos me disse: Não chores; eis que o Leão da tribo de Judá, a Raiz de Davi, venceu para abrir o livro e os seus sete selos"*. Alguém é digno. Quem é ele? *"O Leão da tribo de Judá"*. É um homem da tribo de Judá; isso significa que ele é um judeu. Mas ele é também a raiz de Davi – não o ramo, não algo que veio de Davi, mas o que produziu Davi. E ele é Deus. Em que forma ele está? O versículo 6 diz: *"Um Cordeiro como tendo sido morto"*. Há somente um que é digno de tomar de volta o universo, e ele é aquele que nasceu como judeu, humano em todos os aspectos, mas aquele que era Deus, a própria fonte da qual veio Davi, aquele que era o Cordeiro que havia sido morto. Deus criou um único Deus-homem nascido de uma virgem, para ser o Substituto que o plano exigia. A justiça tinha de ser satisfeita; a lei tinha de ser vindicada.

Por isso, Paulo disse aos cristãos gálatas: *"Vindo, porém, a plenitude do tempo, Deus enviou seu Filho, nascido de mulher, nascido sob a lei, para resgatar os que estavam sob a lei"* (Gl 4.4-5). Jesus Cristo é aquele que não conheceu qualquer pecado.

Jesus disse: *"Quem dentre vós me convence de pecado?"* (Jo 8.46). A resposta foi silêncio e ainda é silêncio. Lucas 23 afirma: *"Disse Pilatos aos principais sacerdotes e às multidões: Não vejo neste homem crime algum"* (v. 4); *"Nada verifiquei contra ele dos crimes de que o acusais"* (v. 14); *"Que mal fez este? De fato, nada achei contra ele para condená-lo à morte"* (v. 22).

O ladrão que estava pendurado na cruz próxima a Jesus disse ao seu colega: *"Nós, na verdade, com justiça, porque recebemos o castigo que os nossos atos merecem; mas este nenhum mal fez"* (v. 41). Este foi o testemunho do centurião que assistiu à crucificação: *"Verdadeiramente, este homem era justo"* (v. 47).

Não foram apenas pessoas incrédulas que viram a perfeição de Jesus. O apóstolo João esteve com Jesus dia e noite por três anos, seguiu os passos de Jesus, ouviu cada palavra que ele falou e viu os seus atos. João disse sobre Jesus: *"Nele não existe pecado"* (1 Jo 3.5).

O escritor da Epístola aos Hebreus afirma essa mesma realidade, quando diz: *"Não temos sumo sacerdote que não possa compadecer-se das nossas fraquezas; antes, foi ele tentado em todas as coisas, à nossa semelhança, mas sem pecado"* (Hb 4.15). E descreveu a Jesus como *"santo, inculpável, sem mácula, separado dos pecadores"* (Hb 7.26).

Quando Pedro pregou sobre Cristo aos judeus, ele disse: *"Vós, porém, negastes o Santo e o Justo... matastes o Autor da vida"* (At 3.14-15). Pedro também disse a respeito de Cristo que ele era como um *"cordeiro sem defeito e sem mácula"* (1 Pe 1.19). E disse também a respeito de Cristo: *"Carregando ele mesmo em seu corpo, sobre o madeiro, os nossos pecados, para que nós, mortos para os pecados, vivamos para a justiça"* (1 Pe 2.24); *"O qual não cometeu pecado"* (2.22); *"Cristo morreu, uma única vez, pelos pecados, o justo pelos injustos"* (3.18).

Homens incrédulos deram testemunho da impecabilidade de Cristo; aqueles que o conheciam melhor testificaram a impecabilidade de Jesus. Mas há Outro que deu um testemunho que é realmente poderoso. Ninguém outro, senão o próprio Deus, o Pai, disse por ocasião do batismo de Cristo: *"Este é o meu Filho amado, em quem me comprazo"* (Mt 3.17). Na transfiguração de Jesus, o Pai disse: *"Este é o meu Filho amado, em quem me comprazo"* (Mt 17.5). O Pai era totalmente satisfeito com o Filho porque ele era perfeito, sem pecado.

Talvez o maior testemunho da impecabilidade de Jesus era a comunhão ininterrupta que ele tinha com Deus: *"Eu e o Pai somos um"* (Jo 10.30). Ele disse isso em outras ocasiões (cf. Jo 14.30-31; 17.11, 21, 22, 23).

Observe nosso texto em 2 Coríntios 5.21: *"Aquele que não conheceu pecado, ele o fez pecado por nós"*. Deus tinha de punir o pecado, mas, se ele punisse o pecador, o pecador seria destruído no inferno, por toda a eternidade. Por isso, Deus tomou o Substituto, colocou-o no lugar do pecador e puniu o Substituto em lugar do pecador. Cristo teve de ser feito pecado.

Ora, o que significa o fato de que Cristo foi feito pecado? Primeiramente, deixe-me dizer-lhe o que isso não significa. Não significa que Cristo se tornou um pecador, cometeu pecado ou transgrediu a lei de Deus. As passagens bíblicas que já li indicam que Jesus não tinha qualquer capacidade de pecar – isso é o que os teólogos chamam de impecabilidade de Cristo. Ele não podia pecar. Ele era Deus, sem pecado, e, ao mesmo tempo, totalmente homem. É inconcebível que

Deus faria de Jesus um pecador. A idéia de que Deus faz de alguém um pecador é impensável por si mesma. Quanto menos impensável é a idéia de que ele faria de seu Filho santo um pecador!

Então, o que significa o fato de que Jesus foi feito pecado? Isaías 53 apresenta a resposta para nós: *"Certamente, ele tomou sobre si as nossas enfermidades e as nossas dores levou sobre si... ele foi traspassado pelas nossas transgressões e moído pelas nossas iniquidades; o castigo que nos traz a paz estava sobre ele... Todos nós andávamos desgarrados como ovelhas; cada um se desviava pelo caminho, mas o* S<small>ENHOR</small> *fez cair sobre ele a iniquidade de nós todos"* (vv. 4-6). Ele não morreu pelos seus próprios pecados. Ele morreu pelos nossos pecados.

O Senhor tomou a iniquidade de todos nós e a colocou em Cristo. Você pode dizer: "O que significa isso? Não foi o pecado dele mesmo?" Não, foi o nosso pecado. Deus tratou Cristo como se ele fosse pecador por fazê-lo pagar a penalidade pelo pecado, embora ele fosse inocente. Deus tratou a Cristo como se ele fosse o pecador e o fez pagar pelo pecado. Mais do que isso, Deus tratou a Cristo como se tivesse cometido todos os pecados de todas as pessoas que creriam. Isso não é incrível? O pecado, que não era de Cristo, de maneira alguma, foi atribuído a Cristo como se ele o tivesse cometido. Esse é o único sentido em que Cristo foi feito pecado; ele foi feito pecado por imputação. O pecado foi imputado a Cristo – Deus pôs o pecado na conta de Cristo, lançou o pecado sobre ele e o fez pagar a penalidade. Seria como se todos os pecadores do mundo lançassem todo o pecado deles em seu cartão de credito, e você se visse chocado com o fato de que teria de pagar a conta.

A culpa dos pecados de todos que creriam em Deus, todos que seriam salvos, foi imputada a Jesus Cristo, lançada em sua conta, como se ele fosse culpado de todos os pecados. E, quando Deus lançou todo a culpa em Cristo, ele descarregou todo o furor de sua ira contra todo esse pecado e todos esses pecadores, e Jesus experimentou toda a ira de Deus. Não ficamos admirados do fato de que, no momento em que esteve separado de Deus, Jesus tenha clamado: *"O que quer dizer: Deus meu, Deus meu, por que me desamparaste?"* (Mt 27.46). Ele foi tratado como um pecador merecem ser tratado, com toda a fúria da punição justa derramada sobre ele. Jesus era pessoalmente puro, mas foi tornado oficialmente culpado. Ele era pessoalmente santo, mas foi considerado judicialmente culpado.

Gálatas 3.10 diz: *"Todos quantos, pois, são das obras da lei estão debaixo de maldição".* Você quer tentar merecer sua entrada no céu, tentar reconciliar-se com Deus? Você quer fazer certas obras, cumprir certos deveres religiosos e atribuir a si mesmo alguma lei moral ou cerimonial? Quer produzir a sua própria justiça? Então, você está com um problema. Todos que tentam se reconciliar com Deus por meio de obras ou do que fazem são malditos. Gálatas 3.10 cita Deuteronômio 27.26: *"Maldito aquele que não confirmar as palavras desta lei, não as cumprindo".*

Você entende por que essa maneira de lidar com a reconciliação o amaldiçoa? Porque, na primeira vez que você transgredir a lei de Deus, já está condenado. Precisa apenas de uma vez. Toda vez que você tenta reconciliar a si mesmo com Deus por meio do esforço humano, coloca-se a si mesmo debaixo de maldição, porque isso exige apenas de uma transgressão. Por isso, toda a raça humana é maldita. Toda pessoa de cada religião existente na face da terra que tenta, por seus próprios esforços, produzir a reconciliação é maldita.

Ora, essa maldição da iniquidade tem uma penalidade que tem de ser paga. Mas Gálatas 3.13 diz: *"Cristo nos resgatou da maldição da lei, fazendo-se ele próprio maldição em nosso lugar".* Uau! Este é o fato. Cristo sofreu a fúria total da ira de Deus em nosso lugar. Deus colocou Cristo sob a maldição e o puniu com julgamento. Recordo-lhe novamente que a imputação é crucial para entendermos a reconciliação. Cristo se tornou pecado por imputação. Nosso pecado foi imputado a Cristo, assim como a justiça de Cristo foi imputada aos crentes.

Deixe-me dizer isso de outra maneira. Embora Cristo tenha morrido na cruz, ele não se tornou mau como nós o somos. Tampouco nós, por causa da cruz, nos tornamos santos como ele é santo. Deus colocou nosso pecado na conta de Cristo e põe a justiça de Cristo em nossa conta. Isso não acontece porque somos tão justos que Deus fica satisfeito. Acontece porque a penalidade foi paga, e a culpa foi satisfeita, para que Deus creditasse a nós a justiça de Cristo.

O único sentido em que você é tornado justo, por meio da justificação, é pela imputação. E foi nesse mesmo sentido que Cristo foi feito pecado. Ele foi feito pecado porque Deus lançou sobre ele o nosso pecado. Somos feitos justos porque Deus lança a justiça de Cristo em nossa conta.

Eu sou um cristão, mas não sou tão justo que possa permanecer diante de um Deus santo. Você pode? Tenho tantos pecados em minha vida que, se ficasse em algum lugar perto de Deus, teria de dizer como o apóstolo Pedro: *"Senhor, retira-te de mim, porque sou pecador"* (Lc 5.8). Mas Deus olha para mim e me considera não por causa da minha moralidade humana; ele me considera por causa da justiça imputada de Cristo, que me cobre.

Resumindo, o Benfeitor é Deus, o Substituto é Cristo, que, por imputação, recebeu nossos pecados e morreu por eles, tomando o nosso lugar.

OS BENEFICIÁRIOS

"Aquele que não conheceu pecado, ele o fez pecado por nós" (2Co 5.21). Sobre quem Paulo está falando? São as mesmas pessoas

designadas pelo pronome pessoal *"nós"* no versículo 20: *"Somos embaixadores"*; as mesmas pessoas referidas pelo pronome *"nos"* no versículo 19: *"E nos confiou a palavra da reconciliação"*; e as mesmas designada pelo pronome *"nos"* no versículo 18: *"Tudo provém de Deus, que... nos deu o ministério da reconciliação"*.

Quem são eles? Paulo os descreve no versículo 17: *"Se alguém está em Cristo, é nova criatura; as coisas antigas já passaram; eis que se fizeram novas"*. Há uma transformação – uma nova criação acontece na salvação. Somos mudados, mas nem mesmo essa mudança teria justiça suficiente para satisfazer um Deus santo. Por isso, Deus tem de cobrir-nos com a justiça de Cristo, para nos tornar aceitáveis, até que ele nos leve à glória e nos torne completamente justos. Foi por nós que Cristo morreu: nós que estamos em Cristo, que fomos reconciliados. A substituição real em sua eficácia foi realizada em favor daqueles que creriam. Cristo morreu por nossos pecados.

O BENEFÍCIO

O fim de 2 Coríntios 5.21 nos mostra o benefício: *"Para que, nele, fôssemos feitos justiça de Deus"*. Qual é o benefício? Nós nos tornamos justos diante de Deus. Isso é o que a justificação faz. A justiça imputada a nós é a própria justiça de Cristo. Paulo disse em Filipenses 3.9: *"E ser achado nele, não tendo justiça própria, que procede de lei, senão a que é mediante a fé em Cristo, a justiça que procede de Deus, baseada na fé"*. Uau! Jesus é santo, mas Deus lhe imputou o pecado. Somos pecadores, mas Deus nos imputa santidade.

A justiça que Deus exige para aceitar qualquer pecador é a justiça que Deus mesmo provê. Quando Deus olha para você, ele o vê coberto com a justiça de Jesus Cristo. Essa é a razão por que todo o seu pecado é automaticamente perdoado no sentido eterno, porque

Jesus já pagou a penalidade. Deus não mais considera você responsável por seu pecado, porque Jesus pagou a penalidade completa e recebeu a fúria completa pelo pecado.

Você diz: "E os pecados que cometo depois de me tornar cristão?" Cristo morreu também por esses pecados. Você não era nem nascido quando ele morreu – todos os seus pecados eram futuros. De fato, Cristo é o cordeiro morto desde a fundação do mundo, antes mesmo da criação. O plano era que ele morresse por todos os pecados de todos os que creriam nele.

Esta é a justiça sobre a qual Paulo fala em Romanos 3. É a justiça de Deus sem a lei (v. 21). É a justiça de Deus mediante a fé em Cristo Jesus para todos os que crêem (v. 22). Como você se beneficia disso? Reconheça que você é um pecador; está em situação desesperadora, alienado de Deus. Admita que você não tem, de si mesmo, esperança de reconciliação, que você viverá impiamente nesta vida e sofrerá o tormento eterno na vida por vir. Então, creia que Deus enviou seu Filho ao mundo, na forma de um homem, para morrer como seu substituto e que ele tomou sobre si mesmo toda a fúria da ira de Deus. Creia que Deus confirmou que sua justiça foi satisfeita quando ele ressuscitou Jesus dentre os mortos. E, quando Deus ressuscitou Jesus dentre os mortos, ele ficou satisfeito. Em seguida, Deus exaltou a Jesus, assentando-o à sua direita, em seu trono (Fp 2). Quando isso foi realizado, e quando Jesus se ofereceu a si mesmo, satisfazendo a justiça de Deus, Deus *"lhe deu o nome que está acima de todo nome, para que ao nome de Jesus se dobre todo joelho... e toda língua confesse que Jesus Cristo é Senhor, para glória de Deus Pai"* (Fp 2.9-11). É nisso que você crê, e isso é o evangelho.

Quando você crê no evangelho, pela fé, Deus lhe imputa, em sua misericórdia, a justiça de Jesus Cristo, porque seus pecados foram imputados a Cristo, quando ele morreu na cruz. O Pai conhecia você quando o Filho morreu. Seu nome foi escrito no Livro da Vida do Cordeiro antes da fundação do mundo, e a expiação que Cristo realizou foi por você. Então, você chegou a crer e recebeu a justiça imputada. Agora você vive esta vida na presença de Deus e, por fim, viverá na eternidade, em perfeição total. Isso é o evangelho.

O benfeitor é Deus: o plano é dele e resulta do seu amor. O Substituto é Jesus Cristo, que tomou o seu lugar, o perfeito Deus-Homem. Os beneficiários somos todos nós, por quem ele morreu, aqueles que creriam. E o benefício é que você recebe a justiça de Deus imputada a você, como se você fosse igual a Jesus Cristo em santidade. E um dia você será tornado santo. Mas, até àquele dia, você está coberto com a justiça de Deus em Cristo. E essa justiça se torna sua tão-somente pela sua fé em Jesus Cristo.

10

UMA PERSPECTIVA BÍBLICA SOBRE A MORTE, O TERRORISMO E O ORIENTE MÉDIO

Escrituras Selecionadas
16 de setembro de 2001

Há chance de que você lembre exatamente onde estava e o que fazia na terça-feira anterior ao domingo em que este sermão foi pregado. Por volta da hora em que muitos de nós tomávamos nosso café da manhã e ligávamos a TV para assistir às notícias, os ataques terroristas já estavam em andamento em New York e Washington DC. Na sede do Grace to You, fizemos naquela manhã um programa especial, uma entrevista com John MacArthur, na qual ele discutiu o significado da tragédia humana e a soberania de Deus à luz de Lucas 13.1-5. O programa foi enviado a estações de rádio para ser transmitido no dia seguinte.

John gastou o restante daquela tarde com um pequeno grupo de homens que constituíam a equipe de servidores do Grace to You, compilando material sobre o fundamentalismo islâmico e o terrorismo no Oriente Médio. Ele rascunhou a maior parte desta mensagem naquela mesma tarde, enquanto o resto da nação era impressionada pelas novas reportagens sobre a catástrofe. Esta é a mais longa mensagem já pregada na Grace Community Church e foi ouvida pela maior audiência que já esteve *em um culto regular da igreja – talvez mais de 5.000 pessoas em um culto vespertino, solene e inesquecível. Todas as salas disponíveis estavam lotadas. O culto se estendeu por 45 minutos além do tempo normal, e ninguém saiu mais cedo ou reclamou. Em semanas, CDs desta mensagem superaram em vendas qualquer outra mensagem no catálogo de Grace to You, incluindo mensagens que haviam sido best-sellers por três décadas.*

Um pequeno livro, intitulado Terrorismo, Jihad e a Bíblia, *baseado nesta mensagem, foi lançado em dezembro de 2001 e foi, semelhantemente, um grande best-seller por vários meses.*

Na terça-feira, 11 de setembro de 2001, todos vimos o mais terrível ataque contra os Estados Unidos, e as imagens ainda estão profundamente embebidas em nossa mente e, talvez, permanecerão ali por longo tempo. Morte e devastação de proporções monumentais fazem do ataque em Pearl Harbor a única comparação próxima. Cerca de 2.400 pessoas foram mortas em Pearl Harbor, a maioria delas, militares. Na terça-feira, 2.800 pessoas foram mortas, e a maioria delas eram civis.

Pearl Harbor tem sido, há muito, o ícone de ataques contra esta nação. Ele não será mais aquele ícone singular, porque, no futuro, o ataque terrorista a New York City e a Washington DC, em 11 de setembro, será o novo marco. Esses ataques foram conduzidos não por uma nação, não por uma aliança de nações, e sim, por um grupo clandestino de terroristas itinerantes do Oriente Médio.

Todos sabemos o que aconteceu; em nossa era dominada pelos meios de comunicação, não nos falta imagem visual ou explicações verbais. Quatro voos domésticos americanos, que se dirigiam da costa leste para a costa oeste, foram seqüestrados e voaram numa

UMA PERSPECTIVA BÍBLICA SOBRE A MORTE, O TERRORISMO E O ORIENTE MÉDIO

rota de colisão para atingir alvos específicos a fim de matar pessoas, humilhar a nação, devastar a economia e injuriar os militares. A ideia era enviar aos Estados Unidos uma mensagem de que existe um poder maior do que o superpoder americano. Um grupo de muçulmanos extremistas, suicidas e assassinos estava se afirmando como mais poderoso do que esta grande nação.

Dois dos aviões, cheios de combustível, atingiram seus alvos com acurácia catastroficamente destrutiva, chocando-se a toda força com as torres gêmeas do World Trade Center, em New York City, fazendo-as ruir ao chão. Outro avião atingiu o Pentágono, matando várias centenas de pessoas. Outro avião nunca atingiu o seu alvo, não importando qual era esse alvo. Todos sabemos os detalhes do que aconteceu.

Mas nossa mente anseia por saber *por que* isso aconteceu. De fato, parece-me que as pessoas nos Estados Unidos são obcecadas por saber por que as coisas acontecem. Sempre que um avião cai, sempre que um crime domina os meios de comunicação, queremos saber por que essas coisas acontecem. Analistas, psicólogos e criminologistas estudam os detalhes para achar um motivo que explique por que essas coisas acontecem.

Por que as pessoas fazem esse tipo de coisa? Tentarei oferecer-lhes algumas respostas. Tenho alguns pensamentos borbulhando em minha mente. Para trazer ordem e organização a esses pensamentos, preciso ficar bastante preso ao que escrevi.

Em um nível superficial, sabemos por que essa tragédia aconteceu. Todos sabemos agora que existe um grupo de terroristas altamente desenvolvido e sofisticado no Oriente Médio; e eles são a razão superficial e imediata. Fontes dos serviços de inteligência nos indicam que a razão imediata não é um homem, Osama bin Laden, cujo nome agora é familiar a todos. Ele é, provavelmente, o principal homem que estava por trás planejando os acontecimentos que levaram a esse desastre. Mas ele parece ser apoiado por pessoas como Saddam Hussam, do Iraque – e quem sabem quantos outros extremistas no Oriente Médio fazem parte dessa rede enorme.

Esses fatos nos levam imediatamente para a terra da Bíblia. Os terroristas não eram noruegueses, argentinos, mexicanos ou chineses. Eram naturais do Oriente Médio, da terra da Bíblia. Uma notícia da agência Reuters, emitida de Londres, dizia: "Osama bin Laden, o dissidente saudita, advertiu três semanas atrás que ele e seus seguidores realizariam um ataque sem precedente nos interesses do Estados Unidos, por causa de seu apoio a Israel... Abdel-Bari Atwan, editor em Londres da revista semanal *al Quds al Arabi*, em língua árabe, disse que fundamentalistas islâmicos, liderados por Bin Laden, estavam, 'quase certamente', por trás dos ataques ao World Trade Center, em New York. 'Isso é muito provavelmente a obra de fundamentalistas islâmicos. Osama bin Laden advertiu três semanas antes que atacaria os interesses dos Estados Unidos por meio de um ataque sem precedente, um ataque muito grande', Atwan disse à Reuters. 'Recebemos, pessoalmente, informação de que ele planejava ataques grandes, muito grandes, contra os interesses dos Estados Unidos. Recebemos vários avisos como esse. Não os tomamos com seriedade, preferindo ver o que aconteceria antes de noticiá-lo'" (Karen Matusic, Bin Laden Avisou sobre o 'Ataque sem Precedente' – Reuters, 13 de setembro de 2001).

Quem é este homem, Osama bin Laden? O que é essa rede de terroristas e o que os motiva a perpetrar tais atrocidades impensáveis? Todos lembramos que eles tentaram outro ataque – não do alto da torre, mas de baixo, em um esforço anterior de explodir o World Trade Center. Em anos recentes, temos sido informados da erupção de ataques terroristas contra bases americanas, quartéis militares

UMA PERSPECTIVA BÍBLICA SOBRE A MORTE, O TERRORISMO E O ORIENTE MÉDIO

americanos e forças americanas no Oriente Médio e outro lugares. Também sabemos de homens-bomba suicidas que têm explodido, com frequência crescente, lugares públicos como pizzarias, em Israel – explodindo a si mesmos no processo. O que leva as pessoas a fazerem isso e por que isso acontece? Agora a pergunta é mais comovente do que antes porque ela nos envolve. Ela nos envolve não somente por causa do que aconteceu, mas também porque poderia ter acontecido em qualquer outro dia, em qualquer outro lugar. Como disse nosso Secretário de Defesa, Donald Rumsfeld: "Não podemos parar todas as táticas de todos os terroristas em todo o tempo".

A MOTIVAÇÃO NATURAL

Primeiramente, quero considerar uma categoria com a qual precisamos começar: há uma razão natural para isso. Os sociólogos e os psicólogos modernos têm tentado convencer-nos de que o homem é basicamente bom. Mas isso não é verdade. O homem é basicamente mau; é basicamente ímpio. Jeremias 17.9 diz: *"Enganoso é o coração, mais do que todas as coisas, e desesperadamente corrupto; quem o conhecerá?"* Em outras palavras, quem pode descobrir o que está no coração? Ele é desesperadamente corrupto.

Romanos 3 descreve o homem como uma serpente venenosa (v. 13) e como um assassino cujos pés são *"velozes para derramar sangue"* (v. 15). Precisamos apenas olhar para a história da humanidade para acharmos evidência dessa verdade. A história do mundo está cheia de derramamentos de sangue. Isso é evidente não somente em atos individuais de criminalidade, mas também em atos de criminalidade nacionais e coletivos. O homem é, por natureza, um assassino. Vemos isso nas guerras do mundo. Vemos isso nas ações terroristas no mundo hoje. Vemos isso nas sociedades tribais e nas cidades modernas do mundo. O homem é um assassino. O primeiro crime mencionado na Bíblia está registrado em Gênesis 4.8. Caim matou seu irmão e marcou a vida humana com esse começo ignóbil.

Por que isso acontece? A epístola de Tiago nos ajuda a chegarmos a uma resposta. Quando o capítulo 4 dessa epístola começa, Tiago faz a mesma pergunta que estamos fazendo, que nossa cultura está fazendo e que nosso mundo está fazendo. O capítulo começa assim: *"De onde procedem guerras e contendas que há entre vós?"* (v. 1). Por que essas coisas acontecem? Por que há assassinato? Por que há guerra? Por que há contendas e conflitos em todos os níveis?

A resposta é dada em seguida: *"De onde, senão dos prazeres que militam na vossa carne?"* (v. 1). "Carne" inclui a natureza física e espiritual dos seres humanos. São os prazeres dentro de nós que geram guerra. Qual é a fonte dos conflitos? A palavra grega *polemos* ("guerras") se refere a um estado de conflito prolongado. Qual é a fonte de conflitos? *Mache* ("conflito") se refere a lutas separadas, individuais. O que causa essas lutas e conflitos separados?

Tudo se resume a nossos prazeres. Essa é a palavra *hedone* no grego, da qual obtemos nossa palavra *hedonismo*, que é o anseio do amor próprio, o anseio de satisfazer o que alguém deseja. Um hedonista é alguém que vive para a satisfação de seu amor próprio – ele vive para satisfazer a si mesmo, para conseguir o que deseja e ter o que satisfaz a si mesmo. As guerras começam porque pessoas querem coisas para si mesmas e alguém se interpõe no caminho.

O versículo 2 desenvolve esta verdade: *"Cobiçais e nada tendes"*. Esse é o problema. Você tem essa compulsão hedonista, mas ela é errada. O que você quer se torna uma guerra dentro de você; isso é o quanto você o deseja. Mas alguém entra no caminho da satisfação desse desejo, por isso Tiago diz: *"Matais"* (v. 2). A razão natural por que pessoas matam é a satisfação pessoal insatisfeita e fora de controle. As pessoas não são basicamente boas; são basicamente más. Se não tivéssemos leis e a restrição que elas impõem, toda a humanidade estaria matando a si mesma em todo o tempo. As pessoas são impulsionadas por seus desejos egoístas – por sua necessidade de satisfazer seu amor próprio. São impulsionadas por um hedonismo consumista. São impelidas pelo desejo por prazer, satisfação e realização. Qualquer um que se coloque no meio do caminho tem de ser sacrificado, para que o desejo seja satisfeito.

Você tem de perguntar a si mesmo: "Por que uma mãe afoga seus cinco filhos?" Porque esses filhos estavam no caminho da realização e da satisfação dela. Por que os Poloneses, em Jedwabne, massacram em um único dia 1.600 judeus, durante a Segunda Guerra Mundial? Eles tinham vivido juntos por 300 anos; trabalhavam juntos e estudavam juntos. Contudo, em um período de duas semanas, os poloneses resolveram deixar de ser vizinhos para se tornarem assassinos. Eles mataram todos os 1.600 em um mesmo dia. Por quê? Foi o ódio para com a raça judia? Não, eles nunca haviam sido expostos à propaganda anti-semita. O que aconteceu foi que os alemães tomaram controle da cidade e disseram: "Vocês podem matá-los, se quiserem, e apropriar-se de suas terras, fazendas e bens" (Juan T. Gross, *Neighbors: The Destruction of the Jewish Community in Jedwabne, Poland* [Princeton, N.J.: Princeton University, 2001]). E os Poloneses fizeram isso. Dê ao coração humano permissão para assassinar, e ele o fará.

Por que um jovem homem russo mata a sua família em Sacramento? Porque achou que eles permaneciam no meio do caminho de sua satisfação e realização. Por que Hitler massacrou os judeus? Ele os via como um obstáculo à sua supremacia ariana. Por que Joseph Stalin massacrou outros milhões? Ele pensava que tais pessoas se interpunham no caminho de seu império mundial. Pode ser tão amplo como isso ou tão simples como uma mãe que mata seus filhos porque ela não pode achar satisfação com eles no caminho.

Tiago prossegue, dizendo: *"Invejais, e nada podeis obter; viveis a lutar e a fazer guerras. Nada tendes, porque não pedis; pedis e não recebeis, porque pedis mal, para esbanjardes em vossos prazeres"* (vv. 2-3).

Essa é a razão por que pessoas matam: elas querem algo, e alguém se coloca no caminho. Quer matem em ampla ou em pequena escala, os corações ímpios de pessoas cobiçosas que não querem que seu prazer seja negado matarão para ter seu prazer. Essa é a patologia natural do coração humano caído. Ele impele as pessoas a atos extremos de assassinato, por paixões tão intensas que beiram à loucura.

A MOTIVAÇÃO HISTÓRICA

Há uma motivação natural e, em segundo lugar, uma motivação histórica. Para compreender isso, temos de retornar ao Oriente Médio, à Bíblia e às origens das nações. E isso nos leva ao livro de Gênesis.

Gênesis é o livro das origens. Gênesis significa "começos". Em Gênesis 10 e 11, temos o que os eruditos bíblicos chamam de a tabela das nações. Quando você examina todas as genealogias de Gênesis 10, vê todos os tipos de nomes de pessoas, famílias e nações. Começando em 11.10, você acha mais genealogias de indivíduos que foram pais de grupos de famílias e povos. Isso é um registro de uma sociedade primitiva que se desenvolveu desde o tempo de Noé. Você lembra que Deus inundou todo o mundo, conforme registrado em Gênesis 6 a 9, e salvou apenas oito pessoas: Noé, sua esposa, seus três filhos e as esposas destes. Oito pessoas saíram da arca e povoaram o mundo. O capítulo 10 alista as gerações que resultaram de Noé por meio de seus três filhos: Sem, Cam e Jafé.

UMA PERSPECTIVA BÍBLICA SOBRE A MORTE, O TERRORISMO E O ORIENTE MÉDIO

Jafé, o mais velho dos filhos, foi o pai dos povos que conhecemos pelo nome de indo-europeus (Gn 10.2-5). De Jafé vieram aqueles que vivem na Europa até à Índia, incluindo os que vivem na Rússia e, talvez, aqueles que atravessaram o Mar de Bering, para habitar as Américas do Norte e do Sul, os povos nativos. Cam foi o pai das famílias que habitam a África e o Extremo Oriente, incluindo o mundo asiático, bem como regiões do Oriente Médio (Gn 10.6-20). E, depois, do mais bem conhecido dos filhos de Noé, Sem, vieram os povos semitas do vale da Mesopotâmia, do Oriente Médio, como o conhecemos, tanto os Judeus como os Árabes (Gn 10.21-23). Os povos oriundos de Sem viveram no Norte, no Sul e no Leste da terra de Israel. Não queremos simplificar demais esta discussão porque há complexidades e complicações em entendermos a história, mas tentarei dar-lhe um entendimento que seja bastante claro para que você compreenda o que está acontecendo hoje.

Vamos voltar um pouco. Quando Deus criou a humanidade, ele colocou Adão e Eva em um lugar chamado Jardim do Éden. A Escritura indica que o jardim era localizado nas adjacências do vale dos rios Tigre e Eufrates, na região da Mesopotâmia – o coração do Oriente Médio (Gn 2.14-15). Esse era o paraíso original de Deus: o lugar em que Deus passeava e falava com Adão na viração do dia, o lugar em que Deus colocou a árvore da vida e a árvore do conhecimento do bem e do mal (2.9). Hoje esse lugar é o centro do mundo árabe-islâmico. Ali foi construída a Torre de Babel, onde a religião mundana começou (11.1-9). Posteriormente, a cidade de Babilônia foi ali edificada; ali hoje é o Iraque. Foi ali que Noé viveu e pregou antes do Dilúvio. A região está cheia de história bíblica e religiosa. Mas, quando Abraão entrou em cena, Deus deu aquela terra a Abraão e à sua família. Deus lhe deu toda a *"terra, desde o rio do Egito até ao grande rio Eufrates"* (Gn 15.18).

Abraão era filho de um homem chamado Tera, que era um adorador do deus lua. Essa era a forma *mais* popular de idolatria nos dias de Abraão. Havia dois grandes centros de adoração ao deus lua: um desses centros era um lugar chamado Ur, que se localizava no Golfo Pérsico, no que hoje é o Kuwait. O outro lugar era Harã, que ficava na região do Iraque moderno. Abraão nasceu em Ur, em uma família de adoradores do deus lua.

Essa região histórica, a terra do Oriente Médio, o vale da Mesopotâmia e a terra dos estados árabes, foi o lugar em que começou a história da humanidade. Essa mesma terra também será importante no final da história humana. Os profetas da Bíblia nos contam que o mundo chegará ao fim em uma grande conflagração e uma grande batalha nesse mesmo lugar. Exércitos imensos do Norte e do Sul convergirão ao vale do Megido, que é uma parte do Israel moderno (Ap 16-17). A Escritura diz que sangue será derramado em toda a terra de Israel até que Jesus volte, destrua todos os ímpios e estabeleça o seu próprio reino, em paz e justiça. Aquela região é uma parte muito importante da terra. Nenhuma é mais estratégica.

Abraão deu origem ao povo judeu. Deus falou a Abraão, na época conhecido como Abrão: *"Sai da tua terra, da tua parentela e da casa de teu pai e vai para a terra que te mostrarei; de ti farei uma grande nação, e te abençoarei, e te engrandecerei o nome. Sê tu uma bênção! Abençoarei os que te abençoarem e amaldiçoarei os que te amaldiçoarem; em ti serão benditas todas as famílias da terra"* (Gn 12.1-3).

Depois, Deus contou a Abraão os detalhes da sua promessa quanto à terra: "Naquele mesmo dia, fez o SENHOR aliança com Abrão, dizendo: À tua descendência dei esta terra, desde o rio do Egito até ao grande rio Eufrates: o queneu, o quenezeu, o cadmoneu, o heteu, o ferezeu, os refains, o amorreu, o cananeu, o girgaseu e o jebuseu" (Gn 15.18-21). Deus deu a Abraão tudo desde a costa no Mediterrâneo até ao Oriente Médio.

Em outras palavras, por direito divino, procedente dos lábios de Deus mesmo, a região foi dada a Abraão e à sua descendência. No tempo de Abraão, todos os povos alistados nos versículos 19 a 21 ainda ocupavam a terra. Embora Deus houvesse prometido a terra a Abraão, ela estava na posse desses grupos.

Gênesis 10.21-31 registra a lista de grupos de pessoas e de famílias, bem como tribos e nações, que existiam como descendentes de Sem. Devia haver um grande número deles naquela região. Muitas tribos, famílias e grupos de povos viviam naquela parte do mundo naquela época. Era, talvez, a região mais densamente habitada do mundo. De fato, em princípio ela foi a única parte habitada do mundo, porque, depois que o Dilúvio terminou, somente oito pessoas sobreviveram e começaram a repovoar exatamente ali.

Em pouco tempo, o nome Mizraim, o nome hebraico que representa o Egito, tornou-se proeminente. Também, em pouco tempo, outras nações poderosas como Harã e Assur (Síria e Assíria) vieram à existência. Todas essas grandes tribos, famílias e clãs eram idólatras e rejeitaram o Deus vivo e verdadeiro, o Deus criador.

Quando Deus prometeu a Abraão que toda a terra seria dele, Abraão e sua descendência foram colocados em rota de conflito político e religioso. Para que a terra pertencesse a Abraão e a seus descendentes, Deus teria de tornar a terra acessível para eles, e Abraão teria de ser leal a Deus. Se Abraão fosse leal e obediente a Deus, Deus lhe daria a terra. Mas, se os descendentes de Abraão fossem desobedientes a Deus, eles enfrentariam batalhas intermináveis tentando possuir o que Deus lhes dera.

Você pergunta: "Era apenas para julgar as nações que possuíam a terra?" A resposta é sim, porque Deus é justo em julgar a adoração de ídolos. O primeiro mandamento diz: *"Não terás outros deuses diante de mim"* (Êx 20.3). A idolatria será julgada por Deus em toda época. Tirar aquela terra preciosa das mãos dos que se haviam voltado contra Deus e dá-la ao povo a quem ele mandara amá-lo e servi-lo foi um julgamento justo. A região do Oriente Médio é a terra mais rica da face da terra. Há as riquezas litorâneas do vale de Sarom, em Israel; as terras férteis que descem a região montanhosa de Israel; as vastas riquezas minerais do mar Morto; os grandes tesouros de petróleo na península arábica; a valiosa madeira de lei que antes cobria o Líbano. Acrescente ainda as planícies férteis do vale do Jordão, a produtividade inigualável e a incrível riqueza química no mar Morto. Deus deu tudo isso a eles. Se fossem obedientes a ele, teriam aquela terra.

O povo idólatra daquela terra foi colocado em rota de colisão com Israel. A razão por que Israel nunca foi capaz de possuir a terra que lhe foi dada é que Israel não foi fiel a Deus. Mas um dia eles *"olharão para aquele a quem traspassaram; pranteá-lo-ão como quem pranteia por um unigênito e chorarão por ele como se chora amargamente pelo primogênito"* (Zc 12.10). Eles aceitarão Jesus como seu Messias, chegarão à salvação. E, no dia em que chegarem à salvação, o próprio Messias lhes dará a terra. Nesse ínterim, eles continuam a reivindicar o direito à terra e, enquanto o fazem, o resto do mundo árabe é seu inimigo declarado em um grau ou outro.

Abraão contribuiu para esse conflito. Deus lhe deu a promessa e lhe pediu que cresse nele para ter um filho. Nesse tempo, Abraão tinha quase cem anos, e Sara tinha noventa anos, e não podiam ter filhos (Gn 11.30; 17.15-17). Abraão deve ter se perguntado como ele poderia ser pai de muitas nações, se não podia ser pai de um único filho. Um dia, a sua esposa, Sara, chegou até ele com este plano: *"O S*ENHOR *me tem impedido de dar à luz filhos; toma, pois, a minha serva, e assim me edificarei com filhos por meio dela"* (Gn 16.2). Em um ato de desconfiança para com Deus, Abraão seguiu o plano de sua esposa. Hagar ficou grávida e deu à luz um filho, cujo nome era Ismael, um filho ilegítimo, não o filho que Deus prometera, não o filho da aliança (Gn 16.4, 15). Deus lhe disse: *"Quanto a Ismael, eu te ouvi: abençoá-lo-ei, fá-lo-ei fecundo e o multiplicarei extraordinariamente; gerará doze príncipes, e dele farei uma grande nação. A minha aliança, porém, estabelecê-la-ei com Isaque, o qual Sara te dará à luz, neste mesmo tempo, daqui a um ano"* (17.20-21). Sara teve, realmente, Isaque, e, por meio dele, o povo judeu veio à existência. Mas, por meio de Ismael, surgiram mais inimigos, doze tribos nômades que habitaram o Norte da Arábia (25.13-16). Para tornar a situação pior, Esaú, o filho de Isaque, foi rejeitado por seu pai (27.30-40). De Esaú surgiram mais povos que não pertenciam à aliança, produzindo mais inimigos.

O Oriente Médio está cheio de descendentes de todos esses povos, que estão em conflito com o direito de Israel quanto à promessa feita a Abraão. Deus queria que Israel removesse aqueles povos ímpios e adúlteros. Ele queria que Israel fizesse isso quando os tirou do Egito, depois de haverem permanecido 400 anos em cativeiro (Ex 23.23-33; At 7.6). Deus levantou Moisés para liderá-los em sair do Egito. Moisés os levou ao deserto, mas o povo era incrédulo. Toda aquela geração morreu no deserto, porque cometeram idolatria (1Co 10.10-11). Quando uma nova geração se levantou, Deus os levou à Terra Prometida, a terra de Canaã. Como parte da promessa, eles precisavam destruir os habitantes idólatras da terra (Js 1.1-9). Deus já tinha demonstrado na história que ele destruiria os ímpios – ele inundou o mundo com as águas do Dilúvio (Gn 6). Agora, Israel, e não a água, deveria ser o instrumento de Deus para limpar a terra da idolatria.

Eles viram a vitória sobre o Egito. Todo o exército egípcio foi afogado, e as grandes pragas que vieram sobre o Egito causaram uma quantidade imensa de mortes (Ex 7-11). Eles conquistaram as tribos da parte superior ao oriente do Jordão (Dt 3). E ficaram prontos para entrar na terra de Canaã e conquistar. Em vez disso, eles entraram na terra de Canaã e foram derrotados. Em um lugar chamado Ai, eles foram derrotados porque havia pecado no acampamento (Js 7). Eles nunca fizeram o que Deus lhes disse que deviam fazer. Nunca foram a espada de Jeová. De modo que, agora eles estão no meio do conflito, ameaçados incessantemente pelos vizinhos ao seu redor.

No entanto, precisa haver uma advertência. A aliança de Deus com Israel não foi quebrada; ainda é verdadeiro o fato de que a nação que abençoa a Israel é abençoada, e a nação que amaldiçoa a Israel é amaldiçoada (Gn 12.3). Qualquer nação que ameaça a existência de Israel ficará sob o julgamento de Deus. Isso é repetido na Escritura em Salmos 121, 125, 129 e Isaías 43.

Portanto, a razão histórica da ação terrorista é clara: o conflito retrocede a tensões entre os povos árabes e a descendência de Abraão. Duzentos e cinqüenta milhões deles cercam os cinco milhões de judeus. Os judeus creem que têm o direito divino de possuir a terra, mas não podem tomar a terra porque Deus não lhes quer dar até que eles se convertam de seu pecado e recebam o seu Messias. No Oriente Médio, todos estão contra Israel, até Satanás. Se você duvida disso, leia Apocalipse 12 e ali achará uma descrição de Satanás tentando destruir Israel.

Portanto, a Escritura diz que os descendentes de Ismael habitarão fronteiros a *"todos os seus irmãos"* (Gn 16.12). Todos esses povos estão tentando coexistir no Oriente Médio, e lá está o pequeno Israel, o povo da aliança, incrédulo, apóstata, mas ainda, o povo da aliança, cercado por povos que têm destruição em sua mente.

Nos tempos bíblicos, esses diversos grupos de povos viviam separados. Isso ajudava naturalmente a manter a paz. É um sistema de restrição e equilíbrio. Quando todos tinham a mesma língua e a mesma mente em batalha, Deus os espalhou, separou suas línguas e os dispersou pelo mundo (Gn 11.9). Quando pessoas ímpias se juntam, começa a existir uma grande força de pessoas ímpias. Elas se tornam uma grande força para o mal, abrangente e irrestrita. Deus separou o mundo em nações porque isso impede o mal gigantesco. É difícil saber quantos países árabes estão no Oriente Médio, porque as fronteiras têm sido anuladas, e as identidades nacionais tem sido eliminadas por um grande poder, ou seja, a religião islâmica, que predomina naquela região do mundo.

O império árabe se tornou vasto por causa de um homem chamado Maomé, cujo nome, em árabe, significa "altamente louvado". Ele nasceu na cidade de Meca em 570 d.C., quase 500 anos depois de Cristo. Ele afirmava ser um descendente direto de Ismael. Isso é conveniente. Maomé se tornou a fonte do Alcorão, que é o livro sagrado do islamismo. Em 622 d.C., ele fixou sua residência em Medina, e a data se tornou a data oficial para o início do calendário islâmico. Dentro de cem anos após a morte de Maomé, o mundo árabe estava unificado em um grau notável, visto que aquela parte do mundo sucumbiu ao poder do islamismo, e a maior parte dele sucumbiu pelo poder da espada. Uma guerra cujo propósito é colocar os infiéis em submissão ao islamismo é considerada *jihad*, uma guerra santa. O próprio Maomé matou e roubou infiéis em nome de Alá. "Converta-se ou morra" é o instrumento mais persuasivo no arsenal missionário islâmico. Essa tendência para morte ainda existe nos segmentos radicais do islamismo. O islamismo sempre conquistou pela espada. De fato, ele conquistou a terra de Israel e dominou-a até 1948.

Vemos uma razão natural por que isso acontece. Vemos uma razão histórica por que isso acontece. Há uma animosidade profunda para com Israel. Então, por que eles atacam os Estados Unidos?

Somos o principal apoiador e amigo de Israel. Na literatura que consultei, os muçulmanos radicais se referem a Israel como "o pequeno Satã" e aos Estados Unidos, como "o grande Satã". Somos a maior força e, portanto, a maior ameaça enquanto apoiamos Israel.

A MOTIVAÇÃO RELIGIOSA

Isso nos traz à terceira razão, que é a razão religiosa. Vamos além do conflito de grupos de pessoas para a própria religião. Há 1,2 bilhão de muçulmanos no mundo hoje. *Islã* é uma palavra que significa "render-se", "submeter-se". O islamismo afirma ser totalmente rendido à vontade de Alá. E a vontade de Alá, eles creem, foi revelada por meio de seu profeta Maomé. E a revelação de Alá está escrita no livro sagrado do islamismo, chamado Alcorão.

Sem entrar em toda a teologia do islamismo, permita-me apresentar-lhe algumas coisas sobre as quais você pode pensar, assim entenderá a sustentação teológica. Há seis artigos de fé básicos no islamismo. Se tivéssemos de elaborar uma declaração doutrinária do islamismo, ela seria assim:

1. Os muçulmanos creem que somente Alá é a única deidade verdadeira. Ele não é uma trindade. Ele não é o Deus do Antigo Testamento e não é o Deus do cristianismo.

2. Os muçulmanos creem que o Alcorão é o livro mais sagrado. O islamismo reconhece outros livros sagrados, mas somente o Alcorão é puro.

3. Maomé é o maior profeta de Alá. De acordo como a literatura islâmica, Alá enviou milhares de profetas (Jesus é um deles), porém Maomé é o maior profeta.

4. Os muçulmanos creem nos anjos de Alá.

5. Alá predeterminou todas as coisas por decreto imutável. Alá é totalmente soberano, e o destino de todos é predeterminado por Alá.

6. Os muçulmanos creem num dia de julgamento, quando todos os mortos serão ressuscitados para comparecer em julgamento diante de Alá; e serão todos julgados segundo as suas obras.

Nenhum muçulmano pode saber com certeza onde ele irá na vida por vir. O destino de todos é decidido por Alá por meio de um tipo de determinação absoluta, arbitrária. A maioria dos muçulmanos se apega à esperança de que as boas obras pesem bastante nas balanças de justiça de Alá. Mas não há garantias. Esses são os seis artigos de fé básicos dos islamismo.

E há cinco deveres, chamados os pilares do islamismo. Esses deveres são práticas religiosas exigidas.

1. Recitar a declaração de fé islâmica, conhecida como Shahada. Ela é um canto que diz: "Não há deus, senão Alá, e Maomé é o seu profeta". A maioria dos muçulmanos recitam-na várias vezes por dia.

2. Orar cinco vezes ao dia. Essas orações são orações formuladas e prescritas. As cinco vezes no dia são especificadas. As mesquitas islâmicas têm geralmente um minarete erguendo-se da mesquita. No topo do minarete, há um *muezim* que anuncia a chamada à oração nos momentos exatos para as cinco orações, durante o dia.

3. Os muçulmanos têm de ajudar os pobres. Para realizar isso, os muçulmanos são taxados em 2,5% de toda a sua renda anual e sua propriedade.

4. Um mês de jejum chamado Ramadã. Como eles jejuam por um mês e sobrevivem? O jejum lhes permite comer à noite, mas não à luz do dia. O Ramadã comemora a primeira revelação vinda a Ma-

omé no ano 610 d.C. Quando tinha 40 anos de idade e recebeu sua primeira suposta revelação de Deus. E isso é comemorado pelo Ramadã. Comer é permitido somente à noite e pela manhã antes da aurora.

5. Todo muçulmano deve fazer, pelo menos uma vez em toda a sua vida, uma peregrinação a Meca, a menos que isso seja totalmente impossível por alguma restrição.

Em essência, isso é a prática e a teologia. Você pode resumi-lo assim: Deus é um e não três. Cristãos e judeus são considerados infiéis. Alá ama somente os muçulmanos fiéis; ele não ama pecadores ou infiéis. A maioria dos muçulmanos fiéis acreditam que Alá é distante, impessoal e desconhecível. Eles ensinam que Jesus Cristo era um simples homem, um profeta, e não Deus, o Filho. Alguém que afirma a deidade de Cristo torna-o um segundo deus. Isso é um pecado imperdoável (chamado *shirk*) no islamismo e enviará a pessoa ao inferno para sempre. Portanto, é difícil um muçulmano vir a Cristo porque ele foi programado durante toda a sua vida a acreditar que, se reconhecer Jesus como Deus, irá para o inferno, para sempre.

Além disso, a teologia dos muçulmanos nega que Jesus morreu na cruz, porque eles afirmam que ele era um profeta de Alá, e Alá nunca deixaria isso acontecer a um de seus profetas. Portanto, ele não morreu na cruz e, conseqüentemente, não ressuscitou dos mortos e não voltará nunca. Ensinam também que ninguém pode ter salvação, exceto um muçulmano. Embora um muçulmano nunca saiba se tem a salvação, somente os muçulmanos terão a salvação no final.

Isto é o mais desanimador: o islamismo não tem salvador. Eles morrem sem qualquer maneira de saber para onde estão indo. A teologia muçulmana não tem expiação pelo pecado e, por conseguinte, nenhuma base para o perdão.

UMA PERSPECTIVA BÍBLICA SOBRE A MORTE, O TERRORISMO E O ORIENTE MÉDIO

Nunca esquecerei uma conversa que tive com um muçulmano em um avião. Eu perguntei: você peca? Ele respondeu: "É claro, em todo o tempo".

Eu lhe disse: o que acontecerá com pessoas que pecam?

"Elas podem ir para o inferno."

Eu disse: por que você continua pecando?

Ele respondeu: "Não posso parar".

Perguntei-lhe: você tem alguma esperança?

E isso foi o que ele disse: "Espero que *o* deus me perdoará".

Eu lhe perguntei: por que ele faria isso?

Ele respondeu: "Não sei".

Nenhuma expiação, nenhuma base de perdão, nenhum salvador. Temos uma grande mensagem para eles – há um Salvador.

De onde veio essa doutrina? Ela vem diretamente do inferno. Isso é uma das doutrinas de demônios. Maomé cresceu em Meca. Ele pertencia a uma tribo chamada *Quarish*. A religião em Meca nos dias de Maomé era idólatra – eles adoravam 360 ídolos e uma proeminente pedra negra que o Alcorão diz foi dada a Abraão por Gabriel. De acordo com a tradição islâmica, quando Maomé era um rapazinho, foi visitado pelo arcanjo Gabriel, que abriu o peito de Maomé, removeu seu coração, limpou-o e o pôs de volta. Ali estava Maomé, crescendo em Meca, com 360 ídolos. Mas Satanás estava operando nele para inventar uma religião que terminaria em divisão e impeliria todos a um grande e tremendo esforço para desfazer a promessa da aliança de Deus. Maomé seria o agente.

O principal dos 360 ídolos era Alá, *o* deus. Alá era o nome do deus lua (*The Moon-god Allah in the Archeology of the Middle East* [Eugene, Oreg.: Harvest House, 1992], p. 8). Um dos símbolos do islamismo é uma lua crescente. Alá era o deus lua, alguma forma do deus que a família de Abraão adorava e que o pai de Abraão, que era um idólatra, adorava. Até o nome Tera é um nome que se relaciona com o nome do deus lua.

O que Maomé fez sob a influência dos poderes das trevas foi isto: ele pegou elementos de várias formas de adoração de ídolos e os uniu em uma forma de religião, fazendo apenas uma mudança. Ele exigiu que houvesse apenas um deus, Alá, o deus lua. Onde ele obteve sua informação? Em 610 d.C., ele começou a receber revelações apavorantes acompanhadas por convulsões violentas. Ele não tinha certeza de que as visões eram divinas ou eram demoníacas. Mas sua esposa lhe disse que se submetesse às revelações porque estava convencida de que elas vinham de Gabriel. Por isso, nos vinte e dois anos seguintes, de 610 d.C. até sua morte em 632 d.C., ele continuou a receber essas revelações do espírito que o controlava. Essas revelações foram colecionadas, memorizadas e, a princípio, passadas adiante oralmente. Mais tarde, elas foram escritas, a partir da memória, pelos seguidores de Maomé, formando o Alcorão. Um acréscimo posterior ao Alcorão foi o Hadif, que é outro ensino e tradição.

Maomé construiu todo o seu sistema de religião nas revelações demoníacas, adaptando e mesclando várias formas e características da adoração de ídolos que sempre existiu em Meca, com uma única coisa nova: o deus lua, Alá, como o único deus verdadeiro; e todos os outros não o eram. A adoração de todos os outros deuses foi proibida.

Satanás se contenta com um politeísta e com um monoteísta, contanto que o deus errado seja adorado. O islamismo é hedonismo monoteísta.

Agora, quero fazer uma observação. Talvez você já ouviu falar do movimento Muçulmano Negro Americano e se pergunte como ele se encaixa nisso tudo. O verdadeiro islamismo lhe dirá que esse movimento não é islamismo verdadeiro. O que é o movimento Muçulmano Negro Americano que foi iniciado por Elijah Mohammed? É um híbrido estranho. Elijah Mohammed se deparou com o ensino de uma pessoa chamada Wallace Fard. E pegou o ensino bizarro desse homem e o misturou com o ensino da Sociedade Torre de Vigia, dos Testemunhas de Jeová. Ele criou um híbrido chamado fé muçulmana de negros; aqui eles a chamam de A Nação Negra do Islamismo. Ela não é verdadeiro islamismo. Elijah Mohammed disse que Wallace Fard era Alá e que Louis Farrakan, que é o líder do movimento, é o cumprimento de Isaías 9.6 – ele é o deus forte, o pai da eternidade e o príncipe da paz. Isso é para o islamismo o que a seita Testemunhas de Jeová é para o cristianismo. Nosso propósito neste sermão é discutir o islamismo verdadeiro e histórico.

Maomé ensinou que os judeus foram rejeitados por Alá e amaldiçoados. Maomé também declarou que o dever de todo muçulmano é subjugar todo o mundo a Alá, se necessário pela guerra. Obviamente, através dos séculos muitas pessoas que tem seguido o islamismo não têm sido tão militantes como os primeiros exércitos islâmicos. No entanto, Maomé foi uma pessoa bastante má, agressiva e perigosa. Portanto, há muito fundamento no sistema islâmico para aquelas pessoas que querem justificar a violência em nome de Alá. Um dos líderes muçulmanos em nossa nação disse: "Estes radicais têm literalmente sequestrado toda a religião para satisfazer seus próprios objetivos" (James Rudin, "The Vocabulary of Terrorism", Religion News Service, 11 de outubro de 2001). Mas eles podem achar uma justificativa para o que fazem, porque é inerente ao islamismo que eles têm de converter as pessoas por qualquer meio. A verdade é que o islamismo é, atualmente no mundo, o mais poderoso sistema para a destruição da verdade bíblica e do cristianismo; é também o principal perseguidor de cristãos em todo o mundo, especialmente no Oriente Médio e na África. Milhares de cristãos são mortos nessa perseguição.

Para o islamismo, o mundo está dividido em duas partes: *Dar al Salaam* ("casa de paz"), onde Alá reina, e *Dar al Harb* ("casa de guerra"), onde os infiéis vivem. Em 1948, Israel, visto pelos muçulmanos como um povo infiel, invadiu a casa de paz e tornou-a uma casa de guerra. Essa foi a razão por que Arafat, o líder da Organização para a Libertação da Palestina, disse: "Para nós, paz significa a destruição de Israel" (citado em *El Mundo* [Caracas, Venezuela, fevereiro de 1980]). No pensamento de muitos líderes muçulmanos extremistas, a única condição de paz é a total e completa destruição de Israel. Volto a mais um pouco da história: "Quando Israel ganhou os primeiros conflitos militares com os Árabes, isso foi uma derrota tremenda para Alá. Por fim, o aiatolá Khomeini explicou, no Irã, que Israel era um julgamento de Alá para a condição de esfriamento dos muçulmanos. Portanto, a derrota de Israel se tornou o primeiro sinal do prazer de Alá com os muçulmanos fiéis" (Barbara Richmond, "Some Facts about Islam", na web: http://www.foryourglory.org/Islam). Muitos muçulmanos fundamentalistas radicais creem que, para ganhar o prazer de Alá, eles têm de derrotar Israel.

Um muçulmano fundamentalista egípcio disse: "O islamismo cresce nas costas dos membros feridos e no sangue de mártires". Eles não se importam em derramar seu sangue para atingir seus objetivos. Guerra é uma linguagem que os radicais islâmicos entendem, e toda guerra que eles empreendem é santa. De acordo com o Alcorão, "Abraão não era um judeu nem um cristão; mas ele era verdadeiro na fé" (3:67). Os muçulmanos também insistem em que os discípulos de Cristo eram muçulmanos, porque Jesus era um profeta de Alá. Na Argélia, nos últimos anos, entre 60.000 e 80.000 pessoas foram mortas porque os muçulmanos guerrearam para tornar a Argélia um estado islâmico. Grande número de mulheres têm sido mortas por estarem sem véu, e os fundamentalistas fazem voto de matar mais.

UMA PERSPECTIVA BÍBLICA SOBRE A MORTE, O TERRORISMO E O ORIENTE MÉDIO

Através da História, a violência da *jihad* islâmica tem sido focalizada contra cristãos em muitos países. De 1894 a 1918, na Turquia os muçulmanos perseguiram os armênios no que permanece como a maior atrocidade histórica contra cristãos. A crueldade dos muçulmanos superou até a brutalidade do Império Romano nos três primeiros séculos do cristianismo. Os muçulmanos turcos quase foram bem-sucedidos em exterminar a raça armênia. Por meio do processo de deportação, doença, espancamento, fome e assassinatos, um milhão de armênios foram mortos, e 1,5 milhão fugiu do país. Um autor escreveu: "Em menos de um ano, os armênios da Turquia, chegando quase ao número de um milhão de jovens e velhos, pobres e ricos, de ambos os sexos, foram afogados, queimados, mortos à baioneta, morreram de fome ou foram torturados até à morte ou foram deportados, sem dinheiro, a pé e sem comida, pelos rigorosos desertos da Arábia".

Por oitocentos anos, o islamismo teve domínio indisputado no Oriente Médio, desde o tempo de Maomé em diante. As cruzadas foram um tentativa fútil de obter novamente, por força, o controle católico sobre a Terra Santa. Perto do fim das cruzadas, os exércitos muçulmanos reconquistaram o controle da Terra Santa e mantiveram poder unilateral no Oriente Médio até 1948, quando Israel obteve a independência. O mundo árabe está tentando, hoje, reafirmar seu poder e reconquistar o controle de Israel, principalmente por meio de esforços terroristas. A agenda do fundamentalismo islâmico é conquistar a terra novamente para o islamismo, livrar a terra de uma nação infiel.

O surgimento de seu poder moderno começou em 26 de maio de 1908, quando perfuradores encontraram petróleo no Irã. Precisaram chegar até 1970 para obter o poder oriundo do petróleo, e agora eles o têm. Os consumidores de energia estão à mercê dos produtores de energia. O dinheiro tem fluido para o Oriente Médio, provendo imensa riqueza para financiar a *jihad*. O dinheiro chegou tão rápido ao Oriente Médio, que um artigo do jornal londrino *Economist* afirmou que eles poderiam comprar o Bank of América em seis dias, a IBM Corporation em 43 dias e comprar em 15 anos todas as principais companhias nos mercados de ações do mundo. Essa riqueza imensa é o resultado de mais da metade das fontes de petróleo do mundo, que está bem próximo à superfície, fácil de ser perfurado, perto do mar para ser bombeado e transportado, de qualidade excelente e baixo nível de enxofre. Um poço pode produzir 80.000 barris por dia. A riqueza do mundo está lá, e o mundo é dependente de energia. Eles têm o dinheiro para financiar a *jihad*.

Apenas para que você saiba quão sérios são os muçulmanos fundamentalistas, em uma entrevista da CNN com Osama bin Laden, ele disse: "Nós declaramos jihad contra o governo dos Estados Unidos, porque o governo dos Estados Unidos é injusto, criminoso e tirano. Ele tem cometido atos que são extremamente injustos, horríveis e criminosos, quer diretamente, quer por meio de seu apoio à ocupação israelense. Por isso e por outros atos de agressão e injustiça, temos declarado *jihad* contra os Estados Unidos, porque, em nossa religião, é nosso dever fazer *jihad* para que a palavra de deus seja a única exaltada ao máximo e para que expulsemos os americanos dos países muçulmanos" (*Washington Post*, 23 de agosto de 1998).

Em 22 de fevereiro de 1998, bin Laden emitiu um edito que exigia a morte dos americanos, incluindo os civis. Na época, ele anunciou a criação do "Fronte Internacional Islâmico para *Jihad* contra os Judeus e os Cruzados", em associação com grupos extremistas do Egito, Paquistão e Bangladesh. As seguintes citações são extraídas daquele edito: "Por mais de sete anos, os Estados Unidos têm ocupado as terras do islamismo nos lugares mais santos, a Península da Arábia, saqueando suas riquezas, ditando normas aos seus governantes, humilhando seu povo, aterrorizando seus vizinhos e transformando suas bases na Península em um instrumento com o qual combatem os povos muçulmanos vizinhos. Apesar da grande devastação infligida sobre o povo do Iraque pela aliança dos cruzados sionistas; apesar do grande número de pessoas mortas, que tem superado um milhão, apesar de tudo isso, os americanos estão, outra vez, tentando repetir os massacres horríveis, como se não estivessem contentes com o prolongado bloqueio imposto contra a guerra feroz ou a fragmentação e devastação.

"Nós, com a ajuda de Deus, convocamos todo muçulmano que crê em deus e deseja ser recompensado a cumprir a ordem de deus para matar os americanos e saquear seu dinheiro, onde quer que e sempre que o achem. Também convocamos os ulemás, líderes, jovens e soldados muçulmanos a desencadear o ataque às tropas satânicas dos Estados Unidos e aos apoiadores do Diabo que se aliam com eles e tirar do seu lugar aqueles que estão por trás deles, para que aprendam uma lição.

"A resolução de matar os americanos e seus aliados – civis e militares – é um dever individual para todo muçulmano que pode fazê-lo em qualquer país onde é possível fazê-lo, a fim de libertar a mesquita de al-Aqsa e a mesquita sagrada [Meca] do controle deles e a fim de que seus exércitos saiam das terras do islamismo, derrotados e incapazes de ameaçar qualquer muçulmano" ("*Jihad* Against Jews and Crusaders", World Islamic Front Statement, 23 de fevereiro de 1998). Isso é tão claro quanto pode ser.

Em uma entrevista subsequente para a revista *Time*, ele disse: "Milhões e milhões de muçulmanos estão irados... hostilidade para com os Estados Unidos é um dever religioso, e esperamos que, ao cumpri-lo, seremos recompensados por Deus... Estou confiante de que os muçulmanos serão capazes de acabar com a lenda do falso superpoder que é a América" (*Time*, 23 de dezembro de 1998).

Este é o motivo religioso que está por trás dos ataques terroristas. Quando pessoas más são livres para fazer o mal, elas o farão. E, quando lhes dizem que, por fazerem esse mal, estão servindo a Deus, elas obtêm a maior justificativa possível.

Voltemos à doutrina dos muçulmanos. Há uma maneira como um muçulmano pode ter certeza de ir para o céu: morrer em uma *jihad*. Eis o que diz o Alcorão: "Se você for morto ou morrer no caminho de Alá, então, o perdão de Alá e misericórdia são melhores do que todos os seus acúmulos; pois, se você morrer ou for morto, na verdade você será recolhido para Alá" (3:151-52). E diz mais adiante: "Ó você que crê, quando você encontrar aqueles que não creem marchando para a guerra, então não volte as suas costas para eles. E quem voltar suas costas para eles naquele dia... então, ele, de fato, se torna merecedor da ira de Alá, e sua habitação é o inferno" (8:14-15). Você combate e vai para o céu. Você foge e vai para o inferno. A única maneira de saberem que vão para o céu é combaterem em uma guerra santa.

A MOTIVAÇÃO SENSUAL

Há também uma motivação sensual para essas pessoas. Essencialmente, 64% dos rapazes solteiros, entre 18 e 23 anos, podem estar envolvidos em operações clandestinas nos Estados Unidos. Eles aparentam ter famílias, mas está ficando evidente que isso é apenas aparência. Talvez seja um disfarce deles. Como você motiva um jovem? Os homens-bomba suicidas são recrutados ainda bem jovens, aos 13 anos de idade. Como você consegue que uma pessoa solteira explode a si mesma? Como você consegue fazer uma pessoa solteira levar um avião a chocar-se com um edifício? Qual é a motivação?

Se ele é um verdadeiro muçulmano, ele quer saber que está indo para o céu. Há uma realidade terrível no islamismo quanto ao inferno. Não seria muito mais fácil apenas ir para a guerra e matar um infiel e, depois, saber que você vai para o céu? Por que você fará isso? Por que você tem de matar a si mesmo?

Os homens-bomba suicidas começaram a realizar ataques contra Israel em 1994. Por volta de 2001, explosões suicidas se tornaram acontecimentos normais. Há muita controvérsia sobre a prática entre os líderes muçulmanos. O suicídio é considerado um pecado no islamismo, e muitos muçulmanos creem que o próprio ato de suicídio é proibido. Mas muitos clérigos muçulmanos insistem em que tais explosões são atos de *jihad*, e não suicídio. Eles dizem que aqueles que morrem na *jihad* são mártires, embora morram por suas próprias mãos. Alguns têm argumentado que isso é um ato nobre e uma garantia do céu. O sheik Youssef el-Kardawi, um dos clérigos mais respeitados do Egito, disse: "A missão suicida é a mais nobre forma de *jihad*" (Albayan, 12 de maio de 2001). O principal muçulmano de Jerusalém concordou em que o suicídio em uma guerra santa é um ato nobre. Hamas e Jihad Islâmica, dois grupos radicais islâmicos, têm realizado múltiplas explosões suicidas, e eles dizem que não têm falta de voluntários. Os voluntários são jovens; eles podem começar o treinamento aos cinco anos de idade. Eles são quase inapropriados para trabalho, porque foram programados e sofreram lavagem cerebral. São rapazes solteiros que têm um futuro desolador, esperando por uma morte heróica e entrada num paraíso eterno. Pesquisas de opinião pública recentes sugerem que 80% dos palestinos dizem que apóiam as explosões suicidas (Associated Press, 28 de agosto de 2001).

A opinião popular predominante é a de que não há nada errado nisso. Promete heroísmo. Promete o céu. De fato, um psicólogo palestino disse: "A coisa interessante não é a ocorrência explosões suicidas, e sim a *raridade* delas" (Dr. Eyad Sarraj, "Why We Have Become Suicide Bombers", na web: http://www.missionislam.com/conissues/pelestine.htm). Um de seus porta-vozes disse: "Não há uma pessoa em Israel que não a vejamos como usurpador de nossa terra". Esse continua sendo o problema, e, quando apoiamos a Israel, nos tornamos o grande Satã.

O treinamento para isso começa cedo. Mohammed el-Durra, um adolescente palestino de 13 anos, foi morto num tiroteio em Israel. Sua mãe disse: "Estou feliz porque ele foi martirizado". Disse que lhe havia dado um lanche antes de ele ir para o tiroteio (Norman Doidge, "The Palestinians' little bombers: School textbooks teach children to admire the martyr", *National Post*, 9 de novembro de 2000). Mandar um de seus filhos aos 13 anos de idade, ou qualquer idade, para algum tipo de conflito supera os instintos maternos naturais.

Norman Doidge escreveu no *The National Post*: "Os recrutas típicos têm entre 17 e 23 anos, são rapazes isolados, fechados em conflitos de adolescentes. Os rapazes são divididos em grupos pequenos grupos secretos nos quais eles leem coletivamente versos do Alcorão, como: "Não pense naqueles que morrem nos caminhos de Alá como mortos. Não, eles vivem, acharam sua substância na presença de seu Senhor". Um sentido quase místico de união é criado e desfaz o isolamento adolescente que esses rapazes sentem. Os mesmos mecanismos que unem um time de futebol são usados para criar um grupo terrorista. Muitos desses rapazes são instruídos a suprimir seus anseios sexuais e a não assistir à televisão, mas ouvem a promessa de atividade sexual ilimitada no céu com virgens, para que se tornem mártires" (ibid.).

UMA PERSPECTIVA BÍBLICA SOBRE A MORTE, O TERRORISMO E O ORIENTE MÉDIO

Promete-se aos mártires que, ao morrerem, não somente irão para o céu, mas também, quando chegarem lá, serão recebidos por 72 virgens de olhos pretos que terão relações sexuais eternas com eles. Aliás, o Alcorão permite o casamento com até quatro mulheres. Maomé teve 13 esposas e, pelo menos, 22 mulheres com as quais ele coabitava. Por isso, este elemento sensual que eles oferecem atrativamente como um incentivo aos homens-bomba não é apenas o céu, mas sexo eterno com 72 virgens. "Uma revisão recente dos 140 livros-texto de escolas da Autoridade Palestina mostrou que todas as matérias são usadas para ensinar as crianças palestinas a admirarem o *shahid* ou martírio. O livro de literatura para alunos de 7ª série está cheio de canções e poemas que glorificam a morte de criança. 'Saque a sua espada, a morte apelará a você, e sua espada ficará violenta. Palestina, o jovem redimirá a sua terra'. Em um texto de gramática, faz-se a seguinte pergunta: 'Marque o sujeito e o objeto da seguinte sentença: *Jihad* é o dever religioso de todo mulçumano. Outro diz: 'Ame os guerreiros da *jihad* que debelam a terra de Jerusalém com seu sangue'" (ibid.).

Um programa palestino para crianças, chamado *The Children's Club*, que segue o modelo de *Sesamo Street* (Vila Sésamo) – apresenta a canção "Quando eu viajar para Jerusalém, deixarei perplexo um homem-bomba" (Charles Krauthammer, "Mideast Violence: The Only Way Out", *Washington Post*, 16 de agosto de 2001). O sheik Abd Al-Salam Skheidm, o principal mufti da polícia da Autoridade Palestina, descreveu o que os homens-bomba que matam mulheres e crianças em Israel podem esperar na vida por vir: "Desde o momento em que derrama sua primeira gota de sangue, ele não sente qualquer dor e é absolvido de todos os seus pecados; ele vê seu assento no céu; é poupado de torturas no sepulcro; é poupado de horrores no Dia do Julgamento; casa-se com 70 mulheres de olhos pretos; ele pode garantir a entrada de 70 membros de sua família no paraíso" (citado em Mona Charen, "Reality check", *Jewish World Review*, 17 de agosto de 2001).

Uma semana antes dos atentados suicidas em *Tel Aviv*, em 25 de maio de 2001, a rádio *The Voice of Palestine* transmitiu um sermão de sexta-feira da mesquita de Al-Aqsa, no monte do templo, em Jerusalém. Nessa mensagem, o mufti da Autoridade Palestina, sheik Ikrima Sabri, disse: "O mulçumano ama a morte e o martírio, assim como vocês amam a vida. Há uma grande diferença entre aquele que ama a vida por vir e aquele que ama este mundo. O mulçumano ama a morte [e busca] o martírio" (Aluma Solnick, "Martyrs and Mothers", na web: http://aish.com/jewishissues/middleeast / Martyrs_and_Mothers.asp).

Que perspectiva perversa: você vai para o céu e obtém sexo eterno. Esse é o incentivo final oferecido a esses solteiros privados de seus direitos civis e iludidos por lascívia. O Alcorão descreve essas mulheres como tão lindas como rubis, com aparência semelhante a diamantes e pérolas. Os mártires, então, se deleitarão, deitados em almofadas verdes e tapetes lindos. No exemplar de 5 de julho de 2001 do *USA Today*, Jack Kelly escreveu que nas pré-escolas administradas pelo Hamas há placas nas paredes que dizem: "As crianças das pré-escolas são os *shaheeds* (mártires santos) de amanhã". Eles começam com crianças da pré-escola. As placas de sala de aula na Universidade Al Najah, no Lado Ocidental, e na Universidade Islâmica de Gaza dizem: "Israel tem bombas nucleares, nós temos bombas humanas". Em uma escola islâmica em Gaza, mantida pelo Hamas, a pequena estatura e o sorriso infantil de Ahmed, um menino de 11 anos, são enganadores. Disfarçam uma determinação de matar a qualquer custo. "Eu farei de meu corpo uma bomba que explodirá a carne de sionistas, os filhos de porcos e macacos". O Alcorão diz que

Alá tornou os judeus uma vez em porcos e, outra vez, ele os tornou em macacos.

Kelly continua: "Ahmed diz: 'Partirei os corpos deles em pequenos pedaços e lhes causarei mais dores do que jamais saberão'. 'Allahu Akbar', seus colegas gritam em resposta, 'Deus é grande'. 'Que as virgens lhe dêem prazer', clama seu professor" (Jack Kelly, "Devotion, desire drives youths to martyrdom", USA Today, 5 de agosto de 2001).

No final, o islamismo vencerá a *jihad*? Não. Posso dizer-lhes como ela terminará. Não é bom saber isso? Não posso dizer-lhes qual será o final de partidas de futebol, mas posso contar-lhes o final deste conflito. Vejamos Ezequiel 36.1, 2: *"Tu, ó filho do homem, profetiza aos montes de Israel e dize: Montes de Israel, ouvi a palavra do Senhor. Assim diz o Senhor Deus: Visto que diz o inimigo contra vós outros: Bem feito!, e também: Os eternos lugares altos são nossa herança"*. Em outras palavras, o inimigo (significando Israel) é nosso, nós o pegamos, tudo de que precisamos é um pequeno pedaço de Israel. Eles tinham tudo, exceto Israel. *"Portanto, profetiza e dize: Assim diz o Senhor Deus: Visto que vos assolaram e procuraram abocar-vos de todos os lados, para que fôsseis possessão do resto das nações e andais em lábios paroleiros e na infâmia do povo, portanto, ouvi, ó montes de Israel, a palavra do Senhor Deus: Assim diz o Senhor Deus aos montes e aos outeiros, às correntes e aos vales, aos lugares desertos e desolados e às cidades desamparadas, que se tornaram rapina e escárnio para o resto das nações circunvizinhas. Portanto, assim diz o Senhor Deus: Certamente, no fogo do meu zelo, falei contra o resto das nações e contra todo o Edom. Eles se apropriaram da minha terra, com alegria de todo o coração e com menosprezo de alma, para despovoá-la e saqueá-la. Portanto, profetiza sobre a terra de Israel e dize aos montes e aos outeiros, às correntes e aos vales: Assim diz o Senhor Deus: Eis que falei no meu zelo e no meu furor, porque levastes sobre vós o opróbrio das nações. Portanto, assim diz o Senhor Deus: Levantando eu a mão, jurei que as nações que estão ao redor de vós levem o seu opróbrio sobre si mesmas. Mas vós, ó montes de Israel, vós produzireis os vossos ramos e dareis o vosso fruto para o meu povo de Israel, o qual está prestes a vir. Porque eis que eu estou convosco; voltar-me-ei para vós outros, e sereis lavrados e semeados"* (vv. 3-9).

A favor de quem Deus está nesta batalha? Israel. E o que é admirável nisso é que Israel ainda está na incredulidade. Mas eles são o povo da aliança de Deus, e ele os trará à salvação. Deus é por Israel. Não sei quanto a você, mas, quanto a mim, quero ser por aqueles a favor de quem Deus está. Deus é por Israel. Eu também sou por Israel. Ezequiel continua, quando o Senhor diz: *"Porque eis que eu estou convosco; voltar-me-ei para vós outros, e sereis lavrados e semeados. Multiplicarei homens sobre vós, a toda a casa de Israel, sim, toda; as cidades serão habitadas, e os lugares devastados serão edificados. Multiplicarei homens e animais sobre vós; eles se multiplicarão e serão fecundos; fá-los-ei habitar-vos como dantes e vos tratarei melhor do que outrora; e sabereis que eu sou o Senhor. Farei andar sobre vós homens, o meu povo de Israel; eles vos possuirão, e sereis a sua herança e jamais os desfilhareis"* (vv. 9-12).

Eu diria que isso é bastante claro, não é? Você tem alguma dúvida sobre quem vencerá. Veja o que diz o versículo 22: *"Dize, portanto, à casa de Israel: Assim diz o Senhor Deus: Não é por amor de vós que eu faço isto, ó casa de Israel, mas pelo meu santo nome, que profanastes entre as nações para onde fostes. Vindicarei a santidade do meu grande nome, que foi profanado entre as nações, o qual profanastes no meio delas; as nações saberão que eu sou o Senhor, diz o Senhor Deus, quando eu vindicar a minha santidade perante elas. Tomar-vos-ei de entre as nações, e vos congregarei de todos os países, e vos trarei para a vossa terra. Então, aspergirei água pura sobre vós, e ficareis purificados; de todas as vossas* *imundícias e de todos os vossos ídolos vos purificarei. Dar-vos-ei coração novo e porei dentro de vós espírito novo; tirarei de vós o coração de pedra e vos darei coração de carne. Porei dentro de vós o meu Espírito e farei que andeis nos meus estatutos, guardeis os meus juízos e os observeis. Habitareis na terra que eu dei a vossos pais; vós sereis o meu povo, e eu serei o vosso Deus. Livrar-vos-ei de todas as vossas imundícias; farei vir o trigo, e o multiplicarei, e não trarei fome sobre vós. Multiplicarei o fruto das árvores e a novidade do campo, para que jamais recebais o opróbrio da fome entre as nações. Então, vos lembrareis dos vossos maus caminhos e dos vossos feitos que não foram bons; tereis nojo de vós mesmos por causa das vossas iniqüidades e das vossas abominações. Não é por amor de vós, fique bem entendido, que eu faço isto, diz o S*ENHOR *Deus. Envergonhai--vos e confundi-vos por causa dos vossos caminhos, ó casa de Israel. Assim diz o S*ENHOR *Deus: No dia em que eu vos purificar de todas as vossas ini-qüidades, então, farei que sejam habitadas as cidades e sejam edificados os lugares desertos. Lavrar-se-á a terra deserta, em vez de estar desolada aos olhos de todos os que passam. Dir-se-á: Esta terra desolada ficou como o jardim do Éden; as cidades desertas, desoladas e em ruínas estão forti-ficadas e habitadas. Então, as nações que tiverem restado ao redor de vós saberão que eu, o S*ENHOR*, reedifiquei as cidades destruídas e replantei o que estava abandonado. Eu, o S*ENHOR*, o disse e o farei"* (vv. 22-36). E o Senhor acrescenta que lhes multiplicará *"os homens como um rebanho"* (v. 37). Então, conclui: *"E saberão que eu sou o S*ENHOR*"* (v. 38).

Esse dia está vindo. Não sei quando ele chegará, mas está vindo. Até que ele chegue, haverá guerra – haverá conflito que continuará a aumentar. Estamos a meio mundo de distância, e fomos arrastados ao conflito. Qual deve ser nossa resposta? Devemos fazer o que é justo. Devemos fazer o que Deus determina que os governos façam. O que Deus determina que os governos façam? Romanos 13.4 diz que o governo não *"traz a espada"* sem motivo. O governo civil não é uma ostentação. Por que o governo traz a espada? Ele tem de punir os que fazem o mal e proteger os inocentes. Uma guerra de proteção e uma guerra de punição é uma guerra justa. Se tenho quatro filhos em casa, e um homem vem e mata dois de meus filhos, o que eu faço? Negocio? Se puder, eu o impedirei de matar os demais. Sacrifícios têm de ser feitos por um bem maior. O mal tem de ser punido. Até a bondade humana tem de ser protegida.

O governo civil não existe primariamente para suprir-nos cuidados de saúde e aposentadoria. Ele certamente não existe para a redistribuição de riqueza. Existe para ameaçar com morte os que fazem o mal e proteger as pessoas que obedecem à lei. A forca, a guilhotina, o fuzilamento, a câmara de gás, a cadeira elétrica, bem como a espada, o rifle, o revólver, o canhão e míssil estão por trás da estabilidade de uma civilização, porque as pessoas são assassinas. Uma guerra justa é uma guerra exigida pela escala dos crimes. Isso não é vingança pessoal; é uma proteção nacional por causa da punição daqueles que fazem o mal, a fim de pará-los permanentemente de fazer mais.

Muitas pessoas perguntam se este não é um cenário de fim do mundo. Não acho que os aviões que atingiram o Pentágono e o World Trade Center são apocalípticos. Sabemos realmente que há sinais bíblicos que indicam o fim do mundo. Um dos sinais é que Israel está na terra. O mundo se move em direção a uma religião mundial que o Anticristo poderá controlar. O islamismo se move nessa direção. Tenho me admirado em ver, nestes últimos dez anos, a Igreja Católica Romana fazendo aberturas ao islamismo.

O livro de Apocalipse diz que, no final dos tempos, um terço da população do mundo morrerá (Ap 9.15-18), e um quarto morrerá (Ap 6.8). Isso demandará armas de destruição em massa. Você não pode matar esses muitos com facas, arcos e flechas. Daniel 9 indica que haverá tanta desordem no Oriente Médio nos últimos tempos, que um pacificador será necessário. Esse pacificador será o Anticristo. Esse é um cenário perfeito para um falso Cristo aparecer e estabelecer uma falsa paz. Estou sempre de olho em quem vai ao Oriente Médio para negociar, apenas para ver se essa pessoa poderia ser o Anticristo.

Apresentei uma razão natural por que o ataque terrorista aconteceu. Foi um resultado da depravação maligna do coração assassino do homem que tem de ser reprimido por temor e retribuição. Apresentei também uma razão histórica por que o ataque terrorista aconteceu: o ódio profundamente arraigado do mundo árabe para com Israel e o conflito milenar desses povo quanto à terra. Até os Estados Unidos foram envolvidos no conflito por causa do status como nação aliada infiel. Apresentei uma razão religiosa por que o ataque aconteceu: a doutrina do islamismo não reconhece nenhuma segurança quanto à salvação do inferno, exceto quando alguém morre como mártir em uma guerra santa. É claro que Satanás está por trás disso. Apresentei também uma razão sensual por que o ataque aconteceu: os muçulmanos suicidas agem em busca de sexo eterno.

A EXPLICAÇÃO TEOLÓGICA

Apresentarei uma última razão – a razão teológica. Por que todas aquelas pessoas morreram? Elas morreram porque o salário do pecado é a morte (Rm 6.3). *"Aos homens está ordenado morrerem uma só vez"* (Hb 9.27). Nada aconteceu àquelas pessoas na terça-feira que não iria acontecer em algum momento. Todas elas morreriam, não naquele dia, pensavam elas. Não há nada extraordinário em pessoas morrerem. Você está pronto para isso? Desde terça-feira, cinqüenta mil americanos morreram. Somente neste ano 2,5 milhões de americanos morrerão. Por fim, todos morrerão. Apenas nos sentimos mais tranqüilos quando eles morrem um por um. Não gostamos quando 250 pessoas morrem em um choque de um avião. Às vezes, alguns milhares de pessoas morrem numa inundação, ou terremoto, ou erupção vulcânica em um país do terceiro mundo. Raramente, cinco ou dez mil pessoas morrem, e nunca nos Estados Unidos. Mas todos morrem. Cinqüenta mil americanos morrem cada semana. Os americanos estão preocupados com isso? Não, a maioria de nós não – apenas continuamos a viver nossa vida com pouca consideração ao fato de que cinqüenta mil americanos morrem cada semana. Enquanto o nosso mundo é tranqüilo, e não temos de ver aviões destroçados, trens despedaçados, edifícios em ruínas, estamos bem. Isso mantém a morte a certa distância.

As pessoas perguntam: "Por que Deus deixa isso acontecer?" Acontece a todos. A grande pergunta não é: por que Deus deixa isso acontecer? A grande pergunta é: por que qualquer de nós continua a viver? Devíamos todos ser mortos, porque o salário do pecado é a morte: *"A alma que pecar, essa morrerá"* (Ez 18.4). Vivemos sob constante misericórdia, de tal modo que, ao revelar-se a justiça, ficamos chocados. Estamos tão acostumados com a graça, que não entendemos a justiça. De vez em quando, Deus retém a sua graça, um desastre terrível acontece, e ficamos chocados. Nosso choque deveria ser que somos lembrados do que merecemos.

As pessoas perguntam: "Então, o que Deus está dizendo?" Ele está dizendo: "Vocês vão morrer e não têm controle sobre isso. Isso é um lembrete de que eu lhes dou vida, lhes dou amor, lhes dou felicidade. Derramo graça comum para tornar a vida rica e recompensadora para vocês. Sou paciente. Sou misericordioso. Mas, de vez em quando, tenho de dar-lhes uma ilustração impactante a respeito de para onde vocês estão indo".

UMA PERSPECTIVA BÍBLICA SOBRE A MORTE, O TERRORISMO E O ORIENTE MÉDIO

As pessoas pensam que têm o direito de viver. Acham que a chave para a vida é exercícios e dieta. Mas não temos o direito de viver. É a graça de Deus que nos dá vida. Quando Deus permite que uma tragédia impressionante e dramática aconteça, não questione a justiça de Deus. Em vez disso, agradeça-lhe por sua graça.

Vejamos Lucas 13: *"Naquela mesma ocasião, chegando alguns, falavam a Jesus a respeito dos galileus cujo sangue Pilatos misturara com os sacrifícios que os mesmos realizavam"* (v. 1). Pilatos era o procurador romano, o governador romano de Israel ocupado. Os romanos ocuparam Israel. Os galileus eram judeus da parte norte de Israel e faziam sacrifícios no templo. Esse era o único lugar de Israel onde eles podiam fazer sacrifícios. Por isso, algumas pessoas haviam descido da Galiléia. (Jesus era galileu, bem como todos os apóstolos.) Alguns galileus foram ao templo para oferecer seus sacrifícios. Eles era religiosos e cumpridores de seu dever; faziam o que Deus tinha revelado que eles deviam fazer. Mas Pilatos misturou o sangue deles com os sacrifícios.

O que isso significa? Pilatos enviou homens ao templo para matar essas pessoas religiosas. Jesus "lhes disse: Pensais que esses galileus eram mais pecadores do que todos os outros galileus, por terem padecido estas coisas?" (v. 2). "Vocês acham que Deus fez isso porque esses galileus eram piores do que as outras pessoas?" A pergunta que ecoa na mente das pessoas é: essas pessoas eram religiosas, estavam fazendo o que deviam estar fazendo, por que Deus permitiu que Pilatos entrasse lá e as matasse de modo que o sangue delas fosse misturado com os sacrifícios? A resposta humana lógica é que elas deviam ser piores do que os demais.

Jesus continuou: *"Não eram, eu vo-lo afirmo; se, porém, não vos arrependerdes, todos igualmente perecereis"* (v. 3). O que é isso? Isso é a mensagem. Pessoas morrem. O fato de que elas morrem não implica que são piores do que os demais. Deus não estava julgando as pessoas que trabalhavam no World Trade Center ou no Pentágono ou aquelas que voavam nos aviões, porque elas eram piores do que as outras pessoas. Não. Elas não eram diferentes de ninguém. Deus não permitiu que Pilatos enviasse seus soldados para matar aquelas pessoas porque elas eram piores do que os demais. O ensino é este: é melhor você se arrepender para que não pereça, quando morrer. O que Deus está dizendo à nossa nação? Está dizendo que é melhor você se arrepender, porque você não sabe quando vai morrer. E, se não está preparado, você perecerá.

Em seguida, no versículo 4, Jesus deu um exemplo mais vívido: *"Ou cuidais que aqueles dezoito sobre os quais desabou a torre de Siloé e os matou eram mais culpados que todos os outros habitantes de Jerusalém?"* Agora, eles tinham outra pergunta para responder. A torre de Siloé caiu um dia. Não foi atingida por um avião, mas pode ter sido vítima de uma construção mal feita ou talvez de um terremoto. Dezoito pessoas estavam andando pela rua; a torre caiu sobre elas e as matou. E a pergunta na mente da pessoas era: por que isso aconteceu com aquelas pessoas? Elas eram piores do que as outras pessoas que moravam em Jerusalém?

Jesus respondeu: "Não eram, eu vo-lo afirmo; mas, se não vos arrependerdes, todos igualmente perecereis" (v. 5). Pessoas que estavam no Pentágono e pessoas que estavam no World Trade Center pereceram. Tenho certeza de que alguns deles eram crentes, alguns não. E aqueles que não eram crentes pereceram e foram para o inferno, para sempre, sem Deus, sem esperança. Não eram piores do que os demais. E você perecerá, também, se não se arrepender. Essa é a mensagem de Deus.

As diferenças entre as pessoas são medidas apenas em graus; elas não são diferentes em tipo. Todos somos pecadores. A morte e

UMA PERSPECTIVA BÍBLICA SOBRE A MORTE, O TERRORISMO E O ORIENTE MÉDIO

o julgamento são certos para os pecadores. Mas você ainda não está morto. Você não estava naqueles edifícios. Não estava nos aviões. Você está vivo, e a mensagem de Jesus é: arrependa-se de seu pecado e receba a Cristo, para que, quando seu dia chegar, você não pereça e, em vez disso, vá para a presença de Cristo.

Nos versículos 6 a 9, Jesus contou uma história: *"Certo homem tinha uma figueira plantada na sua vinha e, vindo procurar fruto nela, não achou. Pelo que disse ao viticultor: Há três anos venho procurar fruto nesta figueira e não acho; podes cortá-la; para que está ela ainda ocupando inutilmente a terra? Ele, porém, respondeu: Senhor, deixa-a ainda este ano, até que eu escave ao redor dela e lhe ponha estrume. Se vier a dar fruto, bem está; se não, mandarás cortá-la".*

Isso é bastante claro. As pessoas estão vivendo em um tempo emprestado. Deus poderia dizer sobre você: "Podes cortá-la". Mas, em sua graça, ele diz que esperará. Dará mais um tempo para ver se haverá fruto. Assim é o coração de Deus. A mensagem é: arrependa-se do seu pecado e receba o dom do perdão e o dom da salvação em Cristo.

Dois milhões e meio de americanos morrerão neste ano, e algum dia todos os americanos morrerão. Este é o tempo encarar com mais seriedade a morte e a vida, você não acha? Basta de festas e jogos; é tempo de arrepender-se, clamar a Deus para que salve você da eternidade no inferno. Você está vivendo em um tempo emprestado. É como se Cristo estivesse dizendo ao Pai: "Deixa-me trabalhar nela por mais um ano". É tempo de os pregadores acabarem com o show, a tagarelice psicológica, as histórias engraçadas e o entretenimento trivial e falarem da vida e da morte, em termos bíblicos, e resgatarem os que perecem e cuidarem dos que estão morrendo. É tempo de você fazer sua vida ser reputada como um testemunho evangélico. O que mais importa?

Eis onde começar: mostre amor e apresente o evangelho para um muçulmano. Eles precisam de Cristo; eles não são seus inimigos, são o seu campo missionário. Você deve ter uma atitude de compaixão e amor para com pessoas que estão enredadas numa religião de engano e condenação. Se você conhece pessoas árabes, se conhece muçulmanos, diga-lhes que existe um Salvador. Diga-lhes que há perdão. Somos missionários, e hoje acho que compreendemos que o mundo adiante de nós não será igual ao mundo do qual acabamos de sair. É tempo de sermos sérios quanto à coisas eternas.

11
O PRINCÍPIO INICIAL DO DISCIPULADO

Lucas 9.23
3 de novembro de 2002

    Esta mensagem admirável é uma retrospectiva maravilhosa do debate do senhorio e de várias outras doutrinas relacionadas que surgiram no decorrer dos anos. Ela trata da mensagem do evangelho, a exigência de Cristo quanto à autorrenúncia e as implicações da do crer fácil, da pregação de autoestima e outras formas de fé espúria. Lucas 9.23 resume o tema de O Evangelho Segundo Jesus, mas no livro esse versículo foi referido apenas indiretamente, porque, quando o livro estava sendo escrito, John MacArthur ainda não tinha começado a pregar sobre Lucas. (O livro lida amplamente com Mateus 10.38, que é um referência correspondente.) Neste sermão, uns quinze anos depois que irrompeu a controvérsia do senhorio, John oferece uma recapitulação excelente e condensada dos assuntos em jogo e dos perigos atuais constituídos por apresentações vulgarizadas e contemporâneas do evangelho.

    Porções deste sermão se tornaram a base e o ponto de partida para um novo livro sobre o evangelho: Hard to Believe (Difícil *de Crer). Este livro é mais evangelístico e menos polêmico do que O Evangelho Segundo Jesus, mas a mensagem é exatamente a mesma.*

Um dia antes da pregação desta mensagem, milhares de ateístas, pensadores livres, humanistas, agnósticos e feministas participaram da *The Godless Americans March*, em Washington, uma marcha de quase dois quilômetros através do National Mall, na capital de nosso país.

Examinemos Lucas 9. Toda e qualquer passagem da Escritura procede de Deus, sendo rica e instrutiva. Mas a passagem que consideraremos é bastante rica e instrutiva. Nos versículos 23 a 26, lemos: *"Dizia a todos: Se alguém quer vir após mim, a si mesmo se negue, dia a dia tome a sua cruz e siga-me. Pois quem quiser salvar a sua vida perdê-la-á; quem perder a vida por minha causa, esse a salvará. Que aproveita ao homem ganhar o mundo inteiro, se vier a perder-se ou a causar dano a si mesmo? Porque qualquer que de mim e das minhas palavras se envergonhar, dele se envergonhará o Filho do Homem, quando vier na sua glória e na do Pai e dos santos anjos".*

Essa é uma passagem breve, não contém muitos versículos, nem mesmo muitas palavras – mas está no âmago do ensino de Jesus. É ouro bíblico puro. É uma diamante de verdade, clara e brilhante. O assunto é seguir a Jesus: *"Se alguém quer vir após mim"*. Esta é uma passagem que fala sobre como seguir a Jesus, como tornar-se um cristão, como ser salvo, como ser redimido e nascer de novo. É um ensino crucial.

Uma coisa impressiona você desde o início: seguir a Jesus envolve autorrenúncia. *"Se alguém quer vir após mim, a si mesmo se negue."* O evangelho é um chamado a autorrenúncia; não é um chamado a autorrealização. Isso coloca o verdadeiro evangelho em oposição ao evangelho do evangelicalismo contemporâneo, que se baseia em autorrealização e autoajuda. Jesus é frequentemente visto como um gênio bastante útil – você esfrega a lâmpada, ele sai e diz: "Peça o que quiser". Você lhe dá a sua lista, e ele a atende. Dentro do evangelicalismo, há aqueles que dizem que Jesus deseja que você esteja bem, e, se você não está bem, você não reivindicou sua cura. Jesus quer que você seja próspero e rico, e, se você não é isso, você não o reivindicou. Jesus quer que você seja livre de dívidas, e, se você mandar bastante dinheiro para o tele-evangelista, por virtude de sua fé, você se livrará do demônio de dívidas, como ele é frequentemente chamado, porque Jesus não quer que você tenha dificuldades ou problemas. A sua salvação é uma garantia de saúde, riqueza, prosperidade e felicidade.

Evangélicos psicológicos, centrados no homem lhe dizem que Jesus veio para lhe dar paz e alegria. Jesus faz de você um melhor vendedor e o ajuda a ser bem-sucedido nos esportes. Jesus realmente quer fazer você se sentir melhor a respeito de si mesmo, quer elevar a sua autoimagem e por um fim em sua maneira de pensar negativa.

É interessante notar como essa tendência se introduziu na igreja. Eu a vi chegar no decorrer dos anos – tenho estado no ministério tempo suficiente para que eu a visse chegar. Ela chegou mais notoriamente pelo ministério de Robert Schuller. Alguns anos atrás, ele escreveu um livro chamado *Self-Esteem: The New Reformation* (Autoestima: a Nova Reforma). Resenhei aquele livro, e a resenha foi publicada numa revista de alcance nacional. Fiz a resenha porque achei que o livro era um marco de mudança – era uma tentativa de uma nova reforma. Era uma tentativa de substituir o evangelho bíblico por um novo evangelho. E deu certo. No livro *Self-Esteem: The New Reformation*, Robert Schuller escreveu: "É precisamente neste ponto que a teologia clássica tem errado, em sua insistência de que a teologia seja 'centrada em Deus', e não 'centrada no homem'" ([Waco, Tex.: Word, 1982] p. 64). Isso é um começo iconoclasta. A primeira coisa que temos de fazer é acabar com a teologia clássica. Temos de acabar com a teologia centrada em Deus e substitui-la pela teologia centrada no homem. Isso é muito ousado, mas era exatamente o que estava acontecendo.

Ele escreveu adiante: "Este plano mestre de Deus é elaborado ao torno das profundas necessidades dos seres humanos – dignidade pessoal, autorrespeito, valor próprio, autoestima" (ibid., p. 71). Para Schuller, a pérola de grande valor é autorrespeito e autoestima genuínos.

Ele escreveu mais: "Se seguirmos o plano de Deus tão fielmente quanto pudermos, nos sentiremos bem quanto a nós mesmos" (ibid., p. 76). Esse é o evangelho do evangelicalismo, é o evangelho de sentir-se bem. Sinta-se bem a respeito de si mesmo. Schuller prosseguiu: "Deus precisa de você e de mim para ajudar a criar uma sociedade de pessoas de autoestima" (ibid., p. 79). Perdoe-me se não quero unir-me. Não posso pensar em um grupo com o qual eu gostaria menos de associar-me.

Portanto, nesse esforço por uma nova reforma, a primeira coisa que você tem de fazer é eliminar a teologia centrada em Deus, clássica e história, e substitui-la por uma teologia centrada no homem, psicológica e de autoestima, fazendo assim tudo que há na Bíblia e no evangelho trabalhar para ajudar as pessoas a sentirem-se melhores a respeito de si mesmas, para satisfazerem seus sonhos e suas visões. Schuller disse também: "O objetivo crucial de Deus é tornar a você e a mim pessoas autoconfiantes" (ibid., p. 80).

Mais uma citação: "Se alguém crê que é um 'pecador indigno', é duvidoso que ele possa aceitar honestamente a graça salvadora que Deus oferece em Cristo" (ibid., p. 98).

O PRINCÍPIO INICIAL DO DISCIPULADO

Se você quer ser salvo no novo evangelho, não pode crer que você mesmo é um pecador indigno. Quão distorcido é isso? Quão contrário à verdade é isso? Mas isso é o evangelho centrado no homem e de autoestima que foi absorvido pelo número um dos discípulos de Robert Schuller, Bill Hybels, e transportado ao movimento de satisfação dos interessados que tem prejudicado o evangelicalismo. É um tipo de narcisismo e amor próprio quase cristão que é característico dos falsos mestres. De acordo com 2 Timóteo 3.1-2: *"Nos últimos dias, sobrevirão tempos difíceis, pois os homens serão egoístas"*. O cristianismo se tornou um movimento de "consiga o que você quer", em vez de um movimento de "dar". A intenção divina para o evangelho tem sido prostituída. A glória de Deus foi substituída pela satisfação do homem. Abandonar sua vida para a honra de Cristo foi substituído por Cristo honrar você. Tudo é distorcido, e o verdadeiro evangelho não está mais em voga.

Muitos séculos atrás, houve um santo que entendeu bem isso. Esta é uma oração que ele escreveu: "Senhor, nobre e elevado, simples e humilde, faze-me aprender pelo paradoxo que o caminho para baixo é o caminho para cima, que ser humilde é ser exaltado, que o contrito de coração é o coração curado, que o espírito contrito é o espírito que se regozija, que a alma que se arrepende é a alma vitoriosa, que ter nada é possuir tudo, que tomar a cruz é vestir a coroa, que dar é receber. Faze-me achar tua luz em minhas trevas, tua alegria em minha tristeza, tua graça em meu pecado, tuas riquezas em minha pobreza, tua glória em meu vale, tua vida em minha morte" (Arthur Bennett, ed., *The Valley of Vision* [Edinburgh: Banner of Truth, 1975], oração introdutória). Tua vida em minha morte? Isso é o verdadeiro evangelho. O evangelho não é a respeito de exaltar-me, é a respeito de matar-me. Jesus disse: *"Se alguém quer vir após mim, a si mesmo se negue, dia a dia tome a sua cruz e siga-me"*. É a morte do "eu". Você ganha por perder. Você vive por morrer. Isso é o âmago, a mensagem central do evangelho. Isso é a essência do discipulado.

Lucas 9.23-25 não é uma passagem obscura. Não é diferente do ensino costumeiro de Jesus. Esses são os princípios que ele ensinou repetidas vezes durante seu ministério, em todos os diferentes contextos.

Quero mostrar-lhe algo. Volte a Mateus 10.34. Antes, Jesus havia falado sobre confessá-lo como Senhor e Salvador: *"Todo aquele que me confessar diante dos homens, também eu o confessarei diante de meu Pai, que está nos céus"* (v. 32). Em seguida, ele disse isto: *"Não penseis que vim trazer paz à terra; não vim trazer paz, mas espada. Pois vim causar divisão entre o homem e seu pai; entre a filha e sua mãe e entre a nora e sua sogra. Assim, os inimigos do homem serão os da sua própria casa"* (vv. 34-36). Primeira coisa, se você vier a Jesus, isso pode tornar sua família pior, e não melhor. Pode criar em sua família uma divisão que você nunca antes experimentou. Mas é isso que acontece se você entrega sua vida a Jesus Cristo. Haverá um abismo intransponível entre você e as pessoas de sua família que não entregaram sua vida a ele. O versículo 37 diz: *"Quem ama seu pai ou sua mãe mais do que a mim não é digno de mim; quem ama seu filho ou sua filha mais do que a mim não é digno de mim"*. Se você não quer correr o risco de ter uma divisão permanente em sua família ou pagar o preço de um trauma maior, conflito e sofrimento em sua família, então não você não é digno de ser discípulo de Cristo.

Jesus disse mais: *"E quem não toma a sua cruz e vem após mim não é digno de mim"* (v. 38). A cruz estava associada com uma única coisa – era um instrumento de morte, de execução. Jesus estava dizendo: "Se você não está disposto a ter conflito em sua família, você não é digno de ser meu discípulo. Se você não está disposto a ter conflito com o mundo a ponto de que isso possa lhe custar a vida, você não é digno de mim". O versículo 39 diz: *"Quem acha a sua vida perdê-la--á; quem, todavia, perde a vida por minha causa achá-la-á"*. O foco do ensino de Jesus é perder a vida. Isso não é uma teologia centrada no homem; é teologia centrada em Cristo. Você tem de estar disposto a dar tudo a Cristo, não importando o que isso lhe custará.

Marcos 10 é outra ilustração desta verdade que está completamente no âmago do ensino de Jesus. Em Marcos 10.21, lemos que Jesus estava falando com um jovem rico que queria a vida eterna. Ele perguntou a Jesus como poderia obter a vida eterna (v. 17). Jesus lhe disse como e, por fim, confrontou seu pecado. Ele não quis admitir e não quis desistir de sua justiça própria, que é o pior pecado. Jesus o confrontou quanto ao seu dinheiro, mas ele não desistiria de seu dinheiro. Ele queria a Jesus, queria a vida eterna, mas Jesus assegurou-lhe que teria de abandonar sua justiça própria – teria de reconhecer-se como pecador ímpio e indigno e teria de estar disposto a abandonar todos os seus bens terrenos, se Jesus lhe pedisse que fizesse isso. Mas o jovem rico não faria isso. O versículo 21 diz: *"Jesus, fitando-o, o amou e disse: Só uma coisa te falta: Vai, vende tudo o que tens, dá-o aos pobres e terás um tesouro no céu; então, vem e segue-me"*. Jesus disse: "O preço é este: seja disposto a desistir de tudo. Posso não pedir isso, mas posso pedi-lo. O preço é seja disposto".

"Ele, porém, contrariado com esta palavra, retirou-se triste, porque era dono de muitas propriedades" (v. 22). Ele preferia ter seu dinheiro e seus bens a ter Jesus. Ele não era digno de ser discípulo de Jesus. Se você não está disposto a ser separado de sua família, se não está disposto a ser separado do mundo, se não está disposto a ser separado das coisas materiais que possui, então, Jesus não é valioso para você. Tem de ser uma proposição de tudo ou nada.

Em Lucas 9.57-58, lemos que Jesus estava andando pelo caminho com alguns dos potenciais discípulos quando *"alguém lhe disse:*

Seguir-te-ei para onde quer que fores. Mas Jesus lhe respondeu: As raposas têm seus covis, e as aves do céu, ninhos; mas o Filho do Homem não tem onde reclinar a cabeça". Jesus estava lhe dizendo: "Não vamos para um hotel de luxo. Espero que isso não o afete negativamente. Saiba isso: não tenho qualquer lugar onde possa reclinar minha cabeça. Se você me seguir, perderá tudo. Esse é o preço". Jesus não disse: "Oh! que maravilhoso! Siga-me, você será feliz, terá saúde, será rico, próspero e bem-sucedido".

"A outro disse Jesus: Segue-me! Ele, porém, respondeu: Permite-me ir primeiro sepultar meu pai." A implicação é que seu pai ainda nem estava morto. O que ele quis dizer com *"permite-me ir primeiro sepultar meu pai"* – estava falando do funeral? Não, ele falava de demorar até que recebesse a herança. Ele tinha acabado de ouvir Jesus dizer que, se seguisse a ele, não teria nada e que Jesus não tinha nada para lhe dar, por isso, ele queria demorar-se até que pudesse ganhar uma fortuna e vir e seguir a Jesus. Ele também desapareceu.

Jesus estabeleceu o padrão para a autorrenúncia total. Em Lucas 14, você percebe que a mensagem é sempre a mesma. Há uma grande multidão acompanhando Jesus, e *"ele, voltando-se, lhes disse: Se alguém vem a mim e não aborrece a seu pai, e mãe, e mulher, e filhos, e irmãos, e irmãs e ainda a sua própria vida, não pode ser meu discípulo"*. O evangelho não é a respeito de você, não é a respeito de sua autoestima, e sim a respeito de seu pecado, seu desespero e sua necessidade de ver a Cristo como tão precioso como seu Salvador da morte, do pecado e do inferno, que você renunciará espontaneamente tudo, ainda que isso lhe custe a família ou o casamento. Jesus disse: *"E qualquer que não tomar a sua cruz e vier após mim não pode ser meu discípulo"* (v. 27). Não pode ser mais claro do que isso.

Em Lucas 17.33, lemos que Jesus disse: *"Quem quiser preservar a sua vida perdê-la-á; e quem a perder de fato a salvará".* É o mesmo

O PRINCÍPIO INICIAL DO DISCIPULADO

princípio. Se você tenta se apegar a seus planos, sua agenda, seu sucesso e sua auto-estima... você perde.

O apóstolo João não deixou este ensino essencial de Jesus fora de seu evangelho. Em João 12.24, lemos que Jesus disse: *"Em verdade, em verdade vos digo: se o grão de trigo, caindo na terra, não morrer, fica ele só; mas, se morrer, produz muito fruto"*. Se você tem de ser frutífero em seguir a Jesus, isso custará a sua vida. "Quem ama a sua vida", disse Jesus, *"perde-a; mas aquele que odeia a sua vida neste mundo preservá-la-á para a vida eterna. Se alguém me serve, siga-me"* (vv. 25-26). O caminho pelo qual Jesus andava era um caminho de morte e perseguição.

Então, você quer seguir a Jesus? Isso lhe custará tudo. O Senhor pode não tomar sua vida, pode não tomar seu dinheiro, pode não tomar sua família ou sua esposa, pode não tomar seu trabalho, mas você precisa estar disposto a desistir deles, se isso é o que ele quer. Você precisa sentir-se tão desesperado que receberá a Cristo, não importando o preço.

Vamos a Mateus 16 porque você não pode entender todo o quadro da passagem de Lucas sem compará-la com sua passagem correspondente, que é Mateus 16. Estabelecendo o cenário, esse é um tempo de teste para os discípulos. Há uma única pergunta no teste: *"Mas vós, continuou ele, quem dizeis que eu sou?"* (v. 15). Depois de alguns anos de treinamento, revelação, milagres, sinais e maravilhas que Jesus havia realizado, juntamente com toda o seu ensino, era tempo de dar aos discípulos um teste final na escola do discipulado. E a única pergunta era: *"Vós... quem dizeis que eu sou?"* Eles a entenderam corretamente. *"Respondendo Simão Pedro, disse: Tu és o Cristo, o Filho do Deus vivo. Então, Jesus lhe afirmou: Bem-aventurado és, Simão Barjonas, porque não foi carne e sangue que to revelaram, mas meu Pai, que está nos céus"* (vv. 16-17). Os discípulos haviam aceitado a revelação de Deus por meio de Cristo e sabiam que essa era a resposta certa.

Esse é o clímax de todo o treinamento do discipulado. Eles chegaram à conclusão correta sobre Jesus Cristo, o que é absolutamente necessário para a salvação. Jesus é o Cristo de Deus, o Messias de Deus, o Filho de Deus, o Salvador de Deus; tudo que o Antigo Testamento prometia, tudo que Jesus afirmou é realmente verdadeiro. Essa é a grande confissão, a suprema confissão. Os evangelhos foram *"registrados para que creiais que Jesus é o Cristo, o Filho de Deus, e para que, crendo, tenhais vida em seu nome"* (Jo 20.31). Eles creram e tiveram vida em nome de Cristo; esse foi o seu grande momento de confissão.

Em reposta à afirmação de Pedro, Jesus proferiu estas palavras: *"Também eu te digo que tu és Pedro, e sobre esta pedra edificarei a minha igreja, e as portas do inferno não prevalecerão contra ela"* (v. 18). Aqui há um contraste: "Você é Pedro, uma rocha pequena, mas sobre este leito de rocha edificarei minha igreja". O que é este leito de rocha? É a confissão de quem Jesus é, a realidade do que ele é.

"Edificarei a minha igreja", disse Jesus, *"e as portas do inferno não prevalecerão contra ela"* (v. 18). As portas do inferno representam simplesmente a morte. Satanás tem o poder da morte, diz Hebreus 2.14; ele exerce o poder da morte no mundo. Mas nem mesmo o poder de morte de Satanás impedirá o Senhor de edificar a sua igreja. Essa é uma nota de triunfo. Jesus está dizendo: "Você deu a resposta certa para a pergunta, passou no teste com A+, estou dizendo a vocês, rapazes, que é sobre essa grande e gloriosa realidade que edificarei minha igreja, e o grande poder de morte de Satanás não prevalecerá contra ela".

Em seguida, Jesus acrescentou: *"Dar-te-ei as chaves do reino dos céus"* (v. 19). Em outras palavras, eles abrirão a porta do reino e dei-

O PRINCÍPIO INICIAL DO DISCIPULADO

xarão as pessoas entrarem. Como? Eles proclamarão o evangelho. Como você entra no reino do céu? Qual é a chave que abre a porta? É o evangelho. Portanto, eles seriam os pregadores do evangelho de Cristo. Ele disse: *"O que ligares na terra terá sido ligado nos céus; e o que desligares na terra terá sido desligado nos céus"* (v. 19). Ligar e desligar era um antigo conceito rabínico. O rabino diria a uma pessoa que não se arrependia: "Você está ligado ao pecado". E diria a uma pessoa que se arrependera: "Você está desligado do pecado, porque Deus perdoa aqueles que se arrependem". Jesus estava dizendo aos apóstolos: "Vocês farão o mesmo. Vocês abrirão o reino com o evangelho, e dirão aos pecadores que se arrependerem que eles estão desligados de seu pecado, e dirão aos pecadores que não se arrependerem que eles estão ligados ao seu pecado. Vocês serão meus representantes; serão meus agentes com autoridade, no mundo, e trarão pessoas ao reino". Você pode até sentir o entusiasmo surgindo nos discípulos: "É isso mesmo – isso é o que temos esperado nestes últimos dois anos. Ele é o Messias, ele edificará a igreja, e nada parará a igreja. Seremos aqueles que terão a autoridade de abrir e fechar o reino, não a religião estabelecida do judaísmo, não os escribas, não os principais sacerdotes ou os anciãos. Seremos os preeminentes no reino".

No entanto, por meio de uma declaração chocante, Jesus *"advertiu os discípulos de que a ninguém dissessem ser ele o Cristo"* (v. 20). Isso parecia não fazer sentido para eles. Eles haviam acabado de ser dominados pela emoção do momento, na compreensão da autoridade e da invencibilidade da igreja e da deidade de Jesus, e agora ele diz: "Não contem isso a ninguém". O versículo 21 diz: *"Desde esse tempo, começou Jesus Cristo a mostrar a seus discípulos que lhe era necessário seguir para Jerusalém e sofrer muitas coisas dos anciãos, dos principais sacerdotes e dos escribas, ser morto e ressuscitado no terceiro dia"*. Que ducha de água fria! Jesus estava dizendo: "Não digam isso a ninguém porque o plano não é que eu assuma meu reino agora, o plano não é que entre em minha glória agora – o plano é que eu seja morto pelo Estado judaico".

Isso deve ter sido totalmente desestimulante para os discípulos. Eles tinham sido enlevados pelas realidades de que Jesus era o Messias, de que ele edificaria a igreja, de que nem o poder da morte prevaleceria contra ela e de que autoridade lhes fora delegada – eles puderam saborear o reino. Puderam sentir a glória vindo. Talvez possamos dizer que eles puderam sentir a glória da Shekina. Saúde, riqueza e prosperidade viriam em breve. Certamente, Jesus destruiria os líderes apóstatas do judaísmo, e eles, os apóstolos, seriam os novos líderes de Israel. Certamente, Jesus destruiria os opressores romanos e os pagãos. Certamente, ele curaria todas as doenças e proveria alimento como o fizera quando alimentou as multidões. Aquele era o momento glorioso pelo qual eles haviam por tanto tempo. E Jesus disse: "Não digam isso a ninguém; primeiro, eu tenho de morrer".

O versículo 22 continua a narrativa: *"E Pedro, chamando-o à parte, começou a reprová-lo, dizendo: Tem compaixão de ti, Senhor; isso de modo algum te acontecerá"*. Observe a personalidade forte de Pedro! Ele repreende o Filho do Deus vivo – as palavras jorram dos lábios de Pedro, dizendo na realidade: "Venha cá, Senhor, precisamos ter uma conversa particular – eu preciso corrigi-lo. Isso não acontecerá. O Senhor não morrerá; esse não é o plano". Mas Jesus respondeu: *"Arreda, Satanás! Tu és para mim pedra de tropeço, porque não cogitas das coisas de Deus, e sim das dos homens"* (v. 23). Pedro tinha uma agenda centrada no homem. Este poderia ser o lema para o evangelicalismo contemporâneo: você não está fixando sua mente nos interesses de Deus, e sim nos interesses do homem. A repreensão dirigida a Pedro é a mesma que o evangelicalismo contemporâneo precisa ouvir: "Tudo isso é a respeito de você. É a respeito do que você quer. Trata de poder e glória. Trata de coroa, recompensa e autoridade. Você não entende. O caminho para cima é para baixo. Você não receberá a coroa sem passar pela cruz".

No versículo 24, Jesus apresentou o princípio aos seus discípulos, aos apóstolos e ao resto da multidão: *"Se alguém quer vir após mim, a si mesmo se negue, tome a sua cruz e siga-me"*. Lucas 9.23 acrescenta *"Dia a dia"*.

Com isso, voltamos a Lucas 9. Aquela foi uma experiência chocante para os apóstolos: ter chegado àquela confissão gloriosa, mas ser instruído a não dizer nada e ser informado de que Jesus iria morrer. A tudo isso acrescente estas palavras de Jesus: *"Se alguém quer vir após mim, a si mesmo se negue, dia a dia tome a sua cruz e siga-me"* (v. 23). Com essa afirmação, Jesus expôs o paradoxo do discipulado.

Examinemos o principio apresentado no versículo 23. Não é difícil determinar o princípio. É simples: se você quer seguir a Cristo, se você quer ser um cristão, você tem de negar a si mesmo, tomar a sua cruz e segui-lo.

Você ouve essa mensagem no evangelho contemporâneo? Você ouve isso? Você ouve isso numa mensagem apresentada por um pregador ou um evangelista na televisão? Você já ouviu alguém se levantar diante de uma multidão e dizer: "Se você quer se tornar um cristão, mate a si mesmo, negue a si mesmo todas as coisas pelas quais você espera e anseia? Esteja disposto a morrer e submeter-se servilmente à obediência de Jesus Cristo".

Essa mensagem não vende – não é marketing inteligente. Mas ela é a verdade. Então, o que você quer – que alguém se converta artificialmente? Essa é a maneira popular. Dê às pessoas a ilusão de que são salvas quando elas realmente não o são, para que no dia em que estiverem diante de Cristo digam: *"Senhor, Senhor!"*, e eles lhes responda: *"Nunca vos conheci. Apartai-vos de mim"* (Mt 7.22-23). O evangelho tem de ser o evangelho. O princípio é: se você quer seguir a Cristo, isso é o seu fim. É o seu fim – você não existe mais. Paulo o expressou nos seguintes termos: *"Para mim, o viver é Cristo, e o morrer é lucro"* (Fp 1.21); *"Tanto sei estar humilhado como também ser honrado"* (4.12); *"Se vivemos, para o Senhor vivemos; se morremos, para o Senhor morremos"* (Rm 14.8). Essa é a atitude. Os homens querem glória, querem riqueza, querem saúde, querem felicidade e querem que todas as suas necessidades sentidas sejam supridas. Eles querem uma vida sem sofrimento. Querem a coroa sem a cruz. Querem o ganho sem a dor. É assim que as pessoas pensam; e pensam assim não visando ao interesse de Deus. De acordo com Hebreus 2.10, o Autor de nossa salvação foi aperfeiçoado por meio de sofrimento. Nós amadurecemos quando Deus nos faz passar pelo crisol do sofrimento. Onde precisamos sofrer primeiramente é na morte de todas as nossas esperanças, de todas as nossas ambições, de todos os nossos desejos, de todos os nossos anseios, de todas as necessidade que são humanas.

Portanto, se você quer ser um cristão, deixe-me dizer-lhe que isso não é fácil. Pelo que você já ouviu por aí, talvez pensava que era fácil: se você quer ser um cristão, apenas faça esta pequena oração e você será um cristão. Mas não é tão fácil assim.

Mateus 7.13 é uma parte do Sermão do Monte e contém estas palavras familiares: *"Entrai pela porta estreita"*. Primeiramente, para tornar-se um cristão, você deve entrar pela porta estreita. *"Estreita"* significa apertada. Você não pode levar nada consigo. Tem de entrar sem nada. *"Larga é a porta, e espaçoso, o caminho que conduz para a perdição"* (v. 13). Há uma espaçosa porta religiosa pela qual as pessoas entram com toda a sua bagagem, com todas as suas necessidades, com toda a sua autoestima e com todo desejo de realização e autossatisfação. Mas esse caminho não leva ao céu. Diz que leva ao céu, mas termina no inferno. E muitos tomam esse caminho.

No entanto, *"estreita é a porta, e apertado, o caminho que conduz para a vida, e são poucos os que acertam com ela"* (v. 14). A idéia é que é difícil achar a porta estreita. Concordo em que é difícil achá-la – e especialmente difícil em nossos dias. Você pode ir a uma igreja após outra e nunca achar essa porta.

Em Lucas 13.23, há mais elementos deste mesmo ensino. Quando Jesus passava por cidades e aldeias em seu caminho para Jerusalém, "alguém lhe perguntou: Senhor, são poucos os que são salvos?" Isso foi a implicação do ensino de Jesus. Se a porta é estreita e é difícil achá-la, a reação natural é que parece haver poucos que são salvos. Jesus lhes disse: *"Esforçai-vos* [no grego, *agonizomai*] *por entrar pela porta estreita, pois eu vos digo que muitos procurarão entrar e não poderão"* (v. 24). Por que é tão difícil achá-la e por que é tão difícil entrar por ela? Porque é muito difícil negar-se a si mesmo.

A realidade dominante nos seres humanos caídos é que o homem é o senhor de sua própria alma, o dono de sua própria fé, o monarca de seu próprio mundo, o rei de sua própria vida. Dizer-lhe que tem de matar a si mesmo, negar a si mesmo, isso é demais para ele admitir. Você prega um evangelho que não inclui essa verdade, e as pessoas correrão para você, para saírem do inferno e entrarem no céu. Você começa a pregar o verdadeiro evangelho que exige autor-renúncia completa e total, o reconhecimento de que você não tem nada pelo que é digno, nada pelo que pode ser recomendado e nada em você que precisa ser recuperado, e você obterá uma resposta diferente. Estar disposto a matar tudo que você é – suas esperanças, sonhos e ambições – por amor à pérola, por amor a Cristo, não é fácil. Primeiro de tudo, é difícil achar a verdade; é ainda mais difícil, depois de tê-la ouvido, submeter-se a ela, porque o homem adora a si mesmo. Ele é seu próprio deus.

O que precisamos estar dizendo às pessoas é: não venha a Cristo para sentir-se melhor quanto a si mesmo. Jesus não quer satisfazer suas necessidades mundanas, terrenas e humanas. Ele quer que você esteja disposto a dizer: "Abandonarei todas as coisas que acho preciso abandonar por causa de Cristo".

Vejamos Lucas 14.28-30: *"Pois qual de vós, pretendendo construir uma torre, não se assenta primeiro para calcular a despesa e verificar se tem os meios para a concluir? Para não suceder que, tendo lançado os alicerces e não a podendo acabar, todos os que a virem zombem dele, dizendo: Este homem começou a construir e não pôde acabar".* Se você quer vir a Cristo, tem de considerar o custo. E você precisa fazer isso antes de ter a pretensão de vir a Cristo? Sabemos qual é o preço. Odiar pai e mãe, se necessário, odiar a própria vida, tomar a sua cruz – esse é o preço. Não deve haver nada neste mundo que você ama tanto que o faz perder a Cristo.

Em seguida, Jesus disse: *"Ou qual é o rei que, indo para combater outro rei, não se assenta primeiro para calcular se com dez mil homens poderá enfrentar o que vem contra ele com vinte mil? Caso contrário, estando o outro ainda longe, envia-lhe uma embaixada, pedindo condições de paz"* (vv. 31-32). Você precisa fazer as pazes com o inimigo, se não pode vencê-lo, ou assegurar-se de que tem as tropas que vencerão a batalha. Em outras palavras, Jesus disse: *"Não venha a mim se não aceitou o preço"*. O preço é auto-renúncia, crucificação de si mesmo e a submissão do ego.

No versículo 33, Jesus enfatizou esta verdade: *"Assim, pois, todo aquele que dentre vós não renuncia a tudo quanto tem não pode ser meu discípulo"*. Você tem de ser disposto a renunciar tudo. Você não será salvo por livrar-se de todos os seus bens terrenos, mas tem de estar pronto a renunciar tudo. Isso é quão dedicado você tem de ser à causa de Cristo. Você negará a si mesmo todos os seus anseios mundanos, negará a si mesmo seu próprio direito de viver; dará a sua vida, se necessário, pela causa de Jesus Cristo. E você se submeterá à vontade de Cristo, seguindo-o aonde quer que ele peça que você vá.

Em Mateus 13.44-46, há duas parábolas importantes que Jesus contou. Ele disse que havia um homem que achara um tesouro escondido num campo; o homem reconheceu o valor do tesouro e vendeu tudo que tinha para comprar aquele campo. Depois, Jesus disse que havia um homem que achara uma pérola de grande valor e vendeu tudo para obter aquela pérola. É o vender tudo que é a essência da salvação. Você tem de ser disposto a renunciar tudo, negar a si mesmo, dar sua vida em termos de morte, se necessário, e em termos de obediência, em vida. Essa é a mensagem do evangelho. Portanto, quando você prega o evangelho, isso é o que você tem de dizer.

Você diz: "Mas as pessoas não aceitarão essa mensagem". Certamente, as pessoas não a aceitarão, a menos que o Espírito de Deus esteja operando no coração delas. O Espírito de Deus tem de operar a obra de convicção, o avivamento do coração morto, a fé regeneradora. Mas o evangelho é a única mensagem verdadeira conectada com a obra do Espírito que produzirá a verdadeira salvação. Não reinvente o evangelho para que lhe seja conveniente. Isso é o que outros estão fazendo hoje. Se alguém quer vir após Jesus, tem de crer nele. Tem de confessá-lo como o Cristo, o Filho do Deus vivo, o Senhor e Salvador. Você precisa estar disposto a ter uma divisão em sua família, uma divisão em seu casamento, um rompimento com o mundo que poderá custar-lhe a vida e um rompimento com suas ambições pessoais. Depois, você pode submeter toda a sua vida a seguir a Jesus e a fazer o que agrada a ele. Jesus disse: *"Nem todo o que me diz: Senhor, Senhor! entrará no reino dos céus, mas aquele que faz a vontade de meu Pai, que está nos céus"* (Mt 7.21). E a vontade do Pai é que você se submeta ao Filho.

Isto é o evangelho. É um evangelho de autorrenúncia. É um evangelho de autossacrifício e submissão do ego. Negue a si mesmo, tome a sua cruz dia a dia, ponha sua vida à disposição da causa de Cristo e siga-o com o senso de que você fará o que ele quer.

Se você apresentar menos do que isso como os termos do evangelho, alguém poderá ser enganado. Você diz: "E se as pessoas não responderem?" Isso não é o problema. Determinar isso está no poder de Deus. Você é responsável por comunicar a pureza do evangelho.

12

A HUMILDADE DOS CRENTES:
Confrontando o pecado

Mateus 18.15-20
6 de janeiro de 2008

John MacArthur pregou muitas vezes sobre disciplina eclesiástica e Mateus 18 no decorrer dos anos, começando nos primeiros anos da década de 1970. Mas este sermão, revendo a passagem, foi o primeiro, em vários anos, no qual John MacArthur dedicou uma passagem inteira ao assunto da instrução do próprio Jesus quanto a lidarmos com o pecado na igreja. Foi pregado no primeiro domingo do ano novo, e John escolheu este assunto porque estávamos tecnicamente em um feriado de fim de semana e ele não queria interromper o fluxo da série de sermões sobre Lucas para aqueles que poderiam estar ausentes durante o feriado.

Para muitos da atual geração da Grace Community Church, esta foi a primeira vez que tiveram uma análise clara e concisa de Mateus 18.15-20 em uma única mensagem. Gravações do sermão atingiram rapidamente demanda alta, e a mensagem logo se tornou um dos sermões mais ouvidos de todos.

> *Naquela semana, o petróleo atingiu pela primeira vez o preço de US$ 100,00 por barril.*

Há muito tempo, quando eu tinha quase trinta anos, cheguei à Grace Community Church. Ela era e ainda é uma igreja vibrante. As pessoas eram entusiasmadas, ativas, comprometidas com Cristo, prontas a seguir em frente e ver o que Deus faria. Era uma igreja que havia desfrutado a bênção de Deus até aquele ponto. Todos estávamos prontos a começar uma grande aventura para ver o que aconteceria no futuro.

Quando tive a oportunidade de tornar-me pastor desta igreja, estou bem certo de que as pessoas que tomaram a decisão não tinham nenhuma idéia do que estavam conseguindo. Olhando em retrospectiva, todos temos visto a mão de Deus operando de maneira maravilhosa.

O anseio, a paixão e o desejo desta igreja era evangelizar e ver pessoas vindo a Cristo. Esse era o seu anseio e compromisso como igreja. Com base nesse compromisso, todos supúnhamos que a igreja iria crescer. Não tínhamos idéia de que ela cresceria da maneira como cresceu. Não penso que uma igreja sempre chama um pastor sem a suposição de ele será bom para a igreja – ele representa um novo dia e um novo começo. Iríamos florescer. Iríamos crescer. Mais pessoas virão e mais pessoas conhecerão a Cristo. Essa era a expectativa. Era também a minha expectativa.

Mas, bem no início, meus pensamentos não eram a respeito de como podemos fazer esta igreja crescer ou como podemos ter mais pessoas neste edifício. Não eram como podemos encher os assentos vazios, os poucos que existiam. Não eram também como podemos atrair pessoas ou como podemos tornar a igreja atraente. Nunca tive pensamentos desse tipo.

De fato, quando vim para a Grace Church, um pensamento predominante se fixara em minha mente: um texto da Escritura que me preocupava profundamente; ele está em Mateus 18. Eu tinha estudado essa passagem antes de eu vir para cá. Em vim em 1969, e durante dois ou três anos antes estive labutando com Mateus 18.15-20. Quero que você abra sua Bíblia nesta passagem, e eu lerei. E a própria leitura o ajudará a entender por que ela era uma passagem muito importante da Escritura para mim, sendo ainda um ministro jovem.

A passagem começa: *"Se teu irmão pecar [contra ti], vai argüi-lo entre ti e ele só. Se ele te ouvir, ganhaste a teu irmão. Se, porém, não te ouvir, toma ainda contigo uma ou duas pessoas, para que, pelo depoimento de duas ou três testemunhas, toda palavra se estabeleça. E, se ele não os atender, dize-o à igreja; e, se recusar ouvir também a igreja, considera-o como gentio e publicano. Em verdade vos digo que tudo o que ligardes na terra terá sido ligado nos céus, e tudo o que desligardes na terra terá sido desligado nos céus. Em verdade também vos digo que, se dois dentre vós, sobre a terra, concordarem a respeito de qualquer coisa que, porventura, pedirem, ser-lhes-á concedida por meu Pai, que está nos céus. Porque, onde estiverem dois ou três reunidos em meu nome, ali estou no meio deles"* (vv. 15-20).

Tive grande dificuldade com essa passagem da Escritura, porque em toda a minha vida nunca tinha participado de uma igreja nem mesmo tinha ouvido falar de uma igreja que fazia isso. Nenhuma das igrejas das quais eu fizera parte confrontava os membros quanto ao seu pecado, pessoas tomando consigo duas ou três testemunhas ou a liderança falando com toda a igreja sobre um membro impenitente, em pecado. A única parte dessa passagem que eu sempre ouvia era: "Onde estiverem dois ou três reunidos em meu nome, ali estou no meio deles". Isso era quase um axioma popular usado para lembrar às pessoas que, se apenas duas pessoas aparecerem para a reunião de oração, Deus estaria ali também. Essa era a exegese universal desse versículo.

Visto que eu não conhecia nenhuma igreja que seguia esse padrão, a passagem consumia meus pensamentos. Li amplamente sobre o assunto e achei comentadores e teólogos que explicavam o texto, mas não achei ninguém que o aplicasse.

Portanto, em minha ingenuidade naqueles dias, perguntei a alguns pastores se eles já haviam aplicado ou implementado a passagem ou se conheciam alguém que o fizera. A isso recebi um "Não" universal. Não, ninguém o fizera. Ninguém conhecia alguém que já havia aplicado a passagem. Eu pensei: mas essa é a instrução inicial para a igreja. É onde aparece a palavra "igreja" em Mateus 18. Esse é o interesse prioritário de nosso Senhor para a igreja: ela precisa lidar com o pecado em seus próprios membros. É a primeira mensagem do Senhor para a igreja, e não está no fim da lista, e sim no começo; e isso a torna uma prioridade crucial. Como podemos ler esta passagem, entendê-la e não implementá-la?

Homens mais velhos e mais experimentados do que eu me disseram que, se eu tentasse implementar isso na Grace Church, se tentasse levar uma igreja a fazer o que essa passagem diz, eu esvaziaria a igreja. As pessoas não suportariam. Disseram-me: "Você pensa que pode permitir que, em sua igreja, pessoas se dirijam a outras e confrontem-nas com seu pecados, sem que elas saiam da igreja? Você pensa que talvez conseguiria que um pequeno grupo de pessoas fosse ao encontro de um crente em pecado, sem amedrontar a todos? E certamente você não crê que pode anunciar o nome de alguém e seu pecado para toda a congregação e esperar que tal pessoa apareça na semana seguinte. Você não pode fazer isso. E, se você está interessado no crescimento da igreja e em acrescentar pessoas à igreja, esqueça isso".

Os comentários deles me lembraram Atos 5. Essa passagem bíblica nos conta a história de um homem chamado Ananias e sua esposa, Safira. Eles faziam parte da igreja primitiva e venderam uma propriedade. Ananias, com o pleno conhecimento de sua esposa, reteve para si mesmo parte do preço. Ele não tinha de vender a propriedade; tinha a liberdade de decidir vender a propriedade e o fez (vv. 1-2). Também tinha o direito de reter para si o quanto quisesse. Não há qualquer ordem da parte de Deus no sentido de que você venda sua propriedade, e não há uma ordem de Deus no sentido de que você dê à igreja tudo que obtém com a venda de uma propriedade.

No entanto, o versículo 2 diz que Ananias *"reteve parte do preço e, levando o restante, depositou-o aos pés dos apóstolos. Então, disse Pedro: Ananias, por que encheu Satanás teu coração, para que mentisses ao Espírito Santo, reservando parte do valor do campo? Conservando-o, porventura, não seria teu? E, vendido, não estaria em teu poder? Como, pois, assentaste no coração este desígnio? Não mentiste aos homens, mas a Deus"* (vv. 2-4). Onde estava a mentira? Evidentemente, Ananias havia dito algo assim: "Estou dando tudo ao Senhor. Estou dando à igreja tudo que recebi nesta transação. Estou trazendo tudo e depositando-o aos pés dos apóstolos para a obra do evangelho no começo da igreja".

Ele não tinha de vender a propriedade. Não tinha de dar tudo que recebera por vendê-la. Também não tinha de mentir. Ananias não mentiu para os homens, mentiu para Deus. *"Ouvindo estas palavras, Ananias caiu e expirou, sobrevindo grande temor a todos os ouvintes"* (v. 5). Uau! Ele caiu morto em frente de toda a igreja. Quem o matou? Deus o matou, *"sobrevindo grande temor a todos os ouvintes"* (v. 5). É claro que essa é uma grande maneira de manter as pessoas fora da igreja. Não vá lá; pessoas morrem. É semelhante a Jim Jones e ao suco envenenado que sua seita distribuiu aos seus membros. Você não quer ter nada com essa organização; pessoas morrem lá. O versículo 6 diz: *"Levantando-se os moços, cobriram-lhe o corpo e, levando-o, o sepultaram".* Os judeus não embalsamavam o corpo. Quando alguém morria, eles o sepultavam.

"Quase três horas depois, entrou a mulher de Ananias, não sabendo o que ocorrera" (v. 7). Há várias coisas interessantes a observar neste versículo. Primeira, a igreja continuou bem durante três horas. Isso á algo maravilhoso – estou vivendo na época errada. Segunda coisa, a esposa de Ananias apareceu três horas mais tarde. E, quando ela entrou, eles já tinham levado seu esposo. Pedro perguntou-lhe, e com isso descobrimos o que eles fizeram: *"Dize-me, vendestes por tanto aquela terra? Ela respondeu: Sim, por tanto"* (v. 8). O preço havia sido mais do que isso, mas eles tinham guardado a outra parte. *"Tornou-lhe Pedro: Por que entrastes em acordo para tentar o Espírito do Senhor? Eis aí à porta os pés dos que sepultaram o teu marido, e eles também te levarão. No mesmo instante, caiu ela aos pés de Pedro e expirou. Entrando os moços, acharam-na morta e, levando-a, sepultaram-na junto do marido. E sobreveio grande temor a toda a igreja e a todos quantos ouviram a notícia destes acontecimentos"* (vv. 9-11).

O que o Senhor estava tentando fazer? Estava tendo impedir que a igreja crescesse? Por que a primeira instrução dada a igreja, conforme Mateus 18, não foi o tipo de instrução que a tornaria um ambiente caloroso e indefinido ao qual as pessoas gostariam de ir? Por que bem no início, na própria igreja primitiva em Jerusalém, o Senhor fez esta coisa dramática, executar duas pessoas que mentiram para ele bem na frente da igreja, para que todos soubessem que se podia morrer naquele lugar? Isso não é o que eu chamaria de estender o tapete de boas vindas.

Eu estava lutando com essas passagens. Mas em seguida há um versículo importante em Atos 5.13: *"Mas, dos restantes, ninguém ousava ajuntar-se a eles [os apóstolos]; porém o povo lhes tributava grande admiração"*. Um dos objetivos da igreja é deixar tão claro o seu compromisso com a santidade, que as pessoas não se unem à igreja por iniciativa própria. Mas hoje essa noção tem sido invertida em nossa sociedade e em nosso evangelicalismo. Um dos objetivos da igreja é estar tão comprometida com a santidade, tão comprometida com a pureza, tão comprometida com a virtude, tão comprometida com a justiça, e esse compromisso com essas coisas deve ser tão claro, que as pessoas que não estão interessadas nessas coisas não aparecerão. Isso é totalmente contrário à abordagem contemporânea de esconder nosso compromisso com a justiça, esconder nosso compromisso com a santidade, esconder nosso compromisso com a virtude, para que ninguém pense, de maneira alguma, que não somos as pessoas mais amáveis, aceitáveis, abertas e acolhedoras do planeta.

Você diz: "Bem, como a igreja vai crescer no mundo hoje?" O versículo 14 diz: *"E crescia mais e mais a multidão de crentes, tanto homens como mulheres, agregados ao Senhor"*. Se você quer que a igreja cresça, aqui está a estratégia, aqui está o plano. Você gostaria de uma igreja como essa descrita no versículo 14, não gostaria? Ela não deveria ser um modelo para o movimento evangélico moderno? Este deveria ser o versículo deles: *"E crescia mais e mais a multidão de crentes, tanto homens como mulheres, agregados ao Senhor"*. Como você faz isso acontecer? Oh! que Deus mate algumas pessoas injustas bem no momento da oferta. Torne-se pessoalmente, verbalmente e visivelmente preocupado com a santidade. Seja tão justo e tão comprometido com a obediência à Palavra de Deus, que ninguém, de si mesmo, se ajuntará à igreja. Então, o que acontecerá é que o Senhor acrescentará pessoas à igreja.

Atos 2.47 diz: *"Louvando a Deus e contando com a simpatia de todo o povo. Enquanto isso, acrescentava-lhes o Senhor, dia a dia, os que iam sendo salvos".* A igreja é um grupo de pessoas que foram salvas. Não é um lugar que se acomoda aos não-salvos. Caso você não seja salvo, a igreja lhe parecerá o lugar a ser *mais* evitado. Não é um lugar idealizado para fazer o não-salvo sentir-se em casa e confortável.

Tem sido interessante para mim rever tudo isso em minha mente. Não tencionava dizer nada disso. Mas era assim que minha mente estava em 1969, quando cheguei aqui. É claro que havia muita coisa em jogo. Trouxe minha preciosa Patricia e nossos quatro filhos. Queríamos ser amados. Queríamos ser aceitos. Queríamos que a obra florescesse. Queríamos honrar a Deus. Não queríamos fracassar. Queríamos que mais pessoas viessem à igreja, assim mais pessoas ouviriam a Palavra de Deus e seriam salvas; assim, estenderíamos o reino e faríamos o evangelho avançar.

Mesmo naquele tempo, eu entendia que é o Senhor quem edifica a sua igreja. Naqueles anos iniciais, um repórter me perguntou: "Você tem um grande desejo de edificar esta igreja?" Ele perguntou isso porque em pouco tempo a Grace Church cresceu rapidamente. Nos primeiros dois anos, a membresia dobrou. Nos dois anos seguintes, dobrou novamente. Por isso, eu lhe respondi: "Na verdade, não tenho nenhum desejo de edificar a igreja, porque Jesus disse que ele edificaria a igreja; não quero competir com ele". Esta igreja não é minha; é dele. Quero apenas saber como ele edifica sua igreja e fazer aquilo que ele me chamou a fazer como um instrumento pelo qual ele pode realizar sua obra. No que concerne à santidade na igreja, era bastante claro para mim que lidar com o pecado era importantíssimo.

A primeira vez que me reuni com um grupo de presbíteros aqui, eles me apresentaram uma pergunta sobre realizar certo casamento na igreja. Era o casamento de uma moça de uma família muito proeminente, que servia em muitas funções na igreja. A filha deles ia casar, eu lembro, com um homem divorciado que era mais velho e não era crente. Eu disse: "Não posso fazer isso; não posso casar um crente com um não-crente". Alguém respondeu: "Bem, isso os ofenderá". Eu disse: "Sinto muito por isso, mas há alguém mais envolvido na questão de ofender-se, e esse alguém é o Senhor da igreja. Por isso, não posso fazer o casamento". Um dos homens respondeu, dizendo: "Bem, entendo isso; essa é a sua convicção. Portanto, o que faremos é o seguinte: você não precisa realizar o casamento, mas nós o teremos – isso os fará sentirem-se melhores". Lembrem que aquela era a minha primeira reunião. Então, eu disse: "Esta igreja é sua? Ela não é minha, ela é sua? De quem é esta igreja?" A mesma pessoa respondeu: "É a igreja do Senhor". Eu disse: "Talvez devamos fazer o que o Senhor deseja que seja feito em sua igreja. Não posso fazer o casamento, e o casamento não pode ser feito nesta igreja, porque é errado unir um crente com um incrédulo; isso é ensinado claramente na Escritura".

Aquele foi um momento determinante. Eu continuei: "Se esta igreja é de Cristo e honra a Cristo, e ele vai edificar sua igreja à sua maneira, temos de ser comprometidos com a obediência à sua Palavra". Pouco tempo depois, começamos a tratar do assunto de disciplina na igreja conforme delineado em Mateus 18. Ora, eu havia sido avisado, fui realmente avisado, de que isso seria o fim, não somente da experiência desta igreja, mas também de qualquer outra oportunidade que eu poderia ter no futuro, porque, uma vez que eu destruísse esta igreja pela convicção de que eu tinha de seguir este padrão, ninguém mais me tocaria, eu seria um pária ministerial.

No entanto, eu não podia entender como você prega contra o pecado e não implementa algo tão óbvio. Parecia-me que você não poderia convencer as pessoas de que você era realmente sério a respeito do pecado, se tudo que você fazia era pregar contra o pecado. Você podia tentar convencê-las de que você era sério. Podia oferecer ilustrações, podia preparar-se, podia pregar toda a Bíblia e mostrar o ponto de vista de Deus sobre o pecado, mas, se não podia implementar a disciplina eclesiástica da maneira como a Bíblia diz que você deve implementá-la, como as pessoas crerão que você é genuinamente sério em relação ao pecado?

De fato, o problema era muito mais grave. Se existia algo que sabíamos ser verdadeiro na Escritura e estávamos indispostos a seguir isso, então, havia uma ruptura severa em nossa integridade. Isso aconteceu quando nossa maneira de abordar a Escritura se tornou completamente seletiva. E não havia como se apartar desse comprometimento. Agradeço ao Senhor pelo fato de que, talvez devido à influência de meu avô, de meu pai e de alguns de meu conselheiros no seminário, mas principalmente, eu penso, como resultado da influência do Espírito Santo em meu coração, eu sempre tive e sempre tive este compromisso inflexível com a Escritura, não somente crendo que ela é verdadeira, mas também crendo que ela tem de ser implementada, porque esse é o único caminho possível para a vida. É o único caminho para uma vida cristã produtiva e cheia de gozo. É a única maneira de ter uma igreja que o Senhor mesmo edifica e o honra.

Eu havia estado em igrejas e conhecia igrejas que pregavam contra o pecado. Mas nunca soube de qualquer igreja que fazia alguma coisa em relação ao pecado. Parecia-me que você destruía tudo que dizia no púlpito. Se as pessoas assimilassem a idéia de que você era bom em pregar contra o pecado, mas indiferente em lidar com o pecado, isso era uma falta de integridade muito séria.

Portanto, naqueles primeiros anos, bem no início, começamos a estudar Mateus 18, Atos 5 e 1 Coríntios 5. Neste última passagem, Paulo diz que devemos lançar fora o fermento que leveda toda a massa, excluir o homem imoral; e em 2 Tessalonicenses 3.6-15 somos instruídos, como igreja, a excluir alguém que é contencioso ou transgressor da verdade. Outro exemplo é 1 Timóteo 1.3-7, que fala sobre líderes que tinham de ser excluídos da igreja. Parecia-me que não havia como evitar essa responsabilidade.

Portanto, o resultado é que temos de entender esta passagem. Vamos examinar Mateus 18.15. Qual é o contexto? O contexto é o de humildade do crente. O lugar é, provavelmente, a cidade de Cafarnaum, nesta parte específica do ministério de Jesus. E talvez eles estavam na casa de Pedro. Jesus estava segurando no colo uma criança que serviu como ilustração. Estava falando sobre a humildade do crente. A criança é uma ilustração de humildade. E Jesus começou esta maravilhosa apresentação por dizer que todos entramos no reino como crianças. Se você não se tornar como criança, não pode entrar no reino. Chegamos ao reino humildes, dependentes, sem realizações e sem conquistas. Uma vez que estamos no reino, permanecemos como crianças. Precisamos ser cuidados como crianças. Precisamos ser protegidos como crianças. E precisamos ser respeitados como crianças. Todo esse ensino está nos primeiros catorze versículos.

Isso levou Jesus a ensinar que precisamos ser disciplinados como crianças. Isso não é um exagero. Todos entendemos isso, não entendemos? "Senhor, livra-me de um lar que tem crianças indisciplinadas." E há muitas delas nestes dias. As crianças precisam ser disciplinadas. Quando elas fazem o que é errado, precisam ser confrontadas, corrigidas e restauradas. A própria Palavra de Deus faz isso: *"Toda a Escritura é... útil para o ensino, para a repreensão, para a correção, para a educação na justiça"* (2Tm 3.16). É a Palavra que purifica (Ef 5.26). Portanto, é obra da Palavra purificar a igreja por confrontar o pecado e mostrar o caminho de obediência e restauração. Essa é a obra do Espírito. É o Espírito de santidade que deseja que a igreja seja santa. É por isso que ele faz sua obra de santificação em nós. Essa é a obra da Palavra e a obra do Espírito de Deus. Por isso, precisa também ser nossa obra. Paulo disse: *"Para vos apresentar como virgem pura a um só esposo, que é Cristo"*. Não é surpreendente que nosso Senhor tenha começado por dizer: "Meu interesse na igreja é a santidade, a pureza, a retidão e a obediência de meu povo".

Creio que a maior tristeza que tenho a respeito do estado da igreja hoje é sua falta de santidade e sua acomodação aos não-salvos. Se alguém trouxesse qualquer destes ensinos para essas igrejas, isso seria destrutivo para o sistema. Eu poderia acrescentar que isso seria um benefício crucial, mas isso provavelmente não acontece quando líderes espirituais não são comprometidos com todos os ensinos da Palavra de Deus. Como cristãos, não temos escolha. Esta é a vontade do Senhor para sua igreja. Ainda que as pessoas começassem a cair mortas em frente deste púlpito nos domingos, por mentirem ao Espírito Santo, o que era um pecado exclusivo à era apostólica, o Senhor não seria restringido em seu propósito e poder divino de acrescentar pessoas à igreja, porque essa é a obra dele. A ilusão é que temos o poder de dar crescimento à igreja por meio de nossa esperteza, nossa ingenuidade, nosso estilo, nossa agradabilidade e nossas palavras.

Antes de começarmos, deixe-me fazer esta observação. Não há tribunal mais elevado do que a igreja. O que pretendendo dizer com o termo "igreja" é qualquer corpo devidamente constituído de pessoas redimidas. A igreja atual não existia antes do dia de Pentecostes, em Atos 2. O Senhor estava se referindo preliminarmente à igreja no sentido técnico, mas ainda uma *ekklesia* – uma assembléia de pessoas chamadas para fora, unidas sob o governo de Deus como pessoas redimidas. A instrução dada nesta passagem é para qualquer assembléia dessas pessoas e contempla antecipadamente a igreja. Nesse momento específico de tempo, havia crentes reunidos em Cafarnaum que constituiriam o corpo de redimidos que teriam esse tipo de responsabilidade. Não muito depois desse momento, a igreja nasceu, e essa instrução se tornou a ordem para a vida da igreja. Não há um tribunal superior. Digo isso porque através dos séculos todo tipo de autoridade se desenvolveu, tal como papas, bispos, cardeais, colégio de bispos, sínodos formados de clérigos e assim por diante. O Novo Testamento não ensina nada disso. Tudo que ele ensina é uma igreja local, uma assembléia de crentes que têm sido *ekkaleo*, chamados para fora com uma chamada de salvação eficaz e salvadora. Eles constituem um corpo de pessoas que são responsáveis por buscar a sua própria santidade.

Pode haver ocasiões em que um grupo de pastores tem de se intrometer numa igreja e lidar com ela, porque essa igreja se corrompeu muito e, assim, caiu em erro. Mas a igreja local continua sendo o tribunal mais elevado.

Eis o plano que Jesus delineou: *"Se teu irmão pecar [contra ti], vai argüi-lo entre ti e ele só"* (Mt 18.15). Isso é muito direto. As pessoas dizem: "Que pecado? Em que grau?" Nesta passagem, Jesus não nos diz que pecado e não nos diz em que grau, porque qualquer pecado, em qualquer grau, é contaminação. Observe que Jesus disse que devemos mostrar em particular ao nosso irmão o seu pecado. Não devemos falar sobre o pecado para outras pessoas; essa é a tendência freqüente. "Você ouviu o que ela fez?" Isso é, em si mesmo, pecado. Qualquer pecado é contaminação. Ele contamina a nossa vida, o nosso relacionamento e se torna, potencialmente, uma contaminação de toda a igreja, porque somos um corpo. Você deve falar com seu irmão em particular.

O versículo 15 diz: *"Se ele te ouvir"*. Isso significaria que ele reagiu favoravelmente, entendendo suas ações como pecado; ele se arrepende de suas ações e quer abandoná-las. Essa é a resposta que você busca. Por isso, Jesus disse: *"Ganhaste a teu irmão"*.

Você sabia que pode perder pessoas dentro da igreja? Isso está implícito nesta passagem. Você não pode ganhá-la de volta, se ela não estava perdida. Você não pode ganhá-la, se ela não era uma perda. A palavra grega traduzida por "ganhaste" era um termo comercial usado no contexto de mercado. Ela nos mostra, bem no início, qual é o propósito desta confrontação. O propósito é ganhar o irmão. Algumas pessoas têm a idéia de que o objetivo da disciplina eclesiástica é lançar pessoas fora da igreja. Isso não é verdade. O objetivo é manter as pessoas na igreja pura. De fato, a forma verbal de "ganhaste" era usada para se referir a acumular riqueza. Quando você a usa no seu contexto, ela expressa a idéia de que um irmão em pecado é uma perda para a comunhão. Quando ele é restaurado, ele é um ganho. Ele é como uma riqueza readquirida. Deixe-me esclarecer que os tipos de pecados aos quais nos referimos são aqueles pecados que mais nos assediam, com os quais lutamos, que tendemos não abandonar, que não deixamos e dos quais não nos arrependemos.

Quando alguém cai nesse tipo de pecado, perdemos aquela pessoa como irmão, e isso, como resultado daquele pecado. Essa é a razão por que vamos recuperá-lo, porque ele é valioso. Por que ele é valioso? O Espírito de Deus habita nele. Ele recebeu o dom do Espírito Santo para ministrar na igreja em favor do resto do corpo. Ele é um instrumento pelo qual Deus pode fazer sua obra na igreja e, pela igreja, no mundo. Essa é a idéia inerente nestas palavras de Jesus. Esse irmão que peca é tão valioso que você vai até ele e tentar ganhá-lo de volta. Se ele não quer voltar, tome duas ou três pessoas e tente ganhá-lo. E, se ele ainda não quer voltar, diga a toda a igreja que o busque, porque ele tem muito valor. Tudo isso diz respeito a readquirir riqueza espiritual.

G. Campbell Morgan escreveu muitos anos atrás: "É a grande tragédia de um homem perdido que caracteriza toda esta instrução. E o propósito que deve estar em nosso coração, quando lidamos com um irmão que peca, é ganhá-lo. A palavra 'ganhaste' sugere não meramente o efeito sobre o perdido, mas também o valor que ela cria para aqueles que o procuram. Quando acabarmos com as sombras e névoas deste curto espaço de tempo, entenderemos, na luz das eras intermináveis, que, se ganharmos um homem, seremos mais ricos do que se acumularmos todas as riquezas do mundo". Que pensamento bendito – ganhar um homem, possuí-lo para a igreja, para a comunhão de amigos, para o empreendimento do evangelho, para o programa dos céus.

Se você não está disposto a confrontar o pecado de alguém, você não o vê como uma pessoa que tem qualquer valor. Cristo vê as pessoas como que tendo valor. Ele pagou um preço infinito por elas, não pagou? Ele nos dá a responsabilidade, como qualquer pai, de ir atrás de nosso filho errante. Agora, temos filhos adultos, mas, quando estávamos criando quatro nossos filhos pequenos, a disciplina era uma rotina regular em nossa família. Era motivada totalmente por nosso amor intenso por nossos filhos. O temor era de que eles seriam perdidos para nós e para o reino. Qualquer disciplina que era necessária para fazê-los sentir a dor de sua própria pecaminosidade, nós a aplicávamos neles. Toda vez que eles se desviavam para o pecado, eram disciplinados com o propósito de restauração, porque eram muito preciosos. Você sente isso quanto a seus filhos, e nosso Senhor estava dizendo que é isso que devemos sentir quanto aos filhos de Deus.

Veja Gálatas 6.1: *"Irmãos, se alguém for surpreendido nalguma falta, vós, que sois espirituais, corrigi-o com espírito de brandura; e guar-*

da-te para que não sejas também tentado". Todos nós entendemos o que é ser tentando e pecar. Isso não difícil de compreender. Visto que entendemos a fraqueza humana, entendemos o poder da tentação e entendemos nossa carne pecaminosa, procuramos essas pessoas, desejando restaurá-las porque elas têm valor. A palavra grega traduzida por "corrigi" (*katartizo*) significa "reparar". É um termo médico usado para referir-se a restaurar fraturas, ou emendar ossos, ou colocar membros deslocados de volta no seu lugar.

A idéia por trás de tratar do pecado não é, certamente, a de excluir pessoas da igreja – é a de restaurá-las porque têm muito valor. E isso deve ser feito em um espírito de brandura – nunca deve ser feito com severidade. Deve ser banhado de compaixão, ternura, simpatia, paciência e misericórdia, porque você entende as implicações de ser uma pessoa caída. Isso é nossa experiência universal.

Nosso modelo para isso é Deus, o modelo que ele estabeleceu nos versículos anteriores de Mateus 18. No versículo 12, lemos que Jesus disse: *"Que vos parece? Se um homem tiver cem ovelhas, e uma delas se extraviar, não deixará ele nos montes as noventa e nove, indo procurar a que se extraviou? E, se porventura a encontra, em verdade vos digo que maior prazer sentirá por causa desta do que pelas noventa e nove que não se extraviaram. Assim, pois, não é da vontade de vosso Pai celeste que pereça um só destes pequeninos"* (vv. 12-14).

Estamos seguindo o padrão de Deus, o padrão de restauração. Ele vai ao encontro de seu filho que peca para trazê-lo de volta. Ele usa a igreja como um meio para fazer isso. É por essa razão que essa instrução é tão importante. Isto é obra de Deus. O próximo princípio, no versículo 16, é vital porque a busca de um irmão que peca precisa ser um processo incansável, por causa do valor da pessoa. *"Se, porém, não te ouvir, toma ainda contigo uma ou duas pessoas, para que, pelo depoimento de duas ou três testemunhas, toda palavra se es-*

tabeleça." Isso nos leva de volta ao Antigo Testamento e ao livro de Deuteronômio, no qual Deus estabeleceu o padrão de que acusações precisam ser provadas e confirmadas por duas ou três testemunhas (17.6; 19.15). A comprovação de qualquer fato exigia duas ou três testemunhas confirmadoras.

Se, ao ser confrontado por você, o crente que peca não responde, pegue dois amigos, volte até ele e confronte-o novamente, para assegurar-se de que toda a informação seja correta e exigir que a pessoa volte ao arrependimento e à restauração. Você faz isso coletivamente, na esperança de que ele ou ela o ouça, e você ganhará seu irmão ou irmã. Você chega ao extremo de ganhá-lo de volta.

E se ele não ouvir? O versículo 17 diz: *"E, se ele não os atender, dize-o à igreja"*. Você está brincando? Não, diga a toda a igreja que aquela pessoa está seguindo um padrão pecaminoso. Quando você diz à igreja, os membros da igreja ficam sabendo que você confrontou várias vezes a pessoa que está em pecado. Você diz à igreja para que os membros possam se unir contra ele ou ela.

Por você chega a esse extremo? Quem quer confrontar alguma pessoa quanto ao seu pecado? Contudo, isso é uma coisa nobre; mostra que você se importa com a pessoa. Se você pode ser indiferente quanto ao pecado de alguém, então, você não se importa com ele. Se você realmente se importa, não pode ser indiferente ao pecado dele. Prometo-lhe que nunca tenho sido indiferente ao pecado das pessoas que eu amo. Quero fazer tudo, de toda maneira que eu puder, para restaurá-las. E, na igreja, somos chamados a amar uns aos outros sem barreiras ou restrições.

Não deve ser difícil entender por que falamos a toda a igreja. A igreja é uma congregação de pessoas que são salvas, que são redimidas. Você fala com a igreja sobre a pessoa em pecado, sobre o seu pecado, não em detalhes sensacionais e insiste com os membros da igreja a que vão até àquela pessoa e traga-a de volta. Esse é a maneira de expressar quão valiosas é essa pessoa.

Mas, se ela não ouvir a igreja, isso é tudo que você pode fazer. O versículo 17 diz: *"Considera-o como gentio e publicano"*. Um publicano era a pessoa mais desprezível e menosprezada na sociedade judaica. Os judeus publicanos tinham vendido sua alma a Roma para fazer parte de um sistema de arrecadação de impostos e extorquir dinheiro de seu próprio povo para uma nação idólatra e pagã. Eram tratados como traidores, como proscritos. Você tem de tratar um crente em pecado como um não-crente, se ele não quer voltar atrás.

O que isso significa? Isso significa que você não o aceita na comunhão da igreja porque o pecado estragará a igreja. A igreja tem de proteger sua santidade. E, num esforço para proteger a santidade, ela chama o cristão professo que está em pecado a abandonar o pecado. Se esse cristão em pecado não responder à chamada, então você manda dois ou três. Se isso não obtém a resposta correta, você diz à igreja, e toda a igreja vai até ele. E, se isso não o traz de volta, então, exclua-o.

Em 1 Coríntios 5.6, temos um lembrete importante: *"Não sabeis que um pouco de fermento leveda a massa toda?"* Você não pode permitir que influência pecaminosa se estabeleça confortavelmente na igreja. Sempre esperei e espero que a Grace Community Church seja conhecida como uma igreja amorosa. Creio que o somos porque somos pessoas que amam. Temos essa reputação em nosso país, fora de nosso país e ao redor do mundo. Mas também espero, e oro por isso, que pessoas em pecado nunca se sintam confortáveis aqui. Posso dizer por mim mesmo que, se eu fosse um cristão professo que queria viver em pecado, eu não viria a esta igreja. Eu não quereria a tristeza. Isso acontece. Temos pessoas que confessam a Cristo, depois desenvolvem um comportamento de pecado, são confrontadas e abordadas, mas deixam a igreja. Nós falamos sobre elas quando nos reunimos para a Ceia do Senhor.

A maior parte da disciplina interna na igreja nunca chega à Ceia do Senhor. Confrontação e restauração está acontecendo frequentemente na base de pessoa a pessoa em sua família, entre seus amigos e outros membros da igreja.

Ora, você diz: "John, isso é algo difícil de fazer?" Sim, mas essa não é uma instrução difícil de entender. Lembre o apóstolo Paulo, que confrontou ninguém menos do que Pedro. Ele teve de confrontar Pedro face a face. Gálatas 2.11 diz: *"Quando, porém, Cefas [Pedro] veio a Antioquia, resisti-lhe face a face, porque se tornara repreensível"*. Você pode imaginar isso – confrontar Pedro? Paulo era, por si mesmo, um homem bastante forte, mas estou certo de que não o era mais do que Pedro.

Não imagino que Pedro era um homem fácil de convencer quanto ao seu próprio pecado. Talvez você diga: "Isso podia ter sido o fim do relacionamento deles". Tenho passado por essa experiência e, muitas vezes, sinto tristeza em dizer isso. Tenho confrontado, amorosa, graciosa e esperançosamente, ministros e pastores proeminentes a respeito de algum erro sério. O resultado da confrontação foi o fim de um relacionamento permanente. Talvez esse seja o preço que você tem de pagar. Você poderia perguntar se valeu a pena Paulo confrontar Pedro, se não teria sido melhor que eles tivessem um relacionamento de cooperação. Mas Paulo fez o que era certo por causa da honra do Senhor e da igreja. Ele confrontou Pedro, face a face, porque este se tornara repreensível.

Isso acabou com o relacionamento deles? Eis o que Pedro disse: *"Por essa razão, pois, amados, esperando estas coisas, empenhai-vos por serdes achados por ele em paz, sem mácula e irrepreensíveis, e tende por salvação a longanimidade de nosso Senhor, como igualmente o nosso amado irmão Paulo vos escreveu"* (2Pedro 3.14-15). Paulo era irmão amado de Pedro porque, em confrontar Pedro, tudo que Paulo tinha em mente era a restauração.

Se isto parece difícil, quero oferecer-lhe algumas verdades bíblicas encorajadoras. Mateus 18.18 diz: *"Em verdade vos digo que tudo o que ligardes na terra terá sido ligado nos céus, e tudo o que desligardes na terra terá sido desligado nos céus"*. Esta afirmação aparece várias vezes no Novo Testamento (cf. Mt 16.19; Jo 20.23).

Isto é uma idéia simples. Talvez tenha sido uma afirmação axiomática usada pelos rabinos. Significa apenas que, quando você liga alguma coisa na terra, ela é ligada no céu ou já estava ligada no céu. E, quando você desliga algo na terra, isso foi desligado no céu. Ligar e desligar, os rabinos diziam, estava relacionado ao pecado. Se alguém se arrependeu, seu pecado foi desligado. Se alguém não quer se arrepender, ele está ligado ao seu pecado.

Portanto, quando confrontamos um pecador, e ele não quer se arrepender, dizemos que ele está ligado ao seu pecado, o céu já fez esse julgamento. Quando confrontamos um pecador, e ele se arrepende, e dizemos que ele está desligado de seu pecado, temos a revelação bíblica dizendo que, se alguém se arrepender, será desligado de seu pecado. Quando dizemos que alguém está desligado de seu pecado, estamos dizendo apenas na terra o que o céu já declarou.

O princípio fundamental é este: quando você confronta o pecado, chama a pessoa ao arrependimento, considera-a responsável por sua falta de arrependimento e se regozija quando ela se arrepende, está apenas fazendo na terra o que é feito no céu. Podemos orar: *"Faça-se a tua vontade, assim na terra como no céu"* (Mt 6.10). E esta é a maneira como podemos implementá-la. O céu já deu o veredito de que alguém está ligado ao pecado ou de que alguém está desligado do pecado. Estamos apenas refletindo o céu, quando fazemos o mesmo.

O versículo 19 diz: *"Em verdade também vos digo que, se dois dentre vós, sobre a terra, concordarem a respeito de qualquer coisa que, porventura, pedirem, ser-lhes-á concedida por meu Pai, que está nos céus"*. Isso significa que, se dois ou três se reúnem e afirmam o arrependimento de alguém, e o céu está de acordo, podemos pedir ao Senhor que purifique e restaure essa pessoa, e ele o fará. Se a pessoa não quer arrepender-se, e o céu está de acordo, podemos pedir ao Senhor que discipline e corrija tal pessoa, e ele o fará. Em outras palavras, estamos fazendo a obra do céu. Estamos fazendo a obra do Pai. E Jesus mesmo tem a palavra final: *"Porque, onde estiverem dois ou três reunidos em meu nome, ali estou no meio deles"* (v. 20). Ora, este versículo não está falando a respeito de quantas pessoas são necessárias para que Deus se faça presente em uma reunião de oração. O contexto é uma situação de disciplina. Quando dois ou três se reúnem, isso significa que o processo prescrito está em andamento, e o Senhor está no meio disso. A igreja nunca está mais em harmonia com céu, mais em harmonia com o Pai e mais em harmonia com o próprio Cristo do que quando ela está tratando do pecado.

Não queremos ser hesitantes em cumprir qualquer destas responsabilidades. E devemos fazer isso por causa da pureza da igreja. Isso é a obra do céu. Isso é a obra do Pai. Isso é a obra do Filho.

Nosso compromisso com esta prioridade não esvaziou nossa igreja. O Senhor continuou enchendo-a e enchendo-a. Por isso, continuamos a construir mais edifícios. As pessoas ainda vêm, o Senhor dá crescimento à sua igreja, e muitos creem, são salvos e acrescentados à igreja. Ela é um lugar de amor. É um lugar de restauração. É um lugar de santidade. É um lugar de temor. Isso é exatamente o que Deus planejou que a igreja deve ser. Nunca deveria haver uma pergunta sobre por que uma igreja cresce. Aprecio o fato de que as pessoas não podem nos compreender. Somos o que somos porque

Deus determinou que isso seja o que deveríamos ser. Esta é a igreja do Senhor, e ele é quem a edifica.

Anos atrás, o Seminário Fuller costumava realizar suas aulas aqui, sempre que tinha, durante o ano, um grupo ingressando em seu departamento de crescimento. Um dia recebi um telefonema do chefe daquele departamento. Ele disse: "Não levaremos mais os alunos à sua igreja, porque a sua igreja desafia toda análise. Vocês não crescem de acordo com os princípios de crescimento de igreja".

Fiquei contente por ouvir que não podíamos ser analisados em um nível humano. Quando realizamos a Sheperd's Conference, e milhares de pastores vêm, estou certo de que há entre eles alguns que desejariam que eu lhes dissesse as cinco coisas que garantem que você terá uma grande igreja. Eu poderia fazer isso – isso é fácil. Abrande a mensagem e distribua dinheiro. Isso é tudo que você precisa fazer para encher um edifício. Ou você pode colocar o púlpito de lado e deixar as pessoas realizarem lutas no templo. Isso atrairia uma multidão. Eu sempre quis que nossa igreja fosse explicada somente a partir da perspectiva divina. Essa é a razão por que tentamos fazer o que a Palavra de Deus nos diz que devemos fazer e deixamos o Senhor dá crescimento à sua igreja. Que deleite e gozo isso nos tem causado! Obrigado por serem uma congregação que segue a santidade e demonstra o amor de Cristo, como sempre o fazem a mim, à minha família e uns aos outros.

FIEL
Editora

A Editora Fiel tem como propósito servir a Deus através do serviço ao povo de Deus, a Igreja.

Em nosso site, na internet, disponibilizamos centenas de recursos gratuitos, como vídeos de pregações e conferências, artigos, e-books, livros em áudio, blog e muito mais.

Oferecemos ao nosso leitor materiais que, cremos, serão de grande proveito para sua edificação, instrução e crescimento espiritual.

Assine também nosso informativo e faça parte da comunidade Fiel. Através do informativo, você terá acesso a vários materiais gratuitos e promoções especiais exclusivos para quem faz parte de nossa comunidade.

Visite nosso website
www.editorafiel.com.br
e faça parte da comunidade Fiel

Suzano Polén Soft 70g/m²
Impresso pela Gráfica Viena
Janeiro de 2021